MAEVE HARAN
Die Scheidungsdiät

Buch

Die Wahrheit hat die lästige Angewohnheit, irgendwann auf jeden Fall das Licht der Welt zu erblicken. Egal, ob sie ungebeten den kinderscheuen Arzt für künstliche Befruchtung trifft oder die übergewichtige junge Frau, die sich mit den grässlichsten Diäten abplagt. Und wie Maeve Haran beweist, die Wahrheit ist manchmal heiter, oft romantisch, manchmal besinnlich und immer vergnüglich! Sechsundzwanzig schwungvolle Geschichten von Maeve Haran, die seit ihrem Debütroman eine ständig wachsende Fangemeinde durch Ideenreichtum und feinsten britischen Humor begeistert. Hinreißende Storys, deren Hauptpersonen eines gemeinsam haben: Sie sind lebensbejahend und temperamentvoll – und haben stets ein Quäntchen zwerchfellerschütternde Selbsterkenntnis parat.

Autorin

Bevor sie zu schreiben begann, war Maeve Haran erfolgreiche Produzentin zahlreicher TV-Shows im englischen Fernsehen. Gleich ihr erster Roman »*Alles ist nicht genug*« stand in England Monate lang auf den Spitzenplätzen aller Bestsellerlisten. Mit ihrem zweiten Roman »Liebling, vergiß die Socken nicht« gelang ihr auch in Deutschland der große Durchbruch als Autorin. Maeve Haran lebt mit ihrer Familie in London.

Von Maeve Haran ist bereits erschienen

Ich fang noch mal von vorne an. Roman (43584)
Alles ist nicht genug. Roman (41398)
Liebling, vergiß die Socken nicht. Roman (42964)
Wenn zwei sich streiten. Roman (43055)
Schwanger macht lustig. Roman (35199)

Und sonntags aufs Land. Roman (Blanvalet, geb., 0072)

MAEVE HARAN
Die Scheidungsdiät

Aus dem Englischen
von Ariane Böckler

»Der perfekte Badeanzug«
deutsch von Ursula Walther

BLANVALET

Quellenangaben zu den einzelnen Geschichten
finden sich am Schluss dieser Ausgabe.

Umwelthinweis:
Alle bedruckten Materialien dieses Taschenbuches
sind chlorfrei und umweltschonend.
Das Papier enthält Recycling-Anteile.

Blanvalet Taschenbücher erscheinen im Goldmann Verlag,
einem Unternehmen der Verlagsgruppe Bertelsmann.

Deutsche Erstveröffentlichung Juni 2000
Copyright © dieser deutschsprachigen Ausgabe 2000
by Wilhelm Goldmann Verlag, München
in der Verlagsgruppe Bertelsmann GmbH
Umschlaggestaltung: Design Team München
Umschlagmotiv: Tony Stone Bilderwelten/Page
Satz: Uhl+Massopust, Aalen
Druck: Elsnerdruck, Berlin
Verlagsnummer: 35187
Lektorat: Maria Dürig
Redaktion: Barbara Gernet
Herstellung: Heidrun Nawrot
Made in Germany
ISBN 3-442-35187-1

1 3 5 7 9 10 8 6 4 2

Inhalt

Die Scheidungsdiät 7
Auf Umwegen in andere Umstände 16
Ein Diamant ist unvergänglich 27
Déjà vu 35
Mäxchen 48
Emma greift ein 57
Eins zu null für Carol 68
Das Messingbett 78
Die Nachbarin 87
Der perfekte Badeanzug 98
Ein sehr romantisches Wochenende 107
Heiratet bloß nicht, Mädels! 114
Die Stadt der Träume 123
Kaviar und Kartoffeln 132
Tangostunden 141
Ein Mann mit Überraschungen 151
Gut geflunkert 157
Piercing und andere Leidenschaften 167
Fremde in der Nacht 177
Die Bäume schlagen aus 182
Auf in den Kampf 194
Dinner für Zwei 202
Ein französisches Abenteuer 211
Der Elternkrieg 220
Die sieben Todsünden 229
Grüne Daumen 242
Quellenangaben 252

Die Scheidungsdiät

Rache ist Blutwurst, heißt es. Mein Mann würde womöglich zustimmen. Er hat immer noch Narben am Hintern, seit ich eine Schüssel Pasta über ihn und das Au-pair-Mädchen gekippt habe, als ich sie zusammen im Bett erwischte. Noch dazu war es seine Lieblingspasta, Spaghetti Carbonara – aber offen gestanden glaube ich nicht, dass er das bemerkte.

Er hat es nicht besonders höflich aufgenommen. »Was zum Teufel machst du da, du fette Kuh?«, lauteten seine genauen Worte, soweit ich mich erinnere. Ich sah ein, dass er mit dem Begriff »fett« vielleicht nicht ganz daneben gegriffen hatte, als ich die knackigen, knospenden Brüste des Au-pairs ekstatisch auf und ab wippen sah. Meine sehen eher aus wie die Seealpen. Und da ich meine nachgeburtlichen Übungen vernachlässigt hatte, könnte einem weiter unten der Mont-Blanc-Tunnel in den Sinn kommen. »Ich nähe Sie schön eng zu, dann freut sich Ihr Mann«, hatte der Arzt frecherweise nach dem letzten Baby zu mir gesagt. »Das können Sie sich sparen«, fauchte ich. »Sex ist mir schnuppe!«

Natürlich wich ich von dieser extremen Haltung später etwas ab. Einmal im Monat schien mir gerade genug zu sein. Denn ich muss zugeben, Kinder sind mir lieber als Sex. Ich glaube, in Wirklichkeit geht es vielen Frauen so, nur dürfen wir das seit der sexuellen Revolution nicht mehr sagen.

Ja, ich mochte Kinder so sehr, dass wir insgesamt vier bekamen. Die vier Mal, die wir meinem Mann zufolge Sex hatten. Und es stimmt – ich habe zugenommen. Mehr als sechs Kilo pro Kind. Dann kam das Stillen. Die Gesundheitsberaterin meinte, es würde zur Gewichtsabnahme beitragen.

Vielleicht hat sie aber nicht gemeint, dass ich mich dabei durchs gesamte Nachtischsortiment von Marks & Spencer futtern sollte.

Na egal – zurück zu meinem Mann. Nachdem er die Spaghetti entfernt hatte, verlangte er die Scheidung. Ich lachte. Er sah so albern aus mit den Nudeln in den Haaren, während neben ihm das Au-pair jammerte, sie wollte zurück nach Oslo, wo die Menschen nicht so engstirnig seien.

Hinterher lachte ich allerdings nicht mehr. Es fiel mir schwer, mich an die frohen Erinnerungen zu klammern, während ich kein Geld hatte, sich die Rechnungen stapelten und die Kinder mir Vorwürfe machten. »Es ist deine Schuld, Mum. Schau dich doch mal an«, schimpfte Samantha, meine Älteste. Von Mutter-Tochter-Solidarität keine Spur.

David, mein abwesender Mann, versprach mir immer wieder Unterhaltszahlungen, doch sie kamen nie. Das Schlimmste war allerdings, dass ich keinen Job hatte. Ich hatte das, was ich scherzhaft als »meine Karriere« bezeichnete, mit Samanthas Geburt an den Nagel gehängt. Wie sollte ein langweiliger Job mit den Freuden mithalten, die einem pausbäckige, auf einer Decke strampelnde Babys, Picknicks im Grünen und kleine Pfoten bereiteten, die sich vertrauensvoll in die eigene Hand schmiegten? Es war rundum herrlich gewesen, und ich bereute es keine Minute. Aber die Kinder wurden groß und brauchten mich im Grunde nicht mehr. Deshalb hatte ich mir ja überhaupt erst dieses dämliche Au-pair besorgt. Um den Versuch zu machen, wieder auf die Karriereleiter zu steigen. Stattdessen hatte Inger meinen Mann bestiegen.

Es war der Brief von der Bausparkasse, der mir endgültig die Augen öffnete. Zwangsvollstreckung, das neue Schreckenswort. Wenn ich nicht bald etwas unternahm, verlören wir das Haus.

Da kam mir die Idee. Ich musste sowohl Geld verdienen als auch abnehmen, also warum nicht zwei Fliegen mit einer

Klappe schlagen? Die fette und arme Kuh würde ein Diätbuch verfassen.

Diätbücher zu lesen ist mein Hobby, müssen Sie wissen. Manche Menschen sammeln Kochbücher, obwohl sie nie kochen, oder schwelgen in Prachtbänden vom Landleben, während sie in einem trostlosen Hochhaus wohnten. Ich studiere Diätarten, machte aber nie eine solche. Bis jetzt.

Ich besitze sie alle: die Eierdiät, die Scarsdale-Diät, die Iss-Fleisch-und-bleib-schlank-Diät, die Trennkost-Diät, die Ananas-Diät – aus Kalifornien, wo ohnehin alle bekloppt sind – und die diätlose Diät. Ich habe sogar ein Exemplar von »Diät macht dick«, aber das glaubt echt kein Mensch!

Diät zu halten, so schien mir immer, ist die moderne Version von Religion – Opfer, Buße und Erlösung eingeschlossen. Segne mich, Vater, denn ich habe geprasst und gefastet.

Meine wäre anders. Bei meiner ginge es nicht darum, was man isst, sondern wie man sich fühlt. Jede Frau würde sich von der universellen Wahrheit angesprochen fühlen, dass Ablehnung einen schlank macht.

Bevor ich völlig durchdrehte, setzte ich mich an Samanthas Computer und tippte ein Exposé. Ich nannte es »Die Scheidungsdiät«. Dann ging ich in die Buchhandlung und suchte heraus, welche Verlage Bücher zu diesem Thema veröffentlichten. Erstaunlicherweise ziemlich viele. Während ich die Regale durchforstete, kam mir der traurige Gedanke, dass die eine Hälfte der Welt Diät hielt, während die andere Hälfte Hunger litt. Todtraurig machte mich das allerdings nicht, denn herzloserweise muss ich zugeben, dass es auf einen lebhaften Markt für Diätratgeber schließen ließ.

Ich notierte mir die Adressen von drei Verlagen und schickte allen dreien meinen Entwurf. Dann gönnte ich mir einen Big Mac und große Pommes, machte mich auf den Weg, die Kinder abzuholen und rechtfertigte mich damit, dass ich solche Speisen bald darbringen würde wie Ave-Marias. Bis dahin konnte ich ruhig noch drauflos futtern.

Ich muss gestehen, dass ich die Möglichkeit in Betracht zog, abgewiesen zu werden, und mir überlegte, wie ich damit umgehen würde. Indem ich aß, zweifellos. Dann würde ich mir doppelt schnell einen nüchternen Bürojob suchen müssen. Einen Monat gab ich mir Zeit. Nicht einmal meiner besten Freundin Sally, der Wuttherapeutin, erzählte ich, was ich vorhatte.

Doch es kamen keine Absagen. Die Verlage waren begeistert, insbesondere davon, dass ich selbst als Hauptfigur auftreten würde. Ob ich es bis Weihnachten schaffen könnte, fragte einer. Weihnachten ist anscheinend ein guter Termin für Diätratgeber. Die Leute kaufen sie, damit sie risikolos prassen können, weil sie wissen, dass sie die Heilung bereits in Händen halten. Oft fühlen sie sich dadurch schon so viel besser, dass sie gar keine Diät mehr anfangen müssen. Dann ist allen gedient.

Der Verlag, bei dem ich schließlich einschlug, wollte das Buch mit einem Fernsehsender zusammen machen, damit ich gefilmt werden konnte, wie ich meine eigenen Tipps befolgte.

Dem Fernsehsender gefiel die Geschichte von meinem Mann und dem Au-pair-Mädchen. Sie fanden, sie sei ganz im Stil von Oprah Winfrey, und filmten mich drei Mal, während ich sie erzählte – bis ich an der richtigen Stelle in Tränen ausbrach. Geständnisse kommen offenbar beim Publikum hervorragend an.

Natürlich musste ich trotzdem noch das Buch schreiben, aber das schien niemandem Kopfzerbrechen zu bereiten. Der Verlag hatte mich bereits in der Richard-and-Judy-Show untergebracht, und so lief alles prächtig, teilte man mir mit.

Und dann überfiel mich die Schreibblockade. Oder vielmehr die Essblockade. Blitzartig begriff ich, dass ich tatsächlich aufhören musste zu essen. Kein Hühnchen Dhansak mit Nan-Brot mehr, keine Pizza, ja nicht einmal ein Mars mini. Mir wurde klar, dass ich zusätzliche Motivation brauchte. Die Erniedrigung durch das Au-pair war schrecklich gewesen, aber nicht schrecklich genug.

Ich schluchzte vor unserem Hochzeitsfoto und verbrachte ganze Abende damit, über den Alben zu brüten. Meine Freundin Sally war schließlich diejenige, die das Problem erfasste: »Du willst ihn immer noch zurück. Finde einen Weg, ihn dir aus dem Kopf zu schlagen!« Schließlich hatte sie die Idee, die meinen Durchbruch einleiten sollte.

»Hast du eigentlich ein Foto von David?«, wollte sie wissen. Ob ich ein Foto von ihm hatte? Hunderte hatte ich von ihm. David mit den Kindern, David in der Badehose, David ohne Badehose – nein, jetzt, wo ich daran denke, fällt mir ein, dass sie im Drogeriemarkt einen Aufkleber auf dieses Foto gemacht hatten und wir schon fürchteten, jeden Moment von der Foto-Polizei verhaftet zu werden.

»Ich habe nur seinen Kopf gemeint«, sagte Sally streng. »Den lasse ich nämlich für dich vergrößern.«

Meiner Ansicht nach musste das wohl eine Extremform der Wuttherapie sein, bis Sally erschien, einen Abzug von Davids Gesicht im Großformat in Händen. »Mann«, murmelte ich und vergaß mich einen Moment lang, »er ist wirklich attraktiv, was?«

»Attraktivität ist immer relativ«, fauchte Sally. »Also, wie viel Pfund willst du abnehmen?«

»Sechzig«, antwortete ich ohne nachzudenken. Das waren dreißig Kilo. Ich war schon immer gut in Kopfrechnen gewesen.

Sie teilte Davids Gesicht mit Hilfe eines Geodreiecks in sechzig Kästchen ein. Die Fernsehleute waren begeistert. Sachen, die die Zuschauer zu Hause mitmachen können, finden sie immer Klasse.

Offen gestanden funktionierte es fantastisch. Jedes Mal, wenn ich ein Pfund abgenommen hatte, ein weiteres Stückchen von Davids attraktiver, aber treuloser Visage auszuschneiden, machte mich regelrecht süchtig. Es spornte mich wirklich an.

Sogar die Kinder bemerkten, dass ich fröhlicher wurde. Ich kochte kleine Mahlzeiten für sie, ohne selbst etwas zu essen, und umschiffte sogar unbeschadet die Keksdose.

Doch eines Tages erlitt ich einen Rückfall. Obwohl er sie seit unserer Trennung vernachlässigt hatte, erbot sich David auf einmal, einen Ausflug mit den Kindern zu machen. Vorübergehend verlor ich den Glauben an seine Widerlichkeit und stopfte mich in einer Konditorei voll. Damit stellte sich ein kniffliges Problem: Wenn ich *zu*nahm, musste ich dann Teile seines Gesichts wieder hineinkleben? Der Feigling klärte selbst die Frage für mich, indem er einfach nicht zu der Verabredung erschien. Die Kinder waren so gekränkt, dass ich laut heulte. Bis Sally mir zu einem weiteren Kapitel riet, und zwar unter der Überschrift »Wie man seinen Schmerz produktiv einsetzt«. Was soll's, sagten die Fernsehleute, Rückfälle sind ganz normal: wie wenn ein Alkoholiker wieder zur Flasche greift. Sie verstärkten die Dramatik.

Danach fielen die Pfunde von mir ab wie die abgestorbene Haut von einer Schlange. Ich war eine unglaublich schrumpfende Frau.

Der Veröffentlichungstermin nahte ebenso wie das vorläufige Scheidungsurteil.

Du wirst berühmt werden, prophezeiten mir alle. Besorg dir lieber ein paar Klamotten. Gesagt, getan. Größe sechsunddreißig. Ein herrliches, hautenges, knöchellanges Seidenkleid in Mitternachtsblau. Sally meinte, es passe zu meinen Augen.

Und dann, kurz vor dem entscheidenden Moment, gingen mir die Nerven durch. Wie konnte ich ihm das antun? Wir waren fünfzehn Jahre verheiratet gewesen. Er war der Vater meiner Kinder. Wir hatten mindestens vier Mal Sex miteinander gehabt. Vielleicht sollten wir noch einen Versuch zur Rettung unserer Ehe unternehmen?

Sally reagierte fuchsteufelswild. »Das ruiniert dein gesamtes Image«, schnaubte sie. »Du kannst ihn nicht wieder aufnehmen, nach allem, was er dir angetan hat.«

Trotzdem rief ich ihn an.

Wir trafen uns in einem Pub, dem Pub, wo wir zum ersten Mal gemeinsam etwas getrunken hatten. Damals war ich achtzehn gewesen und hatte problemlos in Größe sechsunddreißig gepasst. Jetzt trug ich wieder Größe sechsunddreißig.

Ich hatte nicht daran gedacht, dass David ja nichts von meiner Diät wusste. Also saß ich in meinem eleganten Mitternachtsblau auf einem Barhocker, und er marschierte geradewegs an mir vorbei. Sein Gesicht, als er die Wahrheit begriff, war ein Anblick, der mir unvergesslich bleiben wird.

»Heiliger Bimbam«, sagte er. »Was hast du denn gemacht?«

»Abgenommen.«

»Das sehe ich.« Er ging einmal um mich herum, als wäre ich eine Skulptur in einer Ausstellung. »Du musst unheimlich viel abgenommen haben.«

»Ja. Fast dreißig Kilo.«

Der verblüffte David schnitt eine Grimasse. Dahinter steckte eine Art Freude, wie man sie empfindet, wenn sich unter dem Weihnachtsbaum noch ein letztes Geschenk auftut. Und in diesem Fall war das Geschenk ich.

Er ließ sich auf den Barhocker neben mir gleiten. »Weißt du, du siehst wirklich sagenhaft aus.« Ich muss gestehen, dass mein Herz Purzelbäume schlug.

Dann bestellte er eine Flasche Wein. Legte sich richtig ins Zeug.

»Was macht das Au-pair?«, konnte ich mir nicht verkneifen zu fragen.

Er zuckte nicht mit der Wimper. »Ist wieder zu Hause in Oslo.«

Als er sich einige frittierte Happen in den Mund steckte,

begriff ich, was sich an David verändert hatte. Er hatte zugenommen. Ziemlich viel sogar. Sein magerer, knabenhafter Körper, der mich so angezogen hatte, war dahin. Sein Gesicht war von Nascherei und zu vielen Fertiggerichten förmlich aufgedunsen. Ein nicht zu übersehender Bauch quoll über seinen Hosenbund. Heißt es nicht, dass eine Scheidung Männer härter trifft? Frauen wahren der Kinder wegen die Fasson, aber Männer verlieren jeglichen Halt – und David sah wie das klassische Beispiel dafür aus. Kein Wunder, dass Inger nach Oslo zurückgeflogen war.

Wir tranken die Flasche Wein aus, und David rückte näher, einen Ausdruck erhitzter Vorfreude in den Augen.

»Weißt du«, flüsterte er, »vielleicht ist das ja ein schrecklicher Fehler, dass wir uns scheiden lassen wollen.«

»Ja.« Ich ließ mich vom Barhocker gleiten, entblößte einen Meter Bein und stellte fest, dass er in fast einer ganzen Stunde die Kinder kein einziges Mal erwähnt hatte. »Wir hätten uns schon vor Jahren trennen sollen.«

David sah mich an, als hätte soeben eine Schneiderpuppe Shakespeare zitiert. »*Was* sagst du da?«

»Ich sage, wir hätten uns schon vor Jahren trennen sollen.« Sally wäre stolz auf mich gewesen. Aber ich konnte ihn doch nicht so grausam verlassen, ohne ein Wort des Trostes und des Rats, oder?

»Weißt du was, David? Du solltest unbedingt eine Diät machen.«

Vor dem Lokal schaltete der Kameramann seine Lampen aus.

»Fantastisch«, gratulierte er mir. »Wir haben jedes Wort im Kasten. Drei Millionen Frauen werden Sie bejubeln, wenn das gesendet wird.«

Für den Bruchteil einer Sekunde bekam ich Schuldgefühle. Und dann sah ich David durch das Schaufenster, wie er auf einen Barhocker direkt neben einer Dame ohne Begleitung rutschte.

Mein Ex besaß ungefähr die Haut eines Nashorns.
Und darüber konnte er froh sein. Denn nächste Woche würde er ein dickes Fell brauchen.

Auf Umwegen in andere Umstände

»Nicko, alter Junge, du könntest mir nicht vielleicht einen Gefallen tun und heute Abend die Sprechstunde für mich übernehmen? Ich gehe nämlich in die Op-pop-oper.« Robin Worths durchdringender Eton-Akzent durchschnitt den Moment der Ruhe, den Nick sich gerade gönnte. »Sie geben Madame Butterfly, und wenn ich meine Frau sitzen lasse, bin ich derjenige, der einen Kopf kürzer gemacht wird.«

Nick sah auf die Uhr an der Wand der Ambulanz. Eigentlich war er selbst darauf erpicht, demnächst zu verschwinden. Arsenal hatte ein Heimspiel, und er wollte es sich gern auf Sky-TV anschauen.

Dieser verdammte Robin mit seiner lauten Stimme und seiner überheblichen Art! Robin wusste ganz genau, dass das Scheckheft der Gefälligkeiten permanent aufgeschlagen war, da er schließlich Nick den Job hier verschafft hatte.

»In Ordnung.« Nick fing den Blick der Ambulanzschwester auf, die ihm verständnisvoll zulächelte, als wollte sie sagen: Er ist ein herzloser Fatzke – ganz anders als Sie, dem wirklich etwas an den Patienten liegt.

Die Schwester war füllig und hübsch. Sie hatte eine Schwäche für ihn, das wusste Nick. Gelegentlich ertappte er sie dabei, wie sie ihn anhimmelte, als wäre er eine Art Heiliger der Letzten Tage. Das war ausgesprochen merkwürdig, denn Nick fühlte sich weiß Gott nicht wie ein Heiliger. Er hatte ein Händchen dafür, mit unfruchtbaren Paaren umzugehen, das ja, und konnte ihr Leid ehrlich nachempfinden; aber er war nur durch Zufall in diesem Fachbereich gelandet. Offen gestanden hatte sich seine Laufbahn nicht seinen Vorstellungen gemäß entwickelt. Während seines Medizinstudiums hatte er hoch hinausgewollt und Ambitionen in der Chirurgie gehabt; aber seine erste Stelle bekam er in Aberdeen angeboten, und seine Frau hatte soeben einen guten Posten hier in der Gegend angetreten. Es hätte bedeutet, gleich zu Beginn seiner Ehe allein dorthin zu ziehen; daher hatte er die schlechtere Stelle angenommen, die näher an seinem Wohnort lag, und irgendwie war er danach nie mehr richtig weitergekommen.

»Wie viele Patienten sind es heute Abend?«, fragte Nick die Schwester.

»Nicht allzu viele. Vielleicht schaffen Sie es sogar bis zum Fußballspiel.«

Diesmal erwiderte er ihr Lächeln mit echter Wärme, erleichtert, dass sie ihn verstand. Dass es möglich war, an den Tragödien von Patienten Anteil zu nehmen und trotzdem ein Privatleben zu führen...

Da er das Spiel unbedingt sehen wollte und ihm klar war, dass sie das auch wusste, achtete er besonders darauf, jedem Fall genügend Zeit zu widmen. Die Leute bekamen so langfristige Termine und erwarteten einiges von ihrem Arzt. Wenn es dann wirklich so weit war, hofften sie auf ein Wunder.

Nick und seine Frau Janey hatte keine eigenen Kinder. Es lag nicht so sehr daran, dass es nicht geklappt hätte – zumindest glaubte er das nicht –, sondern eher daran, dass sie zu wenig Zeit miteinander verbrachten. Nun war er fast vierzig und Janey ein Jahr jünger, also würde auch wahrscheinlich nichts mehr passieren. Janey hatte ihn und sich untersuchen lassen wollen, aber er wäre sich lächerlich vorgekommen, wenn er hätte feststellen müssen, dass er selbst unfruchtbar war; schließlich arbeitete er in der Ambulanz für Fruchtbarkeitsstörungen oder »künstliche Befruchtung«, wie es heutzutage hieß. Er wusste, dass es Janey etwas ausmachte, auch wenn ihre Arbeit ihr Freude bereitete;

jedenfalls hatte er geschickte Strategien entwickelt, dem Thema auszuweichen.

Er schob seine gewohnten Schuldgefühle beiseite und brachte das letzte Paar zur Tür. Für diese beiden sah es gut aus. Nach drei Versuchen hatte ihre In-vitro-Fertilisation angeschlagen. Die beiden marschierten an den Fotos mit lächelnden Babys entlang, die an den Wänden im Flur hingen, während sie darüber nachsannen, dass sich schon bald ein Foto von ihnen mit einem Baby im Arm zu den anderen in der Erfolgsgeschichte der Klinik gesellen würde.

Nick rieb sich die Stelle an der Nase, wo ihn die kleine, goldene Halbbrille drückte, die er seit kurzem trug. Er war müde, aber der Gedanke an ein kühles Bier und ein Tor von Ian Wright munterte ihn auf.

Als er sich umwandte, saß das Mädchen hinter ihm. Er starrte sie an, weil er sich sicher war, dass sie vor einer Minute noch nicht da gewesen war und auf seinem Tagesplan keine weiteren Patienten standen. Wo zum Teufel steckte die Schwester?

»Haben Sie etwas auf dem Herzen?«, fragte er. »Die Sprechstunde ist leider für heute beendet. Vielleicht können Sie morgen früh telefonisch einen Termin vereinbaren.« Sie musste sich, so schloss er, auf der Damentoilette versteckt haben. Es war unglaublich, was sich die Leute für einen Termin alles einfallen ließen, getrieben von dem Urwunsch nach einem Baby.

Doch dieses Mädchen passte nicht ins Schema. Sie war zu jung. Gerade mal zwanzig oder so. Und eine umwerfende Schönheit! Sie saß, aber er vermutete, dass sie ihn überragen würde, wenn sie aufstand, obwohl er selbst groß war. Sie trug eine blaue Jeansjacke über einem ganz kurzen, engen, schwarzen Kleid, dicke schwarze Strümpfe und diese aggressiven Doc-Martens-Stiefel, das Markenzeichen ihrer Generation. Ihr Haar war kurz und blond, und sie trug einen Nasenstecker. Nicks erster, reflexhafter Gedanke war die

Hoffnung, dass sie es in einem Laden hatte machen lassen, wo »antiseptisch« nicht als Schimpfwort galt.

Unheimlicherweise kam sie ihm irgendwie bekannt vor.

»Wollten Sie einen Arzt sprechen?«

»Offen gestanden dachte ich dabei an Sie.«

»An mich?« Nick brannte vor plötzlicher Beklommenheit der Nacken. Hier bahnte sich irgendetwas Seltsames an. Hübsche junge Mädchen lungerten normalerweise nicht in Klos herum, um seine Aufmerksamkeit auf sich zu ziehen.

»Ich könnte es Ihnen auch hier sagen, aber besser wäre es in einem Pub oder so.«

Langsam dämmerte ihm etwas. »Sind Sie Journalistin?« Künstliche Befruchtung war zurzeit bei der Presse ein ganz heißes Thema.

»Nein, keine Sorge«, beruhigte sie ihn. »Ich hasse Journalisten.«

Und wieder beschlich ihn dieses unheimliche Gefühl, sie schon einmal gesehen zu haben. Wie kam es außerdem, dass eine Zwanzigjährige einen derartigen Abscheu gegen Journalisten hegte? Nick musste zugeben, dass er neugierig geworden war.

»Das ist also kein Vorwand? Sie haben kein Kamerateam am unteren Ende der Treppe platziert, und ich finde mich plötzlich in der Sendung von Roger Cook wieder?«

»Sehe ich etwa aus wie Roger Cook? Nein, es geht um etwas Privates.«

Etwas Privates? Nick hätte fast aufgelacht. So etwas passierte ihm doch nicht! Er arbeitete ja nur! Sein Privatleben war ungefähr so bunt wie das eines pensionierten Schülerlotsen.

»Na gut«, willigte er ein. Ian Wright würde eben warten müssen. »Auf der anderen Straßenseite ist ein Lokal. Wir treffen uns dort in zehn Minuten.«

Das Mädchen verschwand im selben Moment, als die Schwester die Tür von den Laborräumen her öffnete. »Gut, fertig für heute«, schnurrte sie eifrig. »Wollte nur noch nach der Eiersammlung sehen, die wir vorhin angelegt haben.« Sie bemerkte Nicks angespannte Miene. »Alles in Ordnung? Vielleicht möchten Sie kurz etwas trinken, bevor Sie nach Hause fahren?«

»Nein danke, ich muss los.«

Sie sah ihm nach. Er schien kein nennenswertes Privatleben zu haben. Hatte keine Kinder. So eine Verschwendung. Dr. Hinton war ein gut aussehender Mann, der sich der Wirkung gar nicht bewusst zu sein schien, die er auf die weiblichen Mitarbeiter ausübte. Im Gegensatz zu Dr. Worth, der ständig Klapse auf den Po verteilte und sich allzu vertraulich gab.

Falls er im Lokal gegenüber auf diskretes Inkognito gehofft hatte, so wurde Nick enttäuscht. Jeder Mann unter achtzig starrte das Mädchen an, das auf ihn wartete. Zwei Gläser, das eine mit Weißwein und das andere mit Budweiser, standen bereits auf dem Tisch. »Ich habe mir gedacht, dass Sie Biertrinker sind.«

Nick durchfuhr erneut das blitzartige Gefühl, sie schon irgendwo gesehen zu haben. »Entschuldigen Sie, aber kenne ich Sie?«

Das Mädchen lachte heiser auf. »Gewissermaßen schon. Sie erkennen mich, weil ich Model bin. Für BHs, wie ich gestehen muss. Zurzeit hängen die Plakate überall. Mein Name ist übrigens Tara Williamson.«

Der Name sagte Nick nichts. »Und was kann ich für Sie tun?«

Er trank einen Schluck von seinem Bier und wartete auf ihre Antwort.

»Tja, es ist so...« Zum ersten Mal schien ihre Selbstsicherheit ins Wanken zu geraten. »Ich glaube, Sie könnten mein Vater sein.«

Das Lokal drehte sich, als wäre es auf einmal in die Fänge von Außerirdischen geraten.

»Entschuldigung, aber sagen Sie das noch mal.«

»Sie haben mich richtig verstanden.« Sie fuhr sich mit der Hand durch ihr kurzes blondes Haar. »Ich habe nicht erwartet, dass Sie die Arme um mich schlingen und ›mein Kind‹ rufen.« Ihr schmerzerfüllter Tonfall ging ihm nahe.

»Hören Sie, Miss... äh?«

»Williamson. Tara. Zwanzig Jahre alt. Geboren als Tochter von Sarah Blake und David Morrison im Krankenhaus Winchester.«

Er durchforstete sein Gedächtnis nach einer Sarah Blake oder überhaupt einer Sarah, doch er stieß auf keine. Dann versuchte er, sich an kurze Affären zu erinnern. Das Problem war nur, dass Nick ein fast abstoßend braves Leben geführt hatte. Janey war das dritte Mädchen, mit dem er geschlafen hatte, und seitdem hatte es überhaupt keine anderen mehr gegeben. Die beiden zuvor waren seines Wissens glücklich verheiratet, und außerdem hieß keine von ihnen Sarah.

»Hören Sie, es tut mir wirklich Leid – aber ich habe nie mit einer Sarah geschlafen.«

»Ich weiß. Sie kennen sie ja nicht einmal.«

Nick kam sich langsam vor wie in einem Roman von Kafka. »Wie kann ich dann Ihr Vater sein?«

»Sie haben Ihren Samen gespendet. Meine Mutter war die Empfängerin. Ich wurde durch künstliche Befruchtung empfangen.«

Nick wurde bleich. Das Mädchen log nicht – er hatte tatsächlich Samen gespendet, und das nicht nur einmal. Zwanzig Pfund hatte er dafür bekommen. Unzählige Medizinstudenten machten das, um ihre Stipendien aufzubessern. Einmal gab es sogar einen legendären Studenten mit einer so phänomenalen Potenz, dass er ein eigenes Gefäß für die Lagerung bei minus dreißig Grad gebraucht hatte. Bei den Schwestern rangierte er unter dem Spitznamen »der große Versorger«.

Doch auch wenn er Spender gewesen war, lief die ganze

Angelegenheit äußerst vertraulich ab. Man musste zwar seine Eigenschaften und seine medizinischen Daten angeben; aber man bekam wirklich hundertprozentig garantiert, dass die Identität des Spenders nie preisgegeben würde. Sonst wäre aus Angst vor einer Flut von Vaterschaftsklagen der genetische Zapfhahn zugedreht worden, sogar vom großen Versorger. Er wusste, dass in letzter Zeit manchmal in der Presse die Forderung laut wurde, den Kindern die Identität des Spenders mitzuteilen – aber das hatte sich noch nicht durchgesetzt.

»Woher will Ihre Mutter denn wissen, dass *ich* es war?«

»Eine Freundin von ihr, eine Krankenschwester, hatte an dem betreffenden Abend Dienst. Sie fand Sie sympathisch, also tat sie Mum den Gefallen.«

»Aber es gibt Vorschriften...«, wandte Nick ein und hatte das Gefühl, als ob die Normalität aus ihm ränne wie aus einem umgekippten Bierglas.

»Sie ist sich hundertprozentig sicher, dass Sie es waren.« Tara musterte einen Moment lang sein Gesicht. »Tut mir Leid. Das ist sicher ein Riesenschock. Ich hatte mehr Zeit, mich mit dem Gedanken anzufreunden. Hallo, Dad!«

Nick war froh, dass er saß. Vermutlich gäbe es irgendeine Möglichkeit, die Geschichte des Mädchens nachzuprüfen; doch ihm schwante bereits, dass sie wahrscheinlich stimmte. Und was zum Teufel *hielt* er davon?

Die Bedeutung all dessen traf ihn wie ein Faustschlag. Er hatte eine Tochter. Dieses amazonenhafte Mädchen, das vor Selbstsicherheit zu strotzen schien, könnte tatsächlich sein Kind sein. Ihr genetischer Code war mit der Hälfte des seinen programmiert worden. In gewisser Weise grenzte es an ein Wunder. Er suchte ihre Züge nach Anhaltspunkten ab, doch schienen äußere Einflüsse die Natur in den Hintergrund gedrängt zu haben.

»Warum hast du mich nach so vielen Jahren finden wollen?« Es war eine dumme Frage, das stand fest. Wenn sie sich die ganze Mühe gemacht hatte, dann sicher aus dem Gefühl heraus, dass ihrem persönlichen Puzzle ein Teil fehlte.

»Ich hatte das Gefühl, dich kennen lernen zu müssen.«

Und was kommt als Nächstes, fragte er sich, während ihn Panik überfiel. Er hatte von solchen Begegnungen zwischen Vater und Kind gelesen. Die fallen gelassenen Kinder von Politikern und Schauspielern tauchten hin und wieder in der Boulevardpresse auf, voller Liebe und Nachsicht, und offenbar schrie niemand: Wie konntest du mich weggeben, du herzloses Schwein? Doch hier lag die Sache anders.

Er blickte Tara über den bierbefleckten Tisch des wenig ansprechenden Pubs hinweg an. Ihre strahlende Schönheit leuchtete förmlich in dieser düsteren Welt. Und doch war auch Verletzlichkeit zu erkennen. Wollte sie eine Beziehung, oder wäre es damit getan, dass sie den Ursprung ihrer Gene nun gesehen hatte?

»Treffen wir uns doch in ein, zwei Tagen wieder«, schlug er vor. »Wenn wir Zeit gehabt haben, alles zu verdauen.«

Tara willigte mit offenkundiger Erleichterung ein. Auch sie war unsicher, wie sie sich verhalten sollte, nachdem die Enthüllung jetzt stattgefunden hatte.

Nick sah ihr nach, wie sie durch das Pub schritt, von jedem männlichen Auge verschlungen. Sie blickte sich nicht um.

Auf der Heimfahrt kam ihm die Stadt öde und freudlos vor. Er fühlte sich wie eine Figur, die auf die Bühne geschoben wird, ohne den Text zu kennen. Jetzt, wo er allein war, rätselte er, ob er sich richtig verhalten hatte.

Wie, in aller Welt, sollte er das Janey, seiner Frau, beibringen? »Du kommst nie drauf, was mir heute in der Sprechstunde passiert ist: Ein umwerfendes Mädchen kam herein und hat behauptet, meine Tochter zu sein.«

Janey hatte bereits den Tisch gedeckt, als er heimkam. Sie sagte zwar nichts, aber die Frage, wo er die letzten zwei

Stunden gewesen war, loderte durch ihr beleidigtes Schweigen.

Schließlich gestand er es ihr. Sie sah zutiefst verletzt drein. »Wie konntest du«, herrschte sie ihn an, den Tränen nahe, »dich nur all die Jahre gegen ein Baby sperren und andererseits deinen Samen einfach so weggeben?«

Nick wusste keine Antwort. Ihr Schmerz und ihr Leid waren dermaßen bedrückend, dass er es gar nicht mit ansehen konnte.

»Und was willst du jetzt machen? Anfangen, sie sonntags zum Essen zu bitten? Sie an Weihnachten einladen?« Janeys Miene war vor enttäuschter Bitterkeit völlig verschlossen.

»Ich weiß nicht. Vielleicht gar nichts.«

Als er am nächsten Tag zur Arbeit fuhr, kam die Sonne heraus, erhellte die Landschaft und ließ sie leuchten. An der Kreuzung zweihundert Meter vor der Klinik strahlte Taras Werbeplakat auf ihn herab, zehn Meter lang, wie eine Göttin vom Olymp. Venus oder Nemesis?

Die nette Schwester rauschte geschäftig durch die Anmeldung, den Arm voller Akten.

»Da ist jemand für Sie«, flüsterte sie. »Hübsches junges Mädchen.«

Nick stellte fest, dass er zitterte. Sie war tatsächlich seine Tochter, und das musste er anerkennen.

»Hallo, Tara!« Er merkte, wie ihm die Worte nur mit Mühe über die Lippen kamen.

»Dr. Hinton... Nick...« Tara wirkte aufgeregt, und ihre lässige Selbstsicherheit vom Abend zuvor blätterte vor seinen Augen ab. »Auch auf die Gefahr hin, dass ich wie Ihre Assistentin klinge – ich fürchte, es liegt eine kleine Verwechslung vor.«

Nick lauschte, ohne ganz zu begreifen, worauf sie hinauswollte.

»Wissen Sie... das Problem ist... ich wusste nicht, dass Sie gestern Abend für jemand anders eingesprungen sind. Es ist schwierig, Ihnen das zu erklären – aber Dr. Worth soll mein Vater sein, nicht Sie.«

Ihre Worte trafen Nick wie das Messer eines Mörders. Sie war nicht seine Tochter, sondern die von Robin...

»Hören Sie!« Taras große Augen füllten sich mit Tränen und ließen die Wimperntusche in schwarzen Bächen über ihre Wangen rinnen. »Es tut mir unheimlich Leid. Falls es Sie irgendwie tröstet, kann ich nur sagen, ich wünschte, Sie wären es. Sie sind viel netter. Und sehen besser aus. Das Komische ist«, fuhr Tara fort, »dass er überhaupt nicht erstaunt war. Ja, er hat nur gelacht und gemeint, dass man ihn als Student den ›großen Versorger‹ genannt hat.«

Nick lächelte bitter. Also war Robin der große Versorger gewesen!

Und dann fiel ihm ein, was für ein Gefühl das für sie sein musste. »Hat es Sie gekränkt«, fragte er sanft, »dass Robin so reagiert hat?«

Tara zögerte. »Ein bisschen. Irgendwie habe ich schon eher nach meinem geliebten, lange verschollenen Daddy gesucht – nicht nach jemandem, der sich fragt, wie viele Vaterschaftsklagen ihm drohen könnten. Aber vielleicht ist das die bessere Lösung. Mein anderer Vater, der, der mich aufgezogen hat, sieht es sicher so. Er war total dagegen, dass ich hierher komme.«

»Das wundert mich nicht.«

Tara nahm ihren Matchbeutel und schlang ihn sich über die Schulter.

Nick hielt ihr die Tür auf. »Wissen Sie was? Ich wünschte, Sie wären meine Tochter. Ich wäre wahnsinnig stolz auf Sie!«

»Danke. Das bedeutet mir viel. Aber jetzt auf Wiedersehen.«

Nick setzte sich. Komisch, aber sein Leben hatte sich trotzdem verändert, obwohl sie nicht seine Tochter war. Er hatte, wenn auch nur für einen Augenblick, die Mischung aus Schmerz und Freude entdeckt, und den Stolz und den Beschützerinstinkt empfunden, der Paare veranlasste, weiß der Himmel was auf sich zu nehmen, nur um ein Kind zu bekommen.

Er griff nach dem Telefon. Janey würde in Kürze ins Büro aufbrechen, aber er müsste sie gerade noch erwischen.

Ein Diamant ist unvergänglich

»Verlobt! Viv, du Glückspilz. Lass mal den Ring sehen!« Suzie wusste, dass sie zu viel plapperte, aber Verlobungen ließen sie vor Gefühlen überquellen und trieben ihr Tränen in die Augen, als hätte sie eine Scheibenwaschanlage wie ein Auto.

»Du bist erst verlobt, wenn du einen Diamanten hast«, schnurrte ihre Freundin Viv selbstzufrieden. »Das sagt meine Mutter jedenfalls immer.«

Suzie musterte den winzigen Brillantring, den Viv ihr unter die Nase hielt. Suzie wusste alles über Diamanten. Sie wusste, dass die alten Griechen sie für Sternensplitter hielten, die zur Erde gefallen waren, dass man sie am dritten Finger der linken Hand trug, weil die Ägypter glaubten, dass die Liebesader von der Spitze dieses Fingers direkt zum Herzen verlief und dass Diamanten so selten waren, dass im Lauf der Geschichte nur insgesamt 350 Tonnen davon geschürft worden waren. Sie wusste außerdem, dass Vivs Ring von Seite fünf des Argos-Katalogs stammte, ein mickriges Zehntelkarat wog und vermutlich nicht einmal hundert Pfund gekostet hatte. »Ist er nicht sagenhaft«, hauchte sie. »Sieh nur mal, wie er glitzert.«

Brav schwenkte Viv ihren pummeligen Finger, und der Diamant flackerte matt. Vielleicht, so überlegte Suzie insgeheim, war es nur Zirkonia. Dann hatte er nur 29,99 Pfund gekostet. Wie beleidigend.

»Was glaubst du, wann Greg die Frage aller Fragen stellt?«, wollte Viv wissen, indem sie ihrer Freundin eine Krume von der reich gedeckten Tafel ihres eigenen Glücks zuwarf.

»Er ist am Überlegen, das weiß ich. Vielleicht sind Verlobungen ja wie Schwangerschaften: Wenn es bei einer losgeht, ziehen die Freundinnen alle nach.« Auf einmal fiel ihr wieder ein, dass Viv sich genau deshalb verlobt hatte, weil sie ein Baby erwartete, und sie wünschte, sie hätte den Mund gehalten.

In der Intimität ihres kitschigen Schlafzimmers betrachtete Suzie am Abend die Prospekte. Es hieß, man solle ein bis zwei Monatsgehälter für einen Verlobungsring ausgeben. Netto oder brutto, fragte sie sich, während sie mit großen Augen den Solitär von einem Dreiviertelkarat bestaunte.

Ihre Theorie traf tatsächlich zu. Als Greg hörte, dass Viv und Derek heiraten wollten, kniete er sich hin, angespornt von kichernden italienischen Kellnern und einer zweiten Flasche Chianti und bat sie um ihre Hand. Sie erinnerte sich, dass sich das Kerzenlicht auf der Kuppel seines kahl werdenden Schädels gespiegelt und er feuchte Flecke unter den Armen gehabt hatte, aber wen kümmerte das schon? Endlich hatte er es getan.

In dieser Woche wusste Suzie, was Seligkeit war. Sie schwebte durch ihre Arbeit und brachte jeden dazu, nachsichtig über den Traum der jungen Liebe zu lächeln. Oder vielmehr jeden außer Viv, die fand, Suzie hätte einen etwas längeren Zeitraum verstreichen lassen können, bevor sie die gesamte Aufmerksamkeit der Kollegen an sich riss. Suzie konnte es kaum erwarten, sich am Wochenende in die Juwelierläden zu stürzen.

Am Samstag machten sie sich auf den Weg nach Hatton Garden, dem Zentrum der Londoner Diamantenhändler. Der Argos-Katalog taugte nicht für Suzie, und da sie sich Cartier nicht leisten konnten, bekam man auf diese Art das meiste für sein Geld. Suzie wusste natürlich genau, welchen Ring sie wollte. Das wusste sie schon, seit sie dreizehn war, aber nicht, ob Greg ihn sich leisten konnte. Greg hatte immer ein Geheimnis um sein Gehalt als Versicherungsvertreter gemacht.

Nachdem sie den Ring ihrer Träume ausgesucht hatte, hielt Suzie den Atem an. Er kostete fünfhundert Pfund. Einen Moment lang wirkte Greg bleich, als sei jemand auf Zehenspitzen über sein Grab geschlichen, doch dann schmunzelte er, zog eine Rolle Geldscheine hervor und zählte munter fünfhundert Pfund ab. »Wie gewonnen, so zerronnen«, sagte er grinsend. »Soll ich ihn ihr jetzt an den Finger stecken?«, fragte er den Verkäufer, auf einmal unsicher geworden.

»Ja, sicher. Möchten Sie ein Foto haben?« Der Mann zog eine Polaroid-Kamera hervor und knipste.

Suzie verbarg ihren Ring bescheiden vor Vic, protzte aber damit vor dem Rest der staunenden Mädchen aus Personalabteilung und Buchhaltung, die allesamt voller ehrlichem Neid Ooh und Aah machten. Den ganzen Tag lang drehte sie beim Tippen an dem Ring herum, damit er die Sonnenstrahlen einfing, deren Licht sich an jeder seiner sechsundfünfzig Kanten spiegelte und brach, bis in ihm das ewige Feuer erglühte, in das, wie Suzies Buch zu entnehmen war, Eros einst seine lockenden Pfeile getaucht hatte.

Am nächsten Abend war sie mit Greg auf einen Drink verabredet, um Hochzeitspläne zu schmieden. Suzie rühmte sich selbst, nicht an der Uhr zu kleben, aber heute schien sich jede Sekunde endlos hinzuziehen. Sie waren um sechs verabredet, aber um halb sechs gab sie auf und ging einfach früher. Sie wollte ihm sagen, wie sehr sie ihn liebte und dass sein Ring der schönste auf der ganzen Welt war. Nicht einmal Elizabeth Taylors birnenförmiger Diamant reichte an ihn heran. Sie käme zwar zu früh, aber das machte nichts. Würde sie eben ein Glas Weißwein trinken und ihren Diamanten bewundern.

In den dunklen Nischen des Glory Hole saßen nur Faulenzer und Trinker, doch das Mädchen aus Gregs Büro erkannte sie sofort. Sie war sehr jung und sehr, sehr hübsch mit ihrem Schmollmund und dem pfirsichfarbenen Teint, der sie aussehen ließ wie ein Mädchen vom Lande, wo sie doch in Wirklichkeit aus Braintree stammte. Greg störte sich allerdings nicht daran. Im Gegenteil – er hatte sich an sie gedrängt, presste ihren Rücken gegen die Bar und liebkoste ihren Hals. Suzie beobachtete die beiden eine ganze Minute lang, bis die Panik sie überkam und ihr den Atem nahm, als würde auch sie gegen etwas Schweres nach hinten gedrückt. Schließlich rannte sie aus dem Pub und rang keuchend nach Luft, um sich wieder zu beleben. Hatte er sich eingebildet, er hätte sie mit diesem Ring gekauft und könne sich nun aufführen, wie er wollte? Die Erinnerung an die unglückliche Ehe ihrer Eltern, ihren untreuen Vater, ihre Mutter, die ihn beschimpfte, beide in einen geisterhaften Tanz eingekerkert, aus dem offenbar keiner von beiden ausbrechen konnte, kam ihr plötzlich wieder in den Sinn. Sie hatte stets geschworen, dass ihr das nie passieren würde.

Als sie im Freien auf einer Bank saß, setzten die rationalen Erklärungen ein, wie es oft der Fall ist. Vielleicht hatte sie auch alles falsch verstanden. Vielleicht machten sie nur Spass. Vielleicht. Und vielleicht hatte ihre Mutter sich genau das beim ersten Mal auch gesagt.

Suzie ließ die untergehende Sonne ihren Ring blutrot färben, während sie einen Entschluss fasste. Auf einmal ganz energisch sprang sie auf und ging rasch in die dem Pub entgegengesetzte Richtung davon. Nach zehn Minuten hatte sie das gesuchte Haus erreicht und stieg in den zweiten Stock hinauf. Sie würde ihn auf die Probe stellen, jawohl. Sie war eine unabhängige Frau, ganz im Gegensatz zu ihrer Mutter, die es nicht einmal wagte, einem Vertreter eine Abfuhr zu erteilen und am Ende mit einer Schublade voller Staubtücher da stand, die sie vor ihrem Mann verbarg.

»Das kostet mindestens zweihundert Pfund plus Mehrwertsteuer«, betonte die nüchterne, matronenhafte Frau hinter dem Schreibtisch.

Suzie versuchte nicht daran zu denken, welchen Anteil an ihrem Ring das ausmachte. Es musste getan werden. Es war zwar nicht ganz das, was sie mit ihrer Aussteuer vorgehabt hatte, aber es war vermutlich die beste Investition, die sie je tätigen würde. Glendas Lockvögel waren teuer, weil sie mit umwerfenden Mädchen arbeitete. Es hatte keinen Sinn, hier zu knausern.

»Wie schnell können Sie es erledigen?« Ihre Verlobungsfeier war für die folgende Woche geplant, und sie wollte es rechtzeitig hinter sich bringen.

»Sie sind die Kundin. Es hängt von seinen Plänen ab.«

»Dieses Wochenende fährt er zu einer Vertreterkonferenz nach Bournemouth.«

»Hervorragend. Konferenzen sind für Männer mittleren Alters das, was für junge Leute unter Dreißig der Urlaub ist. Wenn wir ihn irgendwo kriegen, dann dort. Also gut.« Die Frau lehnte sich vor und sah Suzie direkt in die Augen, fest und offen, wie die Art von Klassenleiterin, von der man immer geträumt, die man aber nie bekommen hat. »Sind Sie sich sicher, dass Sie das wollen?«

Suzie lehnte sich schwer zurück. Wollte sie es wirklich wissen? Sollte sie nicht lieber im Zweifelsfall zu seinen Gunsten entscheiden und wieder in den siebten Himmel zurücksteigen?

Ein lebhaftes Bild ihrer Mutter kam ihr in den Sinn, wie sie die Taschen ihres Vaters ausleerte, das einst hübsche Gesicht nun verhärtet und voller Kummer. Dabei war der schlimmste Moment nicht einmal der erbärmliche Anblick gewesen, wie ihre Mutter seine billigen Nadelstreifenanzüge durchwühlte, sondern ihre boshafte Freude, wenn sie tatsächlich einen Beweis dafür fand, dass er sie betrogen hatte. Am Ende war das die Haupttriebkraft ihrer Ehe gewesen.

»Ja«, erklärte Suzie, nun restlos überzeugt, dass sie das Richtige tat.

»Gut. Ich rufe Sie am Sonntagabend an. Wenn er den Köder schluckt, hat er bis dahin angebissen.«

Suzie hatte Gewissensbisse dabei, aber sie konnte sie verkraften. Sie verbuchte es unter Katastrophenschutz. In Amerika, so versicherte ihr die freundliche Firmeninhaberin, war das heutzutage gang und gäbe. Es liefen so viele üble Typen herum – auch in den besten Anzügen. Sie war ein ganz vernünftiges Mädchen, das lediglich eine kluge Vorsichtsmaßnahme traf.

Den ganzen Samstag fühlte sie sich mies und stand andauernd kurz davor, ihn anzurufen und ihn vor sämtlichen langbeinigen Blondinen zu warnen, die ihm in der Bar des Embassy-Hotels über den Weg liefen. Einen verrückten Moment lang dachte sie sogar daran, sich eine Perücke auszuleihen und sich selbst als heiße Verführerin zu verkleiden. Wie weit gingen diese Mädchen eigentlich? Ein Drink? Hinauf ins Zimmer des Mannes? Wirklich bis ins Bett?

Sie sah sich erst *Gladiators* und dann *Herzblatt* an. Eine der Kandidatinnen hatte so viele Haare und war so dick geschminkt, dass sie wie ein Transvestit wirkte. Sahen die Mädchen von Glendas Lockvögeln so aus? Darauf würde Greg nie hereinfallen. Doch dann fiel ihr das Foto wieder ein, das Glenda ihr von ihrem Spitzenmädchen gezeigt hatte. Darauf war ein zartes, dezentes Persönchen zu sehen, vielleicht viel zu dezent für Greg.

Auf einmal kam Suzie ein unangenehmer Gedanke. Sie fragte sich, was für eine Antwort sie haben wollte. Schuldig oder unschuldig. Vielleicht war sie schon wie ihre Mutter, die nach Beweisen für Fehltritte gierte, anstatt darauf zu hoffen, dass Greg unbefleckt davon kam, Sir Galahad mit intakter Ehre. Sie lehnte es ab, weiter darüber nachzudenken.

Es wurde immer später und die Flasche Wein vor ihr immer leerer. Als der Anruf kam, war es ein Uhr morgens.

Glenda und ihre Mädchen nahmen ihren Beruf ernst. Das zarte, dezente Persönchen hatte Greg nach dem Abendessen und einigen Brandys in der Hotelbar angesprochen. Er war gerade dabei, einen Striptease vorzuführen und seine berühmte Version von My Brother Celeste vorzutragen. Eine merkwürdige Laune des Schicksals fügte es, dass sie ihn dazu bringen musste, seine Kleider wieder anzuziehen, bevor sie sich an die ehrliche Arbeit machen konnte, ihn erneut zum Ablegen zu bewegen.

»Wollen Sie die gute oder die schlechte Nachricht hören?«, fragte Glendas tröstliche Stimme.

»Zuerst die schlechte«, antwortete Suzie tapfer.

»Die gute Nachricht ist, dass er nicht einmal dann einen hoch gekriegt hätte, wenn Madonna splitternackt vor ihm gestanden wäre. Die schlechte Nachricht ist, dass er sich reichlich Mühe gegeben hat…«

Suzie saß da und starrte vor sich hin. Wie erbärmlich Männer doch waren. Servier ihnen eine passable Frau auf einem Tablett und wahrscheinlich würde sogar der Papst der Versuchung nachgeben. Bestimmt hatte Greg irgendein fragwürdiges Hintertürchen auf Lager, einen dieser Männersprüche wie »zählt nicht auf Konferenzen«, wofür man auch Nächte auf Reisen, Überstunden und jeden Wochentag, in dem ein »a« vorkam, einsetzen konnte.

Langsam erhob sich Suzie und trat zu dem warm leuchtenden Feuer, das sie angezündet hatte, um sich selbst aufzuheitern. Die Flammen spiegelten sich in den Hunderten kleiner Facetten ihres Rings, und der Tanz von Licht und Farbe hypnotisierte sie einen Augenblick lang. Nun sah sie, weshalb Diamanten mit keinem anderen Edelstein vergleichbar waren.

Sie fasste einen Entschluss. In ihrem Schlafzimmer hatte sie eine hölzerne Zigarrenkiste, deren hübsches Havanna-Etikett absichtlich mit Arsenal-Aufklebern überklebt worden war. Sie bewahrte sie unauffällig neben dem Fußball-

Sammelalbum auf, das sie als kleines Mädchen mit ihrem Dad zusammengestellt hatte. Sie hielt den Atem an, als erwarte sie jedes Mal, wenn sie sie aufmachte, einen Schock, als müsse sie angesichts der fehlenden Stücke entsetzt nach Luft schnappen, aber genau wie immer fehlte auch heute nichts.

In einem unpassenden Nest aus rosafarbenem Toilettenpapier lagen vier glitzernde Brillantringe in der Zigarrenkiste. Zwei waren konventionelle Solitäre, bei einem anderen waren drei kleine Steine in eine Schlange aus Weißgold eingelassen – ihr experimenteller Ausrutscher –, und der vierte war eine makellose Blütenform, die sie an den Ring ihrer Großmutter erinnerte. Alle ihre Spender waren so treulos gewesen wie Greg heute, obwohl Glendas Mädchen manchmal zwei oder drei Versuche starten mussten, um es zu beweisen. Langsam zog Suzie ihren neuesten Ring vom Finger und bettete ihn in eine gemütliche Ecke der Zigarrenkiste. Zuerst waren sie ziemlich verschnupft gewesen, als sie sich weigerte, den Ring zurückzugeben und einer hatte sogar mit gerichtlichen Schritten gedroht. Aber sie hatten alle den Schwanz eingezogen, nachdem sie ihnen die Videos vorgespielt hatte.

Zsa Zsa Gabor sagte, es gehöre sich, nach jeder gelösten Verlobung den Ring zurückzugeben – vorausgesetzt man nahm zuerst den Stein heraus. Suzie bedachte ihre Privatsammlung mit einem Lächeln. In ihren Augen war das ein bisschen zu großzügig.

Déjà vu

»Mach dir doch nicht so viel Mühe, Isobel!«

Isobel ignorierte ihren Mann und ging weiter ihre Liste durch. Die MacLeans hatten noch nie etwaige Mühen gescheut. Wie sonst wären sie von ihren bescheidenen Ursprüngen so weit gekommen, dass sie in der Schlacht von Bannockburn mitkämpfen und anschließend eine Position im schottischen Adel – zugegebenermaßen niedrig und ohne Güter – erringen konnten?

»Du sollst dich doch amüsieren«, fuhr Malcolm fort. »Es ist unsere goldene Hochzeit. Außerdem kümmert sich Andrew um sämtliche Vorbereitungen.« In Malcolms Tonfall schwang leichter Ärger mit. Isobel sah auf. Nach fünfzig gemeinsamen Jahren glaubte man seinen Ehepartner eigentlich zu kennen.

»Andrew hat in London alle Hände voll zu tun. Und wir sind ohnehin hier im Hotel. Natürlich mache ich mir Gedanken. Andrew will sicher, dass das Essen morgen reibungslos abläuft.«

»Hallo, Dad!«, rief ihre jüngste Tochter Katie quer durch die Halle. Ihre Stimme heiterte ihn stets auf.

Katie rannte über den dicken Flor des Hotelteppichs, eines prächtigen hellroten, mit dunkelblauen Schnörkeln und Blumen gemusterten chinesischen Stücks, auf ihre Eltern zu. Zumindest in Malcolms Augen sah sie nicht wesentlich älter aus als ihre siebenjährige Tochter.

»Du bist ja früh dran, Schätzchen«, begrüßte Malcolm sie. »Da kannst du mit der kleinen Heather noch schwimmen gehen.«

Weil es ihnen der ideale Ort für ein Familienfest zu sein schien, hatten sie sich aus dem Prospektmaterial ihres Sohnes Andrew dieses Hotel ausgesucht, das einst nobel gewesen war, jetzt aber verstaubt und anheimelnd wirkte. Malcolm hatte schon als Kind hier gewohnt, daher barg es für ihn besonders frohe Erinnerungen. Seine hiesigen Sommerferien mit ihren Bootsausflügen auf dem See und den ersten Golfversuchen, bei denen er – zumindest seinem Gedächtnis nach – immer gewonnen hatte, schienen in goldenen Sonnenschein getaucht gewesen zu sein.

»Hallo, Ma!« Katie stupste ihren Vater. »Du hast deine Liste dabei, wie ich sehe.« Die bekannte Tüchtigkeit ihrer Mutter hatte sie beide stets amüsiert.

»Hallo, Liebes!« Isobel küsste ihre Tochter. »Wenn ich sie nicht hätte, wer dann?«

»Andrew vielleicht«, wagte Katie tapfer einzuwenden. »Oder vielleicht seine neue Verlobte?«

Beklommen unterdrückte Isobel den Schauder, der sie bei der Erwähnung von Andrews Verlobter überlief. Warum hatte er alles so überstürzt? Noch dazu war das Mädchen Französin! Namens Dominique! Isobel sprach kaum ein Wort dieser Sprache, also würden sie sich wohl nie richtig verstehen, Isobel und diese Französin – auf jeden Fall nicht die Scherze und den Tratsch, obwohl ja Frankreich und Schottland als »alte Verbündete« galten.

Isobel blieb wenig Zeit zum Grübeln. Ihre anderen zwei Töchter Morag und Angela waren mit ihrem Anhang eingetroffen und gingen nun zur Rezeption, um ihre Zimmerschlüssel abzuholen.

Isobel folgte ihnen. »Sind die Blumen für den Tischschmuck bestellt?«, fragte sie die genervte Empfangsdame, als sich ihre Töchter mit ihren Familien nach oben begaben.

»Ja, Madam«, antwortete die junge Frau.

»Und sind die Menükarten gedruckt?«

»Alles erledigt.«

»Was ist mit den Tischkarten?«

»Die sind auch gedruckt.«

»Und die Sitzordnung? Wir erwarten über hundert Personen, wissen Sie.« Kaum gelang es Isobel, den Stolz in ihrer Stimme zu unterdrücken. »Es ist unsere goldene Hochzeit.«

»Absolut klar. Die Französin hat es sehr genau genommen und schon drei Mal angerufen.«

Isobel verspürte leichten Verdruss. Das war doch ihre Rolle. Sie hatte Dominique noch nicht einmal kennen gelernt, und schon schien die junge Frau alles an sich zu reißen.

»Dann gibt es also nichts mehr zu regeln?«

»Nein, Madam.« Der Unterton genervter Duldsamkeit war nicht zu überhören. Die junge Dame lebte sicher mit ihrem Freund zusammen und hatte keine Vorstellung davon, was es bedeutete, fünfzig Jahre Ehe zu feiern. Isobel sah über ihre Schulter durch das große Panoramafenster auf den dahinter liegenden See, während sie daran dachte, dass sie hier, bei einer Bootspartie, Malcolm kennen gelernt hatte. Er hatte so gut ausgesehen, ganz wie Andrew. Es konnte doch keine fünfzig Jahre her sein? Fast ein Leben lang.

»Ma«, flüsterte Katie, die gerade erschienen war, um nach ihr Ausschau zu halten, »du hast dich doch nicht schon wieder eingemischt?«

»Das war nicht nötig. Offensichtlich hat Dominique bereits angerufen und sich erkundigt.«

»Allmächtiger – nicht noch ein zweites Organisationstalent in der Familie! Pass bloß auf«, spöttelte Katie, »es heißt doch, dass Jungs beim ersten Mal ihre Mutter heiraten.«

Netterweise lachte Isobel darüber.

»Komm und lass uns zu Abend essen. Die anderen sind schon reingegangen.«

Das Restaurant in dem hohen Raum wimmelte von Familien. Großeltern, Eltern und ihre Kinder gemeinsam beim Essen – ein hübscher Anblick! Isobel entspannte sich. Morgen würde ein schöner Tag werden. Ihre Angehörigen und alten Freunde würden alle kommen. Sie konnte sich glücklich schätzen und noch glücklicher darüber, dass sie und Malcolm beide so gesund und munter waren, zusammen zu feiern.

Spät am Abend stand sie an dem großen Fenster, das auf die Berge und den See hinaus ging und betete um schönes Wetter für das Fest.

»Bitte, Isa«, drängte Malcolm sie. »Jetzt komm endlich ins Bett. Nicht einmal Andrew schafft es, das Wetter zu beeinflussen, auch wenn er ein noch so großer Banker ist.«

»Er hätte schon da sein können«, meinte Isobel. »Es wäre schön gewesen, Dominique vor dem großen Tag kennen zu lernen.«

»Pass mal auf, Isobel!« Sie vernahm den tadelnden Tonfall und hörte weg. »Wir haben ihm eine Ausbildung bezahlt – und den Mädchen auch. Durch Knausern und Sparen. Er ist unheimlich erfolgreich. Das müsste dich doch freuen. Schließlich bezahlt er den ganzen Zauber hier. Einschließlich des wunderbaren Blicks auf den See. Sonst würden wir nämlich hinten wohnen und auf den Parkplatz schauen.«

Isobel ließ Malcolm zu Bett gehen und starrte weiter auf den See hinaus. Er hatte Recht. Der Blick war zauberhaft, und gerade jetzt zeichnete der nebelverhangene Mond eine weiße Spur über das schwarzsamtene Wasser. Sie wusste genau, warum sie heute Nacht keinen Schlaf fand. Wie würde Dominique wohl sein?

Andrew war achtunddreißig, alt genug, um sich nicht darum zu scheren, ob seine Mutter seine Zukünftige mochte oder nicht. Doch Isobel hütete ein schreckliches Geheimnis, eines, das sie nicht einmal ihrem Mann gegenüber je gestanden hatte: Andrew war ihr Lieblingskind. Daran war nichts Sexistisches – ein grässliches Wort –, nichts von dieser Einstellung, erst zufrieden zu sein, wenn man einen Jungen bekam. Sie hatte die Mädchen auch geliebt – aber Andrew mit seinen großen, braunen Hundeaugen samt den üppigen

Wimpern, seiner urplötzlich ausgebrochenen Fußballleidenschaft, seinen altmodisch guten Manieren, die man ihm nicht erst hatte beibringen müssen, sondern über die er instinktiv verfügte, und seinem schrägen Humor hatte etwas an sich, das sie immer besonders unwiderstehlich fand.

»Man verliert einen Sohn und gewinnt eine Tochter«, hieß es ja, aber irgendwie schien ihr das nicht zu stimmen, nicht bei dieser Ehe – falls sie sich dazu bequemten, ihr den Hochzeitstermin mitzuteilen. Alle waren ja so modern und lässig heutzutage. Sie schufen vollendete Tatsachen und sagten einem hinterher Bescheid. Wie bei dieser Feier zur goldenen Hochzeit! Sie wäre gern ein bisschen mehr an der Planung beteiligt worden.

Langsam zog sie die schweren Vorhänge zu, beschloss dann jedoch, mit einer lebenslangen Gewohnheit zu brechen und sie offen zu lassen. Diesen Blick durfte man einfach nicht aussperren.

Die beiden Betten waren vom Zimmermädchen diskret zusammengeschoben worden; Isobel öffnete den ersten Knopf ihres weißen Batistnachthemds und kuschelte sich an Malcolm. »Wir hatten es doch schön, nicht wahr, mein Lieber?« Erstaunt registrierte Isobel, dass sie um Bestätigung heischte. Aber Malcolm schlief schon tief und fest.

Der nächste Tag war heiter und sonnig; nicht einmal Isobel hätte ihn sich schöner bestellen können. Sie trafen sich alle im Restaurant, wo sie riesige Portionen Haferbrei und Räucherheringe vertilgten. Nach der obligatorischen Frühstücksverdauung gingen die meisten schwimmen.

»Was hast du heute vor?«, fragte Katie ihre Mutter. »Wieder das Personal auf Herz und Nieren prüfen?«

»Keine Einmischung mehr, ich versprech's! Ich habe einen Friseurtermin. Andrew sagt, ich soll mir das komplette Programm gönnen.«

Der Salon lag im hinteren Teil des Hotels und ging auf eine beschauliche Anhöhe hinaus, wo Schafe friedlich vor sich hin grasten. Weiß gekleidete Schönheitsexpertinnen schritten beruhigend auf Zehenspitzen über den dicken, beigen Teppich, und ein Duft von Heißwachs und teuren Kosmetika hing in der Luft.

Isobel lehnte sich entspannt ins Haarwaschbecken zurück und genoss das aufregende Gefühl des totalen Luxus. Frisur, Gesichtsbehandlung, Make-up. Mit allen Schikanen. Sie wollte nicht einmal daran denken, wie viel es kostete. Na ja, eigentlich dachte sie schon daran und fand insgeheim Befriedigung dabei, jeden Penny zusammenzuzählen. Schließlich war das heute ihr gutes Recht.

Die Friseurin löste Isobels Haar aus seinem ordentlichen Knoten. Es fiel ihr immer noch bis über die Schultern. In ihrer Jugend war es schwarz und glänzend gewesen. Malcolm hatte es geliebt, seinen Kopf in den pechschwarzen Tiefen zu vergraben und das Mandelöl einzuatmen, das sie um des Glanzes willen hineinrieb. Bei der Erinnerung daran lächelte Isobel vor sich hin.

»Sind Sie sicher, dass Sie keine schicke Kurzhaarfrisur wollen?«, fragte die Friseurin.

»Bloß nicht!«, gab Isobel zurück. »Mein Mann würde mich umbringen. Er mag es immer noch lang.«

Fünfzig gemeinsame Jahre – es schien kaum zu fassen. Alles in allem war es eine gute Ehe gewesen. Sie hatten ihre Probleme gehabt, vor allem damals nach Angelas Geburt wegen ihrer Depressionen – wobei man damals nicht über solche Dinge sprach –, und hatten sie gemeistert. Malcolm war ein guter Mann, auch wenn er zu viel Golf spielte und jeden Abend seine Schuhe neben dem Sofa stehen ließ.

»Fertig, Madam«, verkündete die Friseurin fast eine Stunde später. Isobel schlug die Augen auf. Sie sah in der Tat ziemlich eindrucksvoll aus. Der zarte, lavendelfarbene Lidschatten, den sie gewählt hatte, würde genau zu ihrer Kleidung passen, und ihr akkurat gelegtes graues Haar glänzte in einer komplizierten Frisur. Die Frau, die ihr aus dem Spiegel entgegen blickte, wirkte verblüffend jugendlich. Isobel war mit zwanzig umwerfend gewesen. Mit siebzig schaffte sie es immer noch, dass man sich nach ihr umdrehte.

»Sehr hübsch«, sagte sie anerkennend.

»Und hier drüben wartet schon Ihr Lunch auf Sie.« Die Friseurin wies auf eine Platte Räucherlachs-Sandwiches und ein Glas Champagner.

»Aber das habe ich nicht bestellt«, protestierte Isobel.

»Nein, die Französin hat angerufen.«

Es war, das musste Isobel zugeben, eine aufmerksame Geste.

Oben wartete Malcolm auf sie, während er den Blick hinaus auf den See genoss. »Du siehst fantastisch aus, Liebes«, sagte er bewundernd. »Genau wie damals, als ich dich zum ersten Mal gesehen habe. Meine schottische Glockenblume!« Er beugte sich vor, um sie zu küssen.

»Bleib mir vom Leib!«, hatte Isobel sagen wollen, doch stattdessen erwiderte sie seinen Kuss, verharrte einen Moment in seinen Armen und schaute hinaus.

Die dunstige Sonne schien bleich über das glitzernde Wasser des Sees. Für dieses Panorama musste Andrew eine schöne Stange Geld bezahlt haben.

»Daran könnte ich mich gewöhnen«, flüsterte sie Malcolm zu.

»Ich auch, aber meine Rente reicht nicht für ein Haus mit Seeblick. Wir sind doch trotzdem glücklich, oder nicht, auch ohne Luxus?«

»Allerdings.«

Um sechs Uhr war Isobel fertig. Sie hatte ein lavendelfarbenes Satinkostüm mit langem Rock gewählt, zurückhaltend und doch festlich. »Ich gehe runter und warte in der Halle.«

Malcolm bemerkte die Liste in Isobels Hand. Leider war sie unverbesserlich. »Bestimmt, um das Personal erbarmungslos zu schikanieren«, fügte er unhörbar hinzu.

»Mein Sohn ist aufgehalten worden. Ich würde gern ein paar Dinge für heute Abend mit Ihnen besprechen«, begann Isobel.

»Nicht nötig, Madam. Wir haben ein sehr ausführliches Fax erhalten.« Die Empfangsdame schwenkte ein getipptes Schreiben in Isobels Richtung. Zu ihrem Erstaunen gehörte zu jedem Punkt auf der Liste ein Kästchen, das nach der Kontrolle abgehakt werden konnte – das Ganze war drei Seiten lang. »Von meinem Sohn?«

Sie wusste bereits, wie die Antwort lauten würde. »Sagen Sie's nicht ... von der Französin!«

Langsam erkannte Isobel, dass es ein bisschen unerfreulich war, so tüchtig zu sein.

Trotzdem musste Isobel Dominique Respekt dafür zollen, dass sie das alles aus über fünfhundert Kilometer Entfernung zu Stande gebracht hatte. Der Saal, wo das Essen stattfinden würde, raubte ihr den Atem. Dort standen zehn runde Tische, jeder mit einem Tafelaufsatz aus hellroten, violetten und orangefarbenen Blumen. Sie hätten grell wirken können, aber irgendwie sahen sie eher ... märchenhaft aus. Der Kaminsims über dem lodernden Feuer war übersät mit roten Schleifen und noch mehr Blumen, diesmal in Girlanden.

»Wow!«, stieß Katie hervor. »Das erinnert mich an ein Nobelpuff! Was für einen Kuchen gibt es denn? So einen schrecklichen Früchtekuchen, den man in dünne Scheiben schneiden und an Leute schicken kann, die ihn nie und nimmer essen werden – und die außerdem geschieden sind und so nur an ihre Einsamkeit erinnert werden?«

»Katie!«, sagte Isobel vorwurfsvoll. »Ich weiß überhaupt nichts von einem Kuchen. Das hat alles Dominique organisiert.«

Um halb sieben war die ganze Familie in der Halle versammelt, und endlich kam Andrew hereingerauscht, die dunklen Haare zerzaust und sprühend vor Charme. Er drückte seiner Mutter einen großen Blumenstrauß in die Arme. »Alles Gute zum Hochzeitstag, Ma! Tut mir Leid, dass wir so spät kommen, aber wir haben einen Superabschluss an Land gezogen!«

»Wo ist Dominique?«, wollte Isobel wissen, während sie ein nervöses Pochen in der Herzgegend verspürte.

»In die Küche gegangen, um nach dem Essen zu sehen«, gab Andrew Auskunft. »Sie kommt gleich. Na, was trinkt ihr denn alle?«

Isobel setzte sich, die Blumen nach wie vor fest im Arm, und staunte darüber, wie Andrews Gegenwart einen Raum füllen konnte. »Ich nehme einen kleinen Sherry, danke, mein Guter.«

Isobel legte die Blumen beiseite und wandte sich zu Katie um. Aber Katie blickte in die andere Richtung und musterte die junge Frau, die durch die Hotelhalle auf sie zu kam.

Die Neue war klein und reizend, die Sorte Frau, für die eindeutig der alberne Begriff »zierlich« erfunden worden war. Sie trug ein adrettes blaues Kostüm, dazu adrette Schuhe und eine Tasche im gleichen Farbton. Ihr glänzendes Haar war kurz geschnitten. Das Ganze, so fuhr es Isobel durch den Sinn, strahlte verblüffenderweise keinen französischen Schick aus, sondern wirkte eher wie die frühe Mrs. Thatcher.

»Sie müssen Mrs. MacLean sein«, begrüßte sie Isobel in makellosem Englisch. »Ich freue mich ja so, Sie kennen zu lernen.«

Isobel stand auf und fühlte sich, als würde sie von der Queen geehrt.

»Und Sie müssen Dominique sein.« Isobel bemerkte die gefaxte Liste in Dominiques Hand und versteckte rasch ihre eigene unter einem Kissen.

Normalerweise ließ sich Isobel MacLean nicht leicht einschüchtern. Sie war immer die Tüchtige, ein Wirbelwind von Organisationstalent, der den anderen Beine machte, die treibende Kraft in jeder Lebenslage. Und da stand sie nun, herausgefordert von einer puppenhaften Superfrau, die sie zweifellos in den Schatten stellte. Zum ersten Mal in ihrem Leben erkannte Isobel, dass rundum tüchtige Leute andere nicht beeindruckten, sondern eher nervten.

Vielleicht, so überkam es Isobel mit plötzlicher Klarsicht, störte es andere Menschen ja doch, wenn man ihnen dauernd sagte, was sie tun sollten.

»Hallo, meine Liebe, wie schön, Ihre Bekanntschaft zu machen!«

Dominique lächelte huldvoll. Isobels Herz krampfte sich besorgt zusammen. Würde dieses Kraftwerk der Vollkommenheit Andrew glücklich machen?

»Ich muss nach der Sitzordnung sehen«, verkündete Dominique. »Man kann sich doch nur auf sich selbst verlassen, stimmt's?«

»Was meinst du?«, flüsterte Isobel Malcolm zu. »Ist sie nicht ein bisschen zu perfekt?«

Malcolm brach in schallendes Gelächter aus. »Andrew wird's überleben. Ich habe dich ja auch überlebt, oder nicht? Er ignoriert einfach, was er nicht hören will. So habe ich es auch immer gehalten.«

Isobel entschuldigte sich und verschwand auf die Damentoilette. War sie wirklich so gewesen? Eine Frau, unter deren Fuchtel jeder um sie herum Überlebensstrategien entwickelt hatte? Eine Frau, über die alle lachten, weil sie sie sonst aus dem Weg räumen müssten?

Isobel merkte, wie ungewohnte Tränen sie in der Kehle würgten. Heute war ihre goldene Hochzeit und sie sollte eigentlich glücklich sein. Stattdessen kam sie sich vor wie eine aufdringliche Nervensäge. Obendrein hatte ihr Sohn sich mit einer Frau verloben müssen, die genauso war wie sie – ja, womöglich noch schlimmer –, um ihr klar zu machen, wie nervtötend solche Organisationstalente sein konnten.

Drüben in der Halle signalisierte lautes Hallo das Eintreffen der ersten Gäste.

Das Essen verlief in schönster Harmonie. Alles stimmte. Die Blumen, die Gerichte, der Service. Ihre alten Freunde waren vollzählig versammelt. Doch Isobel genoss es einfach nicht. Sie konnte nur noch die Fehler sehen, die sie gemacht hatte. Ihr schön aufgeräumtes Haus, immer ihr ganzer Stolz, kam ihr nun kalt und streng vor. Ihre Kinder waren stets die Einzigen gewesen, die selbst ihre Spielsachen wegpackten und ihre Zimmer in Ordnung hielten, ein Vorzug, dessen sich Isobel zu brüsten pflegte. Aber vielleicht hätte ein bisschen Unordnung Spontaneität und Spass bedeutet.

Gegen Ende des Essens zwang Isobel sich, in die Gegenwart zurückzukehren. Der Kaffee war serviert, und Andrew schlug mit einer Gabel gegen sein Weinglas. »Und jetzt«, begann er herzlich, »ist es an der Zeit, meine Eltern zu fünfzig Jahren ihrer wirklich wunderbaren Ehe zu beglückwünschen. Ich hoffe nur, dass Dominique und ich eines Tages auch auf eine so schöne Gemeinsamkeit zurückblicken können.« Er lächelte seiner perfekt frisierten Verlobten zu. »Und nun habe ich die angenehme Aufgabe, die beiden zu bitten, zur Erinnerung an ihren Hochzeitstag vor fünfzig Jahren den Kuchen anzuschneiden.«

Alle klatschten begeistert.

Andrew sah sich um. »Liebling«, fragte er seine Verlobte, »wo ist er denn?«

Dominique wurde bleich. »Welcher Kuchen?«, wollte sie wissen.

»Der Jubiläumskuchen«, erklärte Andrew geduldig.

Dominique sah aus wie ein von einem Nagel durchbohrter Fußball. Die Luft entwich fast hörbar aus ihr, und ihr Körper schrumpfte in seinem schicken Kostüm zusammen. »Bei uns in Frankreich kennen wir so eine Tradition nicht, wir essen keinen Kuchen.«

Zur allgemeinen Verwunderung brach die geniale Organisationskünstlerin Dominique in Tränen aus. »Himmel! Wie konnte ich nur den Kuchen vergessen. Ich wollte doch, dass an alles bis ins Kleinste gedacht ist und jetzt ist alles ruiniert!« Das sorgfältig aufgetragene Make-up bekam nach und nach schwarze Streifen.

Vielleicht war sie ja doch keine so harte Nuss. Isobel musste daran denken, dass ihr Mrs. Thatcher nur ein einziges Mal richtig sympathisch gewesen war und zwar an dem Tag, als sie beim Verlassen von Downing Street geweint hatte.

Auf einmal bekam Isobel das Gefühl, als löste sich ein Felsblock von ihrem Herzen, der sie Zeit ihres Lebens belastet hatte.

Sie lehnte sich hinüber und nahm Dominiques Hand. »Ich kann Früchtekuchen ohnehin nicht ausstehen. Wie meine Tochter bereits erklärt hat, isst ihn sowieso kein Mensch. Am Schluss verschicken wir ihn an Freunde und da die meisten von ihnen geschieden sind, erinnert er sie nur an ihre Einsamkeit. Ich bin froh, dass wir keinen haben. Na, komm, Andrew, lass uns stattdessen darauf trinken!«

Andrew sah seine Mutter verblüfft an. Sie klang, als ob sie es ernst meinte.

»Auf meine Mutter und meinen Vater, Isobel und Malcolm, stoßen all eure Freunde und Kinder an – und auf die nächsten fünfzig Jahre!«

Isobel erhob sich, beflügelt vom Champagner und ihrer plötzlichen Erkenntnis. »Und ich würde die Gelegenheit gern nutzen, um die Verlobte meines Sohnes in unserer Familie willkommen zu heißen. Dominique, Sie haben mich heute Abend etwas gelehrt, wofür Ihnen meine Familie ewig dankbar sein wird. Mein Leben lang habe ich mich bemüht, supertüchtig zu sein. Jetzt begreife ich, dass es den anderen im Grunde egal ist, ob manches ein bisschen daneben geht. Sie wollen sich nur wohl fühlen.«

Sie hob ihr Glas und trank ihrem Sohn und der Frau zu,

die er zu heiraten beabsichtigte. »Du hast lange gewartet, Andrew, aber ich glaube, du hast die ideale Partnerin gefunden. Seit ich Dominique zuerst gesehen habe, frage ich mich, was mir an ihr so vertraut erscheint. Jetzt ist es mir klar geworden: Sie erinnert mich an mich selbst!«

Unter Tränen hob die von Wimperntusche verschmierte Dominique dankbar ihr Glas. »Sollen wir die Organisation unserer eigenen Hochzeit jemand anders überlassen?«, schlug sie vor.

Isobel setzte sich. In ihr machte sich Erleichterung darüber breit, dass sie die junge Frau doch noch ins Herz schließen würde. »Dominique«, meinte sie lächelnd, »das ist eine ausgezeichnete Idee!«

Mäxchen

»Möchtest du eine Tasse Tee, Barbara?«

Die Worte wirkten wie Balsam auf Barbaras gedrückte Stimmung. Im Zug aus Bradford gab es keinen Speisewagen, und die letzten sechs Stunden hatte sie damit verbracht, plastische Tagträume von sich selbst mit einem Specksandwich zu verdrängen. In Barbaras Augen war es typisch für die Art, wie mit Senioren verfahren wurde. Nur weil man Rentner war und außerhalb der Hauptverkehrszeiten reisen musste, ging der Service flöten.

Während sie darauf wartete, dass Marianne ihr Tee einschenkte, sah sich Barbara in der neuen Wohnung ihres Sohns und ihrer Schwiegertochter um. Sie war noch nie zuvor in Knightsbridge gewesen und hoffte auf einen Kurzbesuch bei Harrods, bevor sie wieder fuhr. Die Wohnung wirkte befremdlich auf Barbara. Alles in Schwarz und Weiß, mit unbequemen Ledersesseln, und nirgends etwas, wo man die Füße hoch legen konnte. Von irgendeinem einzigen unnötigen Gegenstand ganz zu schweigen. Barbara fragte sich, was sie mit den alten Zeitungen machten, mit den Briefen, die beantwortet werden mussten, und mit dem alltäglichen Kleinkram des Lebens, der sich bei ihr zu Hause immer ansammelte.

Als Marianne ihr eine zarte Porzellantasse reichte, stieg Barbara der verräterische Duft von Bergamottöl in die Nase, es musste also Earl Grey sein. Und das, wo ihre Seele nach PG-Tipps-Teebeuteln schrie! Einen kurzen, tapferen Moment lang erwog sie, ihre Schwiegertochter zu fragen, ob sie Teebeutel hätte. Doch es gab nur eine Person im Leben der

Barbara Miles, dem Schrecken der Senioren-Whistrunde und dem strahlenden Stern der Amateurtheatergruppe West York, vor der sie Angst hatte. Und zwar vor ihrer Schwiegertochter.

Barbara wusste, dass es lächerlich war, ja sogar schändlich, aber Marianne entsprach eben nicht ihren Vorstellungen. Seit ihrer Hochzeit wünschte sie sich eine Tochter – stattdessen hatte sie drei Söhne bekommen – und setzte dann sämtliche Hoffnungen auf eine Schwiegertochter. Eine Schwiegertochter, mit der sie kichern, Einkaufsbummel bei Asda und British Home Stores machen und über Kataloge diskutieren konnte, eine junge Frau, die an ihren Tipps und Ratschlägen bezüglich Kinderpflege und Haushalt interessiert war.

Doch stattdessen bekam sie Marianne.

Keiner ihrer Jungen hatte sich als heiratslustig entpuppt. Daher war sie, als ihr Josh mit fünfunddreißig eröffnet hatte, dass er eine Familie gründen werde, hellauf begeistert gewesen. Und dann hatte sie sie kennen gelernt. Marianne war auch fünfunddreißig: eine schlaksige Bohnenstange, die ständig Schwarz mit Goldknöpfen trug, dazu Taschen mit Ketten und großen, goldenen Cs darauf. Marianne hatte eine eigene PR-Agentur und fuhr ein schickes Auto. Sie kicherte weder, noch kaufte sie ihre Kleider aus Katalogen. Ja, Marianne besaß das Talent, Barbara zu vermitteln, dass fast alles, was sie, Barbara, tat, ein bisschen unfein war.

Und dann, zwei Wochen nach der Hochzeit, hatte Josh ihr erzählt, dass sie ein Baby bekommen würden. Was Barbara keineswegs schockierte. Sie war es von den Mädchen bei ihr im Ort gewohnt, dass sie schwanger wurden – dumme Dinger, die sich rumkriegen lassen hatten oder vernünftige Mädchen, die fanden, es sei an der Zeit, mit dem Nachwuchs anzufangen. Aber keine von ihnen war wie Marianne.

Ihre Schwiegertochter teilte ihr mit, dass es ein Junge würde, weil sie sich am Tag ihres Eisprungs geliebt hatten, und dass sie ihn Max nennen wollten, nach ihrem verstorbenen Vater. Zum ersten Mal, seit Barbara denken konnte, war sie sprachlos gewesen.

Ganz tief in ihrem Herzen hoffte Barbara heimlich, dass nicht alles nach Plan verliefe, sondern Max doch eine Maximiliane würde oder sie vielleicht sogar Zwillinge bekamen. Nur leider stand fest, dass Leuten wie Marianne solche Dinge nicht passierten. Die sicherten sich gegen Überraschungen ab.

»Möchtest du ins Kinderzimmer schauen?« Marianne stellte ihre Tasse ab. »Max muss jede Minute aufwachen.«

Gleich hinter der Tür blieb Barbara erstaunt stehen. Sie schaute förmlich in ein anderes Zeitalter. Marianne hatte das Kinderzimmer wie ein Spielzimmer aus der edwardianischen Ära ausstaffiert. Überall waren Teddybären. Auf dem Bettchen prangten ebenso Teddys wie auf dem Kleiderschrank und der kleinen Kommode. Es gab sogar ein Wandgemälde mit einem Teddybären-Picknick.

Leicht beschämt dachte Barbara an Joshs Zimmer zurück, das er mit seinen beiden Brüdern und etwa zwanzig Pappschachteln voller abgenutzter Spielsachen und Kleider aus vierter Hand geteilt hatte, die die Runde durch die ganze Familie machten. Aber es war ein glückliches Haus gewesen.

Auf einmal ertönte ein Wimmern aus dem makellosen Bettchen, Marianne beugte sich hinab und nahm das winzige Bündel hoch. Barbaras Herz machte einen Satz. Ihr erstes Enkelkind!

Das Wimmern wurde zu einem Brüllen.

»Er hat oft Bauchschmerzen«, erklärte Marianne. »Alle zwei Stunden wacht er auf und weint.« Und dann, noch bevor Barbara den Mund öffnen konnte, fügte sie hinzu: »Wir halten nichts von Magentropfen. Da ist Alkohol drin.«

Einen wahnwitzigen Moment lang war Barbara versucht zu fragen, warum sie ihm keinen Schnuller gaben. Aber sie wusste, dass Marianne sie dann ansehen würde, als hätte sie vorgeschlagen, ihn ins Konzentrationslager zu schicken.

»Darf ich ihn mal halten?«

»Er tut sich ziemlich schwer mit Fremden.« Sowie sie es ausgesprochen hatte, wurde Marianne klar, dass sie nicht besonders taktvoll gewesen war und reichte Max hinüber.

In Barbaras Armen beruhigte er sich augenblicklich. Man hatte ihr stets bescheinigt, magische Kräfte zu besitzen. Und das hier war immerhin ihr Enkel! Barbara drückte ihn an sich, wobei sie ihn sachte stützte, damit sein Oberkörper nicht nach hinten kippte, liebkoste den weichen Flaum auf seinem Köpfchen und empfand den mächtigsten Strom der Liebe, an den sie sich seit der Geburt ihrer Söhne erinnern konnte.

»Wie lange geht denn dein Mutterschutz-Urlaub?«, fragte Barbara, die immer noch Max' flaumiges Köpfchen streichelte.

»Tja, weißt du, genau da liegt das Problem...« Bei einer weniger selbstsicheren Person hätte Barbara auf Verlegenheit geschlossen. »Na ja, mit einer eigenen Firma bekomme ich keinen Mutterschutz als solchen. Ich muss mehr oder weniger weiter arbeiten. Und jetzt, wo die Kinderschwester, die wir engagiert haben, nicht kommen kann...« Sie verstummte, da sie nicht wusste, wie sie fortfahren sollte.

Doch Barbara hatte verstanden... voll und ganz! Zum ersten Mal seit Tagen fügte sich eines zum anderen. Der Anruf von Josh aus heiterem Himmel, in dem er ihr verkündete, dass er geschäftlich verreisen müsse und sie bat, bei Marianne zu bleiben; daran schloss sich seine Frage, ob sie irgendwelche dringenden Termine hätte, zu denen sie wieder nach Hause wolle.

»Und wann musst du wieder anfangen?«

»Also, offen gestanden, wenn es dir nicht allzu viel ausmacht, wäre da morgen etwas Dringendes zu erledigen. Nur für ein paar Stunden.«

»Es ist alles da, was du brauchst. Ich habe Milch abgepumpt und in den Kühlschrank gestellt. Die Windeln sind in seinem Zimmer. Ach, und das Kamillengranulat gegen seine Bauchschmerzen steht oben auf dem Kühlschrank.«

»Wir werden's schon überstehen, was, Max?« Barbara blies sachte auf Max' Flaum und beobachtete, wie er vor Schreck reflexartig die Augen aufriss. »Viel Spaß mit deinen Geschäftsfreunden.«

Das Erste, was Barbara tat, nachdem sie die Tür geschlossen hatte, war, in Morgenrock und Hausschuhe zu schlüpfen. Dann machte sie es sich mit einer schönen Tasse Beuteltee und der Fernbedienung vor dem Fernseher gemütlich, während Max friedlich auf ihrem Schoß lag und anscheinend von der »Richard-and-Judy-Show« gefesselt war. So blieben sie sitzen, bis es Zeit für Max' Mittagessen war.

Barbara trug ihn in die Küche und gab ihm sein Fläschchen. Neben ihr auf dem wenig einladenden schwarzen Lacktisch türmte sich ein dicker Stapel Ratgeber über Säuglingspflege. Penelope Leachs *Die ersten Jahre deines Kindes* sowie Bücher von Miriam Stoppard und Dr. Penny Stanway.

»Ist es nicht erstaunlich«, sagte Barbara vertrauensvoll zu Max, »dass ich es geschafft habe, deinen Vater ohne eines davon aufzuziehen?« Max gurrte zurück.

»Was muss ich da hören – du wachst alle zwei Stunden auf? Das deichseln wir schon!« Sie holte das Päckchen Zwieback aus der Tasche, das sie am Morgen gekauft hatte, krümelte ein paar Bröckchen in die Flasche mit der Muttermilch und fütterte Max weiter.

Als er ausgetrunken hatte, frisch gewickelt war und sein Bäuerchen gemacht hatte, packte sie ihn in seinen Kindersitz und stellte ihn auf die Waschmaschine, wo er, von seiner ersten Kostprobe fester Nahrung und dem beruhigenden Summen des Waschmaschinenmotors eingelullt, in Tiefschlaf sank.

Fünf Minuten später tat seine Oma es ihm nach.

»Barbara!« Als sie die Panik in Mariannes Stimme hörte, dachte sie im ersten Moment, das Haus stünde in Flammen. »Was hat Max oben auf der Waschmaschine zu suchen? Er könnte runterfallen!«

»Ihm geht's gut«, beruhigte Barbara sie. »Das war der Lieblingsplatz seines Vaters. Ich habe ihm einen Teelöffel Zwieback ins Fläschchen gestreut, und jetzt schläft er schon seit halb zwei.«

»Du hast was?«, fragte Marianne matt.

»Ihm sein Fläschchen mit ein bisschen Zwieback angereichert.«

»Aber Barbara, er ist noch weit davon entfernt, feste Nahrung zu sich zu nehmen.«

»Das wird doch nur in den Büchern behauptet. Ich habe den Tipp von einer schottischen Hebamme bekommen. Meine haben alle Zwieback gekriegt.«

»Barbara« – jetzt klang Mariannes Stimme so kalt wie ein Eisberg – »wir haben unsere eigenen Vorstellungen über diese Dinge.« Eingeschnappt hob sie Max' Kindersitz auf den Boden. »Und es wäre uns lieber, du würdest sie respektieren.«

»Gut.« Barbara versuchte, nicht so verärgert zu klingen, wie sie sich fühlte und rief sich in Erinnerung, dass es Mariannes erstes Kind war – schließlich kannte man Erstlingsmütter. »Dann halte ich mich eben daran.«

»Kommst du mit der Liste zurecht?« Diesmal hatte Marianne allen Ernstes Anweisungen für Barbara verfasst. »Fläschchen um neun Uhr abends, Kamille um elf, und ich müsste gegen Mitternacht zurück sein.«

Barbara schmunzelte über diese festen Vorschriften. Aber besser hielte sie sich daran, sonst würde sie vermutlich im Morgengrauen erschossen.

Marianne, die umwerfend und sehr teuer aussah, verschwand zu einer Preisverleihung, die sie laut eigener Aussage unter keinen Umständen verpassen durfte; Barbara schaltete den Fernseher ein und sah sich »Coronation Street« an.

Gerade als Raquel Curly die Meinung sagen wollte, vernahm Barbara ein Wimmern aus dem Kinderzimmer.

Max lag auf dem Bauch in seinem Bettchen. Und um ihn besonders warm zu halten, hatte Marianne eine Decke zusammengefaltet und auf beiden Seiten festgesteckt.

Der Kleine hustete, und als Barbara ihm eine Hand auf die Stirn legte, stellte sie fest, dass sie glühte.

In heller Panik wählte sie die Nummer, die ihr Marianne hinterlassen hatte, und nachdem sie fünf Minuten am Telefon gewartet hatte, kam eine schlecht gelaunte junge Mutter an den Apparat.

»Ich glaube, Mäxchen geht's nicht gut. Soll ich den Arzt rufen? Und findest du nicht, dass er zu dick eingewickelt ist?«

»Also, wirklich, Barbara!« Mariannes Stimme knisterte vor Ärger, als sie sich erneut eine Kritik von Barbara gefallen lassen musste. »Mach bitte kein Theater. Ich komme in zwei Stunden nach Hause. Ihm fehlt bestimmt nichts.«

Aber Barbara war da anderer Ansicht. Sie glaubte fest, dass ihm etwas fehlte.

Eine quälende Stunde lang hörte sie ihm beim Husten zu. Dann rief sie erneut Marianne an. Diesmal ging niemand ans Telefon. Zum ersten Mal, seit sie erwachsen war, wusste Barbara nicht, was sie tun sollte. Wenn sie die Decke beiseite legte und er noch kränker würde, wäre es ihre Schuld. Aber was, wenn sie es nicht tat? Erst letzte Woche hatte Barbara eine Fernsehsendung über plötzlichen Kindstod verfolgt, wo es hieß, dass zu festes Zudecken eine der Hauptursachen dafür war. Genau wie Babys auf den Bauch zu legen. Mit den besten Absichten der Welt brach Marianne sämtliche Regeln.

Es gab nur eine Lösung. Sie musste selbst den Arzt anrufen. Aber was würde Marianne sagen, wenn es falscher Alarm war? Sie würde sofort denken, dass sich Barbara andauernd einmischte.

Einen Moment lang zögerte Barbara. Dann erinnerte sie sich an das tränenüberströmte Gesicht der Mutter im Fernsehen, die ins Zimmer gekommen war und ihr Baby tot im Bett gefunden hatte.

Sie kontrollierte erneut ihr Enkelkind. Es war immer noch so heiß wie ein kleiner Ofen. Barbara fasste einen Entschluss. Natürlich sollte man kein Lieblingskind haben, aber in Wirklichkeit war Josh eben doch derjenige, den sie am meisten mochte. Und sie würde seinen Sohn keinem Risiko aussetzen, nur weil sie Angst vor ihrer Schwiegertochter hatte.

Mit Max im Arm griff sie nach dem Adressbuch und wählte die Nummer.

»Barbara«, rief Marianne, »warum steht die Wohnungstür offen?« Sie bemerkte die Tasche des Arztes im Flur. »Und warum, in aller Welt, ist der Arzt hier? Max fehlt nichts!«

Der junge Doktor trat aus dem Kinderzimmer.

»O doch, Mrs. Miles«, sagte er leise. »Ich fürchte, Max hat eine Lungenentzündung. Der Krankenwagen wartet schon.« Er nahm sachte ihre Hand. »Ich glaube nicht, dass er die Nacht überlebt hätte, wenn Ihre Schwiegermutter uns nicht gerufen hätte.«

Kurzes Schweigen machte sich breit, als Marianne sorgfältig ihren teuren Mantel auszog und ihn an die Garderobe hängte. Dann drehte sie sich um und ging ins Kinderzimmer, wo sie Max aus seinem Bettchen nahm und wortlos mit ihm auf die offene Tür zustrebte, während sie Barbara komplett ignorierte.

Barbaras Herz raste. Marianne grollte ihr trotz allem. Vermutlich konnte sie gleich ihren Koffer packen. Vielleicht würde sie ihr Enkelkind jahrelang nicht mehr sehen. Sie hatte schon von anderen Großeltern gehört, denen das passiert war, weil sie mit ihrer Schwiegertochter nicht auskamen.

Trotz ihres nagenden Zorns rang Barbara mit den Tränen. Wenn Josh hier gewesen wäre, wäre das alles nie geschehen.

An der Tür blieb Marianne stehen und drehte sich um.

Fast zögernd hielt sie Barbara das zarte Bündel hin.

»Möchtest du ihn tragen, Mum?«, fragte sie.

Und zu ihrer größten Verblüffung sah Barbara, dass ihre ungnädige Schwiegertochter lächelte.

Emma greift ein

»Ach, verdammt noch mal!« Emma warf ihren Physik-Lernstoff für die Prüfung an die Wand ihres Zimmers, wo er Damon von Blur mitten ins Auge traf. Typisch. Bei ihr schien aber auch gar nichts zu klappen. Nicht dass das irgendjemanden hier gekümmert hätte – es merkte ja niemand. Zwei Zimmer weiter konnte sie das leise Klicken des Computers ihrer Mutter hören. Sie schrieb wieder an ihrer Doktorarbeit über das Ende der Kernfamilie. Das Ende der Familie an sich wäre eine passendere Definition, dachte Emma bitter und ging nach unten, um einen Teller Cornflakes zu verspeisen.

Vorhin hatten Mum und Dad gestritten, und dann knallte Dad wie üblich die Tür. Jetzt würde er wieder den ganzen Abend wegbleiben. Und in letzter Zeit, auch wenn Emma das am liebsten verdrängte, manchmal die ganze Nacht. Dann strafte ihn Mum beim Frühstück mit eisiger Missachtung.

In der Küche herrschten Leere und Stille – es roch nicht nach Abendessen. Komisch, als sie noch aus Gewohnheit zusammen aßen, war ihr das zuwider gewesen. Sie hatte ihrer Mutter erklärt, dass es unmoralisch sei, so viel Zeit und Mühe aufs Essen zu verwenden, während die Hälfte der Welt hungerte. Aber Mum hatte abgelehnt: Nein, sie durfte nicht vor dem Fernseher Pizza aus der Mikrowelle futtern. Mittwoch und Sonntag waren heilig. Familienmahlzeiten.

Als sie ihre Cornflakes kaute, hörte Emma einen kleinen Knochen in ihrem Kiefer knacken, genau wie bei Mum. Früher, als sie sich noch geliebt hatten, hatte Dad Mum immer damit aufgezogen. Nun, in letzter Zeit, schien er es nicht mehr so witzig zu finden, und vor zwei Wochen hatte er gebrüllt, Mum sollte in Gottes Namen leiser essen. Da hatte sie die Moussaka, deren Zubereitung sie über eine Stunde gekostet hatte, über ihn gekippt.

Unvermittelt mischte sich ein salziger Geschmack in die Süße der Crunchy Nut Cornflakes, und Emma merkte, dass das ihre Tränen waren. Verdammte Eltern! Sie hatte das bei den Eltern von so vielen Freundinnen miterlebt, bis fast keine mehr zwei Elternteile hatte. Sie bildeten sich ein, die Kinder merkten nicht, was los war: die Sticheleien gegeneinander, die Tatsache, dass sie sich nicht mehr berührten – und das bei ihren Eltern, die früher immer gelacht und herumgealbert hatten – und nichts mehr gemeinsam unternahmen. Dann, eines Tages, wusste sie, was geschehen würde. Sie und ihr Bruder Eddie würden hereingerufen und nach Monaten zum ersten Mal aufgefordert werden, sich zu ihnen an den Tisch zu setzen. Und weshalb? Damit ihre Eltern diese verdammten, *verdammten* Worte aussprechen konnten, dass sie sich nicht mehr liebten und beschlossen hätten, sich zu trennen.

»Alles in Ordnung, Em?« Es war ihr dämlicher Bruder Eddie, der blödsinnig unter seinem Walkman hervorgrinste. *Er* merkte nie irgendwas. Zumindest tat er so. Meistens zog er seinen Nintendo hervor und machte sich auf den Weg in sein Zimmer.

»Alles bestens. Sieht man doch, oder?« Emma stellte klirrend ihren Teller in die Spülmaschine. Ein von ihrer Mutter an die Tür geklebter Zettel erinnerte sie daran, Geschirr »REIN, NICHT DRAUF« zu stellen, aber inzwischen war ihr das ohnehin in Fleisch und Blut übergegangen. Dad hatte sich zuerst darüber lustig gemacht und behauptet, er stünde unterm Pantoffel, aber er hatte es trotzdem befolgt. Doch das war in der guten alten Zeit gewesen. War das wirklich erst sechs Monate her? Emma setzte ihren Rucksack auf, den von Nike, den ihr Vater ihr geschenkt und sie dabei seinen Wildfang genannt hatte. »Ich gehe jetzt in die Bücherei und mache dort meine Hausaufgaben. Hier ist es mir zu ruhig.«

»Ich dachte, in Büchereien soll es auch ruhig sein«, meinte Eddie.

»Ja, schon.« Emma zuckte die Achseln. »Aber die Ruhe dort ist anders. Freundlich.«

Die Bibliothekarin im Lesesaal nickte und lächelte Emma zu. Sie hatten sich in den letzten Monaten etwas angefreundet, seit Emma sich angewöhnt hatte, dort zu lernen. Heute war viel Betrieb, und Emma fand nur mit Mühe einen freien Platz. Ihr gegenüber saß eine modisch gekleidete junge Frau und machte sich ausführliche Notizen. Sie erinnerte Emma ein bisschen an ihre Mum, vor allem auf Grund der offensichtlichen Begeisterung für ihr Thema. Und doch war es Mums Doktorarbeit gewesen, die das ganze Unheil ausgelöst hatte, behauptete Dad. Damals hatte sie aufgehört, sich um die Familie zu kümmern. Aber warum sollte Mum kein Recht auf eine interessante Beschäftigung haben? Emma seufzte. Es war hoffnungslos, verstehen zu wollen, was schief gegangen war, wenn einem niemand etwas sagte.

Die Frau gegenüber Emma begann ihre Bücher zusammenzupacken. Sie warf Emma ein nettes, offenes Lächeln zu, unterhielt sich anschließend mit der Bibliothekarin und vergaß ein Buch auf dem Tisch. Emma nahm es zur Hand. Es trug den Titel »Ehetherapie«. Rasch überflog Emma die Kapitelüberschriften: Auf »Dysfunktionale Paare: wie man Verhaltensmuster aufbricht« folgte »Streiten: den Hintergrund des ehelichen Schlachtfelds verstehen« und dergleichen mehr. Emma las fasziniert weiter, bis sie merkte, wie spät es war. Mum würde sie umbringen. Aber sie konnte sich immer noch nicht losreißen. Trotz der langen Worte und der unbekannten Gedankengänge war dies das erste Mal, dass sie einen gewissen Einblick in das bekam, was sich offenbar zwischen ihren Eltern abspielte. Das Buch schien sogar zu behaupten, dass Abhilfe geschaffen werden konnte, wenn nur beide versuchten, Verständnis aufzubringen. Emma sah sich nach rechts und links um, und steckte heimlich das Buch in ihren Rucksack. Dann winkte sie der Bibliothekarin zum Abschied zu.

»Hast du Lust, mit mir zusammen ›EastEnders‹ anzuschauen, Em?«, fragte ihre Mutter. Das war Emmas Lieblingssendung. Doch heute schüttelte sie den Kopf und ging schnell in ihr Zimmer. In diesem Buch stand, dass Paare sich so verhielten, weil sich schon ihre Eltern so verhalten hatten, auch wenn sie bei oberflächlicher Betrachtung ganz anders wirkten. Jemand, der alles unter den Teppich kehrte, fühlte sich zu jemandem hingezogen, der es genauso machte. Auf diese Weise mussten sie sich nie den Konflikten stellen, die zwischen ihnen auftraten. War es das, wovor Mum und Dad sich drückten?

Wenn sie doch nur mal mit jemandem sprechen könnte. Mit Mum nicht, die würde sauer reagieren. Und Gran rümpfte die Nase über alles, was in ihren Augen »Psychogeschwätz« war. Emma dachte an die Frau, die vor ihr das Buch gelesen hatte. Sie hatte sympathisch gewirkt. Vielleicht konnte Emma sie um Rat bitten.

Am nächsten Tag sah Emma, dass die Person wieder da war und gab ihr schuldbewusst das Buch zurück.

»Ach, du hast es, du liebe Zeit, ich dachte schon, ich hätte es verloren!«

»Ja«, entschuldigte Emma sich und wurde rot, »ich habe darin gelesen. Ich dachte, Sie hätten es schon durch.«

Die Frau sah sie erstaunt an. »Seltsamer Lesestoff für jemanden in deinem Alter, oder nicht? Wären *Smash Hits* oder ein Roman von Jilly Cooper nicht mehr nach deinem Geschmack?«

»Ruhe!«, zischte jemand neben ihnen – Emmas neue

Freundin grinste sie an und winkte sie in Richtung Foyer, wo es einen uralten Getränkeautomat gab. »Lust auf einen Kaffee?«

Emma schüttelte den Kopf. »Kann ich Sie was fragen?«

»Natürlich. Übrigens heiße ich Jan.«

»Mein Name ist Emma Wilde. Es geht um meine Eltern.«

Und an diesem Fleck, wo Leute kamen und gingen, schilderte Emma Jan genau, was sich zwischen ihren Eltern abspielte, dass sie es schrecklich fand, zuzusehen, wie sie sich gegenseitig vernichteten, und am meisten sie darunter litt, nichts tun zu können, weil sie nur ein Kind war. »Es heißt immer, ein Hündchen ist was fürs ganze Leben, nicht nur für Weihnachten – aber wie steht's mit einem Kind?« Emma unterdrückte ein Schluchzen.

»Hast du ihnen gesagt, was du empfindest?«

»Ich *kann* nicht, außer wenn ...« Gerade war Emma ein Einfall gekommen, den sie aber nicht auszusprechen wagte.

»Außer wenn was?«, hakte Jan nach.

»Außer wenn Sie mitkommen. Sie kennen sich mit solchen Sachen aus.«

Jan setzte eine ernste Miene auf. »Ich bin doch erst in der Ausbildung. Außerdem kann ich nicht einfach bei deinen Eltern hereinplatzen und unaufgefordert Ratschläge erteilen.«

»Ich lade Sie ein.« Emmas Tonfall klang inzwischen geradezu flehentlich. »Hören Sie, ich weiß, dass es schon bald zu spät ist. Sie trennen sich und ruinieren nicht nur ihr eigenes Leben, sondern auch noch meines und das von meinem Bruder. Dabei muss das gar nicht sein. Ich *weiß*, dass sie sich im Grunde lieben. Wenn sie doch nur wieder wie früher miteinander reden könnten.«

Jan sah ausgesprochen skeptisch drein.

»Bitte. Hören Sie, ich möchte etwas Positives in Gang bringen. Vielleicht funktioniert es ja nicht, aber ich muss es wenigstens versuchen.« Sie machte eine Kunstpause. »Ich bezahle Sie dafür. Auf dem Sparbuch habe ich zweihundert Pfund.«

Jan lächelte matt. »Na gut. Was soll ich tun?«

Emma hätte sie fast umarmt. »Nächste Woche habe ich Geburtstag. Ich verlange, dass sie alle beide zu Hause bleiben, und bestelle Pizzas. Dann könnten Sie kommen und wir reden alle miteinander. Ach, bitte sagen Sie doch ja!«

Emmas Vater reckte schnuppernd die Nase in die Luft und konnte keine köstlichen Essensdüfte wahrnehmen. »Nichts im Ofen?«, fragte er und schenkte sich ein Glas Wein ein. »Du folgst anscheinend dem Beispiel deiner Mutter.«

»Ehrlich gesagt«, begann Emma, die schon merkte, wie ihre Mutter am anderen Ende des Tischs wütend wurde, und froh war, als es an der Tür klingelte, »ist schon etwas beim Pizzaservice bestellt.«

Emma kam mit den Schachteln zurück. »American Hot«, sagte sie zu ihrem Vater. »Deine Lieblingspizza. Und Quattro Stagioni für dich, Mum.«

Ihr Vater fasste herüber und stibitzte seiner Frau eine Olive. »Du fandest ja schon immer Nachbars Kirschen süßer«, fauchte sie und versetzte ihm einen Klaps auf die Hand. »Und anderer Leute Pizzas pikanter.«

Emma hielt den Atem an, aber trotz der bitteren Worte barg der Tonfall ihrer Mutter einen Anflug von Schalkhaftigkeit. Als sie noch klein war, konnte Emma sich erinnern, hatten sie öfter Pizza mit ins Bett genommen, und Emma hatte ihnen zugehört, wie sie kicherten. Das war lange her.

Nachdem sie die Pizza, das Knoblauchbrot und den Salat, den Emma vorsorglich bei Marks & Spencer gekauft und selbst angemacht hatte, verputzt hatten, sah ihr Vater erwartungsvoll auf. »Hast du einen Kuchen?«

Emmas Mutter erstarrte. Sie hatte Emmas Kuchen vergessen! Wie konnte sie nur? Was war zurzeit bloß mit ihr los? War sie so von ihrer Bitterkeit zerfressen, dass sie nicht einmal mehr an den sechzehnten Geburtstag ihrer Tochter dachte?

Dann klingelte es wieder.

»Wer ist denn das?«

»Also, offen gestanden«, begann Emma und angesichts ihres eigenen irrwitzigen Wagemuts wurden ihr die Hände feucht, »habe ich eine kleine Überraschung.« Sie stand auf, die Augen beider Elternteile auf sie gerichtet.

»Hoffentlich ist es kein singendes Telegramm.« Ihr Vater beugte sich vor und klaute ihrer Mutter eine weitere Olive. »Weißt du noch, als ich dir an deinem Vierzigsten eines bestellt habe?«

»Wie könnte ich das je vergessen? Einer von den Chippendales! Meine Freundinnen haben alle gedacht, du wüsstest etwas, das sie nicht wissen. Dass ich verrückt nach Sex bin...«

Emmas Vater grinste, sodass sich seine Augenwinkel kräuselten, was Emma so liebte. »Tja, abgeneigt warst du nicht gerade. Eine deiner besten Eigenschaften.«

Während ihre Eltern noch in die Debatte über die Libido ihrer Mutter vertieft waren, bemerkte keiner von beiden, dass jemand mit Emma ins Zimmer gekommen war.

»Wer ist denn das?«, fragte ihre Mutter perplex.

Auf einmal fehlten Emma die Worte.

»Mein Name ist Jan. Ich bin Ehetherapeutin.«

Emmas Vater wirbelte herum. Das Ausmaß seines Schocks war beinahe lächerlich. »Jan! Was zum Teufel machst du hier?«

Ein triumphierendes Grinsen legte sich aufs Gesicht ihrer Mutter. »Jan? Das ist also die berühmte ›Freundin‹ aus dem College, was? Die, die dich versteht – im Gegensatz zu mir, weil ich dich leider aus der Nähe kenne.«

Emma konnte es nicht fassen. Entsetzt blickte sie vom einen zum anderen. So hatte sie sich die märchenhafte Versöhnung nicht vorgestellt. »Sie haben mir nicht gesagt, dass Sie meinen Vater kennen.«

»Nein.« Jan besaß den Anstand, schuldbewusst dreinzusehen. »Vielleicht war das alles ein kleiner Irrtum...«

»O nein, Sie bleiben hier.« Emmas Mutter hatte sich zwischen Jan und der Tür aufgebaut. »Jetzt, wo Sie schon da sind, können Sie sich auch erklären.«

Doch Jans Selbstsicherheit schien sich in Luft aufgelöst zu haben. »Ich glaube, das ist eher Peters Sache.«

»Na los, Peter.« Emma hatte ihre Mutter kaum je so wütend erlebt. »Beehre uns mit deiner fabelhaften Erklärung.«

Emma sah ihren Vater an und erkannte, dass er bei aller Liebe ein entscheidungsschwacher Mann war. Er wollte Jan, weil sie ihm mit ihrem Verständnis schmeichelte, aber er wollte auch ihre Mutter nicht aufgeben – also machte er letztlich alle unglücklich.

Schließlich ergriff Jan das Wort. »Hören Sie, ich will keine Ehe zerstören. Ich liebe Peter. Es war keine Absicht, sondern ist einfach passiert. Und dann, als mich Ihre Tochter gebeten hat, zu kommen, konnte ich nicht mehr anders. Wir müssen da etwas klären.«

»Müssen wir das?« Emmas Mutter starrte die Störerin mit eiskaltem Ekel an, als hätte gerade ein Hundehaufen gesprochen.

»Zufällig liebe ich meinen Mann und will meine Ehe erhalten.«

»Und ich liebe ihn auch.« Alle beide sahen Emmas Vater an. Doch der, konfrontiert mit der Tatsache, dass es zwei Frauen in seinem Leben gab, hatte sich in sein Schneckenhaus zurückgezogen.

Eine unerhörte Idee kam Emma in den Sinn. Sie musste ihm eine Entscheidung abringen. Und dafür sorgen, dass er sich für Mum entschied. »Passt mal auf!« Emma gab sich wesentlich weltgewandter, als ihr in Wirklichkeit zu Mute war. »Warum teilt ihr ihn euch nicht? Am Wochenende bleibt er bei uns und Sie kriegen die Werktage. Von Montag bis, sagen wir, Donnerstagmorgen. Dann kommt er wieder zu uns.«

Emma war klar, wie zuwider ihrem Vater eine solche Vereinbarung sein musste. Er war jemand, der gern wusste, wo er hingehörte. Wenn er nur zehn Minuten zu spät für sein Bad oder seine morgendliche Joggingrunde dran war, hatte er den ganzen Tag schlechte Laune.

»Gut«, durchbrach Emma erneut das verblüffte Schweigen. »Das wäre abgemacht. Dann hol mal gleich deine Tasche, Dad. Es ist Dienstagabend. Jan hat noch zwei Tage Anspruch auf dich.«

Emmas Mutter sah sie entsetzt an, ohne zu bemerken, dass ihre Tochter voller nervöser Hoffnung die Finger hinter dem Rücken gekreuzt hatte.

»Jetzt mal langsam«, protestierte ihr Vater. »Das ist mein Leben, über das du hier bestimmst. Und keinesfalls will ich für je drei Tage zwischen euch aufgeteilt werden. Das ist eine absolut grauenhafte und abartige Idee.«

»Damit müssen sich Kinder auch abfinden, wenn sich ihre Eltern trennen«, erklärte Emma gelassen. »Und sie haben nicht einmal ein Mitspracherecht wie du. Aber wenn dir das nicht gefällt, wie fändest du es dann, die Schulzeit mit Jan und die Ferien mit uns zu verbringen?« Emma konnte ihre eigene Kühnheit kaum fassen. Aber nun hingen tatsächlich alle an ihren Lippen. Jetzt konnte sie kaum mehr behaupten, dass man sie ignorierte.

»Niemals!«, fauchte ihr Vater. Emma begriff, dass Jans Anziehungskraft, die auf geheimen Treffen und verbotenen Früchten beruhte, im hellen Licht einer pragmatischen Auseinandersetzung zu schwinden schien.

»Pass auf, Emma«, versicherte ihr Vater. »Ich gehe nicht weg.«

»Tja, dann erwarte bloß nicht, dass ich mit Tee und Mitgefühl auf dich warte, wenn du's dir anders überlegst«, zischte Jan wütend. »Du bist der klassische miese Typ: alles auf einmal haben wollen! Wenn du jetzt nicht mitkommst, ist unsere Beziehung beendet, das schwöre ich dir.«

Emma glaubte ihrem Vater Erleichterung anzumerken, als er sich wieder an den Tisch setzte und sich noch ein Glas Wein einschenkte. »Tut mir Leid, Jan. Aber ich kann nicht so mir nichts, dir nichts nach siebzehn Jahren Ehe davonmarschieren.«

»Tja, dann kannst du mich mal kreuzweise!«, warf Jan ihm an den Kopf und fegte im Eilschritt zur Tür hinaus.

In dem gespannten Schweigen, das nun folgte, beugte sich Emmas Vater vor und drückte ihr die Hand. »Ich muss mich bei euch beiden entschuldigen. Ich habe mich wie ein komplettes Arschloch aufgeführt.« Das jungenhafte Grinsen, das seine Worte begleitete, war zu viel für Emma.

»Werd endlich erwachsen, Dad. Du kannst es nicht einfach mit einer Entschuldigung abtun und doch wieder mit der nächsten Frau losziehen, die dir gefällt. Jetzt musst du schon ein bisschen mehr tun.«

»Was denn?« Ihr Vater sah sie an, als wäre er der von John Hurt gespielte Astronaut in *Alien* und sie ihm gerade aus dem Bauch geschossen gekommen.

»Mit jemandem reden. Mum und ich nehmen dich nicht wieder auf, wenn ihr nicht zusammen wohin geht. Ich habe alles darüber gelesen. Weißt du, du und Mum, ihr habt euch nämlich deshalb zueinander hingezogen gefühlt, weil ihr die gleichen Macken habt...«

»...also jetzt halt aber mal die Luft an«, unterbrachen ihr Vater und ihre Mutter sie gleichzeitig.

»Wie zum Beispiel sich Problemen nicht zu stellen«, fuhr Emma ungerührt fort, »und andere nicht ausreden zu lassen. Ich finde, ihr solltet beide zu einem Therapeuten gehen.« Der Anflug eines Lächelns stahl sich in ihre Augen. »Nur nicht zu Jan.«

Emmas Vater fing den Blick ihrer Mutter auf und schüttelte erstaunt den Kopf. »Was ist denn mit Emma passiert?«, fragte er.

»Ich glaube, sie ist wohl erwachsen geworden, während wir nichts Besseres zu tun hatten, als uns wie Teenager aufzuführen«, erwiderte ihre Mutter und fuhr ihrer Tochter durchs Haar.

Emma lächelte ihre Eltern an. Sie wusste, dass es vielleicht nicht funktionieren würde. Menschen konnten einsehen, was an ihrem Verhalten falsch war, und es trotzdem nicht ändern. Das stand auch in dem Buch. Aber einen Versuch musste es wert sein. Und vielleicht würde sie eines Tages, wenn sie die entsprechenden Noten bekam, selbst Therapeutin werden. Die Welt der Erwachsenen, so schien es Emma, brauchte alle Hilfe, die sie kriegen konnte.

Eins zu null für Carol

»O Gott, hast du gesehen, wer da auf uns zukommt?« Carol stieß ihre Freundin Wendy an und zeigte auf die lärmende Schar von Fußballfans, die schwankend auf ihre Ecke des Wartesaals im Flughafen zugetrottet kamen, von Kopf bis Fuß in Rot-Weiß gekleidet, Bierdosen in den Händen, obwohl es erst neun Uhr morgens war, und lauthals singend.

»Bete darum, dass sie nicht bei uns im Flugzeug sind«, flüsterte Carol. Aber Wendy, stets für ein Paar stramme Schenkel zu haben, grinste und hob ihnen ihre Cappuccinotasse entgegen.

»Die wollen doch wohl nicht nach Florenz?«, flehte Carol.

Sie hasste Fußball. Verabscheute ihn zutiefst. Ihr erster Freund war besessen von Manchester United gewesen und hatte sie jeden Samstag auf die Ränge mitgeschleppt, wo sie sich treten, stoßen und taub brüllen lassen musste. Zigmal hatte er ihr vorgekaut, wie Bill Shankly, der große alte Herr unter den Fußballtrainern, auf die Frage, ob er fände, dass Fußball lebenswichtig sei, schlagfertig erwidert hatte: »Noch viel wichtiger, Jungchen.«

»Alle Passagiere für Italian Airways, Flug 146 nach Florenz, bitte zum Flugsteig 22«, verkündete die Lautsprecheranlage. Carol und Wendy griffen nach ihren Taschen. Die Fußballfans auch.

Im Flugzeug bemühte sich Carol, an Michelangelo und Leonardo da Vinci zu denken und das gegrölte »Es gibt nur einen Ravanelli« auszublenden, das aus dem hinteren Teil der Maschine bis zu ihnen schallte.

»Wer ist überhaupt Ravanelli?« Carol nippte an ihrem zollfreien Weißwein. »Ich dachte, das wären Fans von Middlesborough.«

»Das ist ihr Stürmer«, flüsterte Wendy mit erstaunlicher Fachkenntnis, die sie in einem kurzen Gespräch mit einem der Fans in der Kaffeeschlange erworben hatte. »Inzwischen sind Ausländer zugelassen. Wahrscheinlich würde Stanley Matthews heute für den AC Mailand spielen.«

Carol vertiefte sich in ihren Reiseführer und versuchte krampfhaft, sie zu ignorieren. Nicht ganz einfach, da sie das halbe Flugzeug füllten und anscheinend dessen gesamte Tagesration an Alkoholika vertilgten. Unglücklicherweise drehte sich Wendy immer wieder um und grinste. Auf halbem Weg verließ sie sogar treulos ihren Platz neben Carol und setzte sich zu ihnen.

Langsam fragte sich Carol, ob sie sich in Wendy getäuscht hatte. Es hieß ja, dass man jemanden erst richtig kennen lernte, wenn man zusammen in Urlaub fuhr. Erst wenn man zwei Wochen gemeinsam in Torremolinos verbrachte, merkte man, dass die andere auf Discos und den Ententanz stand, während man selbst Placido Domingo und frühes Zubettgehen schätzte. Nur leider war es dann zu spät.

»Bei unserem Glück«, mutmaßte Carol, als Wendy vor der Landung in Florenz endlich wieder auf ihren Platz kam, »wohnen die womöglich auch noch in unserem Hotel.«

»Ausgeschlossen«, seufzte Wendy betrübt, da sie offenbar ihrerseits Bedenken angesichts einer Woche ungetrübten Kulturgenusses mit Carol hatte. »Sie haben ein Hotel am Stadtrand gebucht. Damit sie näher am Stadion sind.«

»Kann mir gar nicht weit genug weg sein.« Carol steckte ihren Reiseführer ein und sah aus dem Fenster. In fünf Minuten würden sie in Florenz landen, der Ewigen Stadt. Oder war das Rom? Auf jeden Fall würde es herrlich werden.

Und herrlich war es tatsächlich. Ihr Hotel war klein und hatte Flair, ein himmelweiter Unterschied zu dem Beton-

Albtraum, in dem die Fußballfans zweifellos untergebracht waren. Es gab Fenster mit Läden, Geranien vor der Tür und eine freundliche Katze am Empfang. Carol beschloss, ihr Italienisch an ihr auszuprobieren, und sie schien es sogar zu verstehen, da sie gleich noch lauter schnurrte.

»Also«, begann sie beim Frühstück am nächsten Morgen. »Sollen wir uns als Erstes Michelangelos *David* anschauen? Von dort oben soll man einen unglaublichen Blick haben. Heute Nachmittag den Ponte Vecchio und vielleicht den Dom. Dann bleiben uns noch zwei volle Tage für die Uffizien und den Palazzo Pitti.«

Wendy erbleichte sichtlich über ihrem doppelten Espresso. »Und was ist mit Einkaufen? Es gibt einen sagenhaften Straßenmarkt, hat mir die Frau von der Rezeption erzählt, wo am einen Ende Gemüse und am anderen Schuhe verkauft werden, die nur halb so viel kosten wie in den Geschäften...« Sie verstummte, als sie Carols missbilligende Miene sah.

»Ach, komm, Wendy, Schuhe kannst du bei Dolcis kaufen. Wir sind der Kultur wegen nach Florenz gefahren!«

Widerwillig riss sich Wendy zusammen, während sie dachte, dass eine zweiwöchige Besichtigungstour mit fünfzig Amerikanern nach drei Tagen mit Carol eine Erholungskur wäre.

Zum Glück war der Blick vom Piazzale Michelangelo, hoch über der Stadt, dermaßen atemberaubend, dass sogar Wendy nur noch dastehen und staunen konnte. Unter ihnen lag Florenz, und die grünen Kupferkuppeln und der weiche goldgelbe Stein schimmerte in der Hitze des späten Vormittags. Die Statue des David in der Mitte des Platzes beherrschte alles.

Carol sah gebannt zu ihm auf. »Er hat garantiert nicht den ganzen Tag über Fußball gequatscht. Es heißt, er sei der ideale Mann gewesen«, seufzte sie. »Sieh dir nur die großartige Bildhauerarbeit an. Er ist absolut lebensecht.«

»Und wie«, zwinkerte Wendy, die Davids nicht von einem Feigenblatt verhüllte Männlichkeit besonders aufmerksam musterte.

»Wendy, also wirklich!« Carol lief zartrosa an. »Mit dir kann man nirgends hingehen!«

Peinlich berührt wandte sie sich ab und hoffte, dass niemand um sie herum Englisch verstand.

Und da sah sie ihn.

Er stand ein paar Meter weiter weg, halb in der Sonne, halb im Schatten, den Blick auf sie gerichtet. Carol hatte das deutliche, untrügliche Gefühl, dass er sie die ganze Zeit beobachtet hatte, während sie die Statue des David betrachtet hatte. Sie hielt die Luft an. Wenn Michelangelos David der ideale Mann war, dann hätte diese wirklich lebende, atmende Person das Modell für ihn gewesen sein können.

Und das Komische war, dass er überhaupt nicht Carols gewohntem Geschmack entsprach. Sie mochte Männer, die groß und blond waren und einen ordentlichen Kurzhaarschnitt trugen. Der Mann, der vor ihr stand, war nicht viel größer als sie selbst, obwohl er gut gebaut und muskulös war. Er hatte schulterlange, dunkelbraune Locken, glänzender und leuchtender als ihre eigenen. Doch es waren die Augen, die einen in ihren Bann zogen. Sie waren blassgolden mit einer dunkleren, gelblich-braunen Iris, und schienen ständig zu lachen, eine betörende Mischung aus Unschuld und Erfahrung. Und dann seine Haut! Sie schimmerte wie warme, braune Seide, geglättet von der Sonne und von Generationen florentinischer Liebe und Lebenslust. Er erinnerte sie an einen sorglosen Medici-Fürsten, so gut aussehend und reich, dass er jedes junge Mädchen der Provinz hätte haben können. Doch aus einem unerfindlichen Grund hatte er anscheinend Gefallen an ihr gefunden, an Carol Dwyer aus Guisborough.

Nur die Ruhe, schärfte sie sich selbst ein und rang um ihre berühmt-berüchtigte Fassung. Sie war eine Carol aus Nordengland und glaubte fest an ihre Urteilsfähigkeit. Sie war der Kultur wegen hierher gekommen, nicht wegen einer Affäre mit einem zwielichtigen Italiener, ganz egal, wie gut er aussah.

Trotzdem lächelte sie.

Er erwiderte ihr Lächeln, und auf seinem Gesicht lag ein Charme, der jeden noch verbliebenen Gedanken an Kunstmuseen restlos vertrieb.

Ausgerechnet in diesem Moment fielen ihrer Freundin Wendy die Schuhe wieder ein. »Carol!« Sie packte Carols Arm und wirbelte sie aufgeregt herum. »Ich habe gerade auf den Stadtplan gesehen, und der Straßenmarkt, von dem ich dir erzählt habe, ist gleich da unten!«

Carols nordenglische Findigkeit kam ihr zu Hilfe. »Prima! Dann treffen wir uns doch in einer halben Stunde dort unten. An der Ecke bei der Kirche.«

Hoch erfreut zog Wendy davon, und ihr Herz schlug beim Gedanken an die vielen preisreduzierten Schuhe zweifellos höher. Doch als Carol sich umdrehte, war der Mann verschwunden.

Sie hatte in Büchern von Herzen gelesen, die Purzelbäume schlugen, und von Mägen, die einen Satz machten, aber nichts davon erfasste den Schmerz, den sie in diesem Moment empfand. Es war eher wie ein Tritt.

Zweimal ging sie um den Platz herum, wobei sie sich bemühte, nicht allzu offensichtlich Ausschau zu halten, falls er doch noch da war und zusah, vielleicht aus einem der Cafés in einer schattigen Ecke.

Dann begann sie sich zu fragen, ob sie sich das Ganze nur eingebildet hatte. Vielleicht entsprach sie *tatsächlich* dem Klischee der sexuell ausgehungerten Touristin, die auf lächerliche Weise bereit war, aus dem Blick jedes einheimischen Casanovas, der sie verführen wollte, Liebe herauszulesen.

Zwanzig Minuten später musste sie sich eingestehen, dass

er wirklich weg war. Die Sonne hatte ihren Höchststand erreicht, ihr Nacken brannte, und ihr Kopf begann langsam zu dröhnen. Sie hätte ihren Sonnenhut mitbringen sollen, doch sie war ja davon ausgegangen, sich in der Sicherheit dunkler Museen aufzuhalten, und nicht in der Mittagssonne auf der Suche nach Männern auf den Straßen herumzuirren.

Aber schlimmer als die Hitze und der Sonnenbrand war, dass sie sich wie eine Vollidiotin vorkam.

Abends im Hotel, während Wendy über den herrlichen Markt plapperte und davon, dass man mit seiner Kreditkarte ein Kilo Karotten kaufen konnte – war das nicht geschäftstüchtig? –, wollte Carol nur noch den Kopf unter einem Kissen vergraben und weinen. Vielleicht wäre sie ja morgen wieder ganz die vernünftige Carol aus Guisborough.

Trink eine schöne Tasse Tee, hätte ihre Großmutter geraten, wie sie es bei jedem Leiden tat, angefangen von Leistenzerrung bis hin zu klinischer Depression, und geh früh zu Bett. Zumindest Letzteres konnte sie tun. Tee oder irgendetwas, das auch nur annähernd so schmeckte, war in diesem Teil der Welt zu viel verlangt.

Am nächsten Tag fühlte sie sich etwas besser, jedenfalls gut genug, um die Uffizien zu besuchen. Und als Wendy verkündete, sie würde lieber wieder auf den Straßenmarkt gehen, wunderte sie sich, dass Carol nicht protestierte oder sarkastische Bemerkungen über englische Schuhgeschäfte machte.

Das Problem war, meinte Carol, als sie sich die endlosen Flure der Uffizien entlangschleppte, dass sie jegliches Interesse an Kunst verloren hatte. Sie hörte gar nicht richtig zu, als der hilfreiche Führer die Blüte der Renaissancemalerei von Filippo Lippi bis zur Herrlichkeit der Venus von Botticelli beschrieb.

Erst als sie einen Moment lang vor einem einzelnen Gemälde stehen blieben, erwachte Carol aus ihrer Trance.

Es zeigte einen jungen Florentiner mit dunklen Locken und glühenden bernsteinfarbenen Augen. Und er ähnelte *ihm* aufs Haar.

»Ah, Caravaggio...« Der Führer schien sich über ihr plötzliches Interesse zu freuen. »Er ist ein wunderbarer Maler, nicht wahr? Sehen Sie, dass der gesamte Hintergrund dunkel ist, während alles Licht auf dem Gesicht des jungen Mannes liegt und den Blick direkt darauf lenkt? Großartig. Sind Sie Caravaggio-Fan?«

»Und wie«, log Carol, fasziniert von der Ähnlichkeit mit ihrem Unbekannten. »Wer mag wohl das Modell gewesen sein? Jemand, der hier gelebt hat?«

»Wahrscheinlich. Manche Familien leben schon seit Jahrhunderten hier.«

Carols Laune hob sich. Den Rest des Nachmittags spazierte sie durch die belebten Straßen und betrachtete weder Kunst noch Bauwerke, sondern ausschließlich Gesichter. Ein- oder zweimal glaubte sie ihn zu sehen, doch es war stets jemand anders. Gegen Abend wurde ihr klar, dass sie sich zusammennehmen musste. Sie führte sich ja auf wie eine Verrückte.

»Schöner Tag?«, fragte Wendy, zurück im Hotelzimmer.

»Bestens.«

»Hör mal.« Wendy klang schon wieder verlegen, als glaubte sie, Carol könnte dagegen sein. »Ich habe auf dem Markt ein paar Typen kennen gelernt, die mit uns ausgehen möchten.«

Es war ihr letzter Abend, und Carol hätte beinahe nein gesagt, aber was, wenn – durch eine Art göttlicher Fügung – *er* einer von ihnen wäre?

Sie machte sich besonders sorgfältig zurecht und folgte Wendy durch die abendliche Dämmerung zu einem winzigen Lokal, das verborgen in einem Gässchen lag.

Der Lärm, der ihnen an der Tür entgegen schlug, war ohrenbetäubend. Halb Florenz schien sich in die Kneipe gequetscht zu haben. Oder vielmehr die männliche Hälfte. Ein halbes Dutzend Augen musterten sie lüstern, als sie sich den Weg durch die Menge bahnten.

Es wurde ein grässlicher Abend. Die Männer waren genau von der Sorte, der sie aus dem Weg gehen wollte, der Typ, der von den einheimischen Mädchen vernünftigerweise verschmäht wurde und Ausländerinnen als Freiwild betrachtete. Das Einzige, worüber sie reden konnten, waren Sex und Popmusik. Die Unterhaltung mit einer Gruppe Vierjähriger wäre anregender gewesen. Und wenigstens hätten Vierjährige nicht hartnäckig versucht, ihnen an die Wäsche zu gehen.

Gegen Mitternacht waren Wendy die Gesprächsthemen ausgegangen, und sie machten sich auf den Weg zurück ins Hotel. Als Carol auf einmal klar wurde, dass sie in den vergangenen Tagen vielleicht nicht gerade die fröhlichste Urlaubsgefährtin gewesen war, legte sie einen Arm um ihre Freundin. »Komm, wir verabschieden uns von David. Wir könnten dort in einem Café noch ein Bier trinken.«

»Gern«, willigte Wendy ein. »Wenn du mich einlädst.«

Der Blick vom Piazzale Michelangelo war nachts noch wundervoller als untertags.

»Komm«, sagte Carol und drückte Wendy ihre Kamera in die Hand, »mach ein Abschiedsfoto von mir und meinem Idealmann.« Sie kletterte mit der Beweglichkeit, die einem zwei Stunden wöchentliches Training im Fitnessstudio schenken können, seitlich an der Statue hoch.

Obwohl sie es erwartet hatte, erschreckte sie das Blitzlicht, und Carol kam ins Schwanken.

»Halt dich an seinem Pimmel fest!«, empfahl Wendy, während Carol ihr Gleichgewicht wiederfand und herunterhüpfte.

»Ich bezweifle ja, dass sie davon im Drogeriemarkt einen Abzug machen werden«, lachte Wendy, und kichernd spazierten sie zurück zum Café.

Als sie am nächsten Morgen aufwachte, war Carol fast froh, dass sie heute nach Hause fahren würden. »Komm schon, Wendy, wir verpassen das Flugzeug!«, rief sie, während Wendy im Bett neben ihr wie ein Baby schlummerte.

Sie hatten sogar unterschiedliche Packmethoden. Carol hatte trotz der zwei Bier gestern noch alles gepackt, während Wendy es bis zur letzten Minute aufgeschoben hatte und ihren Pass nicht finden konnte.

Während sich der Bus den Weg durch die belebten Straßen zum Flughafen bahnte, versuchte sie sich davon abzuhalten, aus dem Fenster zu starren, hoffte aber aller Vernunft zum Trotz, ihn zu sehen.

Natürlich sah sie ihn nicht.

»Ach, schau mal«, rief Wendy erfreut, als sie sich im Wartesaal einen Kaffee holten. »Da sind sie wieder.«

Carol wäre fast an ihrem Cappuccino erstickt. Das war wirklich der Gipfel. Vierzig oder fünfzig Fans von Middlesborough ließen sich auf den besten Plätzen im Wartesaal nieder, beladen mit Umbro-Sweatshirts, Lederjacken und Sechserpacks Peroni.

Wenigstens wirkten sie diesmal etwas gedämpfter. »Sie haben wohl verloren, oder?«, fragte sie spontan den Mann neben ihr.

»*Verloren?*«, wiederholte er empört. »Wo sind Sie denn die ganze Woche gewesen? Wir haben sie in der letzten Minute geschlagen. Verwandelter Elfmeter in der Verlängerung. Deshalb sind auch alle so still. Das ganze Feiern hat uns völlig erledigt.«

Nachdem sie das Flugzeug bestiegen hatten, verbrachte Wendy wieder den größten Teil des Fluges am anderen Ende der Maschine beim Feiern. Von hinten konnte Carol eine Fußballhymne nach der anderen hören. Warum war Fußball für so viele Männer wirklich *lebenswichtig?* Bill Shankly hatte eben doch keinen Witz gemacht. Sie starrte aus dem

Fenster, als England wieder in Sicht kam, und merkte nicht einmal, dass Wendy wieder in ihren Sitz gerutscht war.

»Hatten Sie eine schöne Reise?« Erstaunt sah sie auf. Es war nicht Wendy, sondern ein Mann.

Purzelbäume waren noch untertrieben. Ihr Herz traf auf ein Sprungbrett und schoss senkrecht in die Luft, sodass sie außer Atem und sprachlos dasaß. Er war es: ihr Medicifürst. Die Haare. Die Augen. Das träge, sinnliche Lächeln, das anstatt für tausend scheinbar würdigere Damen ausschließlich für sie reserviert zu sein schien.

Und dann sprach er sie erneut an.

»Sitzt hier jemand?«, fragte er mit einem Akzent, der mehr nach Middlesborough als nach Medici klang.

Er setzte sich neben sie, noch bevor sie dazu kam, ihren offen stehenden Mund zu schließen.

»Und was war das Schönste an Ihrem Urlaub?«

Carol fehlten buchstäblich die Worte. Drei Tage lang hatte sie ganz Florenz nach ihm abgesucht, und da saß er nun, in Fleisch und Blut, direkt neben ihr und erkundigte sich nach ihrem Urlaub.

»Caravaggio«, stieß Carol hervor. Es war das Erste, was ihr einfiel.

Die untergehende Sonne über dem Flughafen von Manchester spiegelte sich in seinen warmen braunen Augen und ließ sein glänzendes dunkelbraunes Haar aufleuchten. »Caravaggio?«, wiederholte er, die fürstlichen Augen ganz perplex. »Wo spielt der denn?«

Carol lächelte und beugte sich vor. Schön langsam glaubte sie, dass Billy Shankly doch nicht so Unrecht gehabt haben könnte.

Das Messingbett

Wenn Mike noch einmal dieses knackende Geräusch mit seinem Kiefer machte, beschloss Ruthie, würde sie ihm den Teller Cornflakes über den Kopf kippen. Zum Glück für den arglosen Mike wählte der Briefträger ausgerechnet diesen Moment, um die Post abzuliefern.

Während Mike weitermampfte, warf ihm Ruthie einen verstohlenen Blick zu. Er war immer noch recht ansehnlich, so wie einem auch ein bestimmtes Strickmuster gefiel; aber manchmal hätte sie ihn am liebsten am Kragen gepackt und gebrüllt: »Überrasch mich! Vergiss die Kinder und wirf mich zu Boden! Lieb mich bis zum Wahnsinn! Oder sag wenigstens heute etwas anderes als ›Ich geh dann mal‹!«

»Ich geh dann mal«, sagte Mike, der naiverweise nichts von dem düsteren Sumpf des Grolls ahnte, den seine Worte frei setzten. »Bis sechs!«

Und es wäre genau sechs. Keinen Moment früher oder später.

Nach seinem Aufbruch genoss es Ruthie, das Haus eine halbe Stunde für sich allein zu haben, bevor sie selbst zu ihrer Arbeit im Ärztehaus aufbrechen musste. Sie nahm die Post zur Hand. Es waren überwiegend Werbesendungen, doch ganz unten im Stapel lag ein teuer aussehender Umschlag, auf dem in edlem Aufdruck ihr Name stand.

Ruthie schnappte nach Luft. Es war eine Einladung von Susie Watling zu einem Klassentreffen nächsten Samstag! Erinnerungen an ihre sechs Jahre in Morlands Höherer Lehranstalt überfluteten sie, ihr wurde schlecht und schwummrig, als wäre es wieder ihr allererster Tag dort.

Ruthie war sich immer vorgekommen wie einen fettigen Doughnut auf einem Teller zarter Petits Fours.

Susie war die Einschüchterndste von allen gewesen, schlank und zart und mit einer Stimme, die von Privilegiertheit nur so troff. An den Tagen, an denen sie ihre eigenen Kleider tragen durften, hatte Susie in der jungen Kollektion von Dior geglänzt, während Ruthie in Clockhouse von C & A steckte. Das war vor zwanzig Jahren gewesen.

Ruthie wusste, dass sie nicht hingehen würde. Sie konnte nicht ertragen, bestätigt zu bekommen, wie viel sie alle aus ihrem Leben gemacht hatten, während sie mit ihrem langweiligen, provinziellen Mann in dieser langweiligen, provinziellen Doppelhaushälfte lebte.

Dann stach ihr der letzte Brief ins Auge, und sie erkannte sofort die krakelige und doch herrische Handschrift von Mikes Mutter, die sich wieder fürs Wochenende bei ihnen einladen wollte. Das Klassentreffen würde Ruthie allerdings einen Grund geben, nein zu sagen.

In dem Moment klingelte das Telefon. »Ruthie, Liebes«, säuselte Susie gedehnt nach all den Jahren. »Keine Widerrede! Elizabeth Black holt dich um zwölf Uhr ab. Ihr beiden wart doch befreundet, stimmt's?«

Ruth musste zugeben, dass sie und Beth befreundet gewesen waren, und willigte tatsächlich ein, zu kommen. Sie empfand sogar ein bisschen Vorfreude darauf, Beth nach so langer Zeit wieder zu sehen.

Beth war Schulsprecherin gewesen, eine ihr wie auf den Leib geschriebene Rolle, lammfromm, selbstlos und mit dem instinktiven Wissen begabt, ihren Willen durchzusetzen, indem sie andern Schuldgefühle einimpfte. Genau die Eigenschaften, die Schulsprecherinnen brauchten.

An jenem Samstag war das Schwierigste, zu entscheiden, was sie anziehen sollte. Ruthie wusste, dass ihr Leben der letzten zwanzig Jahre in einem kurzen Blick zusammengefasst werden würde. Sie holte ihr gutes Kostüm heraus, das von Jaeger, und besah sich im Spiegel. Was hatte sie aus ihrem Dasein gemacht? Sie hatte einen langweiligen Ehemann, zwei Kinder und einen Job am Empfang im Ärztehaus. Die anderen waren vermutlich selbst Ärztinnen geworden, keine Empfangsdamen, oder zumindest mit Ärzten *verheiratet*.

Das peinliche Läuten der Türklingel unterbrach ihren Gedankengang. Es war Beth. Auf die Minute pünktlich. Das Leben hatte Beths Verantwortungsgefühl eindeutig nicht geschmälert.

Beth stand auf der Schwelle und plauderte mit Mike. Er hatte sie nicht einmal hereingebeten, dieser Idiot, aber Ruthie wies ihn nicht zurecht. Sie war zu verblüfft über Beth. Beth hatte sich überhaupt nicht verändert. Mager, mit dunklen Augen, unter denen große, schwarze Schatten lagen, als trüge sie alle Schuld der Welt auf ihren Schultern, sämtliche übersehenen Bettler, sämtliche unschuldigen Kinder in Not und sämtliche Mütter, denen die Sozialhilfe gestrichen wurde. Sie stellte den wandelnden Vorwurf dar.

»Ruth! Wie schön, dich zu sehen! Du hast dich überhaupt nicht verändert!«

»Dann bis später«, sagte Mike grinsend. »Bei diesem Meeting wäre ich ja gern als Fliege an der Wand dabei. Und ich wette, sie hat Ihnen verschwiegen, dass sie eine Ausbildung als Trapezartistin gemacht hat.«

Beth sah schockiert drein, als sie ihr die Autotür aufhielt. »Doch nicht wirklich? Eine Ausbildung als Trapezartistin?«

»Das ist Mikes kleiner Privatwitz.« Spürte Mike irgendwie, dass ihr der langweilige Anstrich ihres Lebenslaufs peinlich war? Nein, da las sie wohl zu viel in ihn hinein. Mike war kein sensibler Typ. Eher ein verhinderter Rugbyspieler.

»Und was hast du die ganze Zeit so getrieben?«

Es entstand eine kleine Pause, währenddderen Ruthie ein leichtes Zögern wahrnahm. »Ich meine«, plapperte sie weiter, »was tun Schulsprecherinnen denn, wenn sie die Schule verlassen?«

»Ich bin Krankengymnastin geworden, um mit kranken Kindern zu arbeiten.« Das klang ganz nach Beth. »Aber ich habe nach meiner Heirat und den Kindern damit aufgehört.«

»Arbeitest du jetzt nicht mehr?« Das wunderte Ruthie. Beth hatte einen so eisernen Willen gehabt, gepaart mit ihren guten Absichten; Ruthie konnte sich kaum vorstellen, dass sie nur kleine Pos wischte und Knetgummi verteilte. »Ehrlich gesagt«, fuhr Beth in leicht verändertem Ton fort, »arbeite ich für Relate.«

»Die Eheberatungsstelle? Das ist ja faszinierend. Das könnte ich nie. Ich könnte den Leuten nicht sagen, was sie mit ihrem Leben anstellen sollen.«

»Das sagt man ihnen auch nicht direkt«, korrigierte Beth. »Man hilft ihnen lediglich, es selbst herauszufinden.«

Schon langten sie bei Susies Haus an.

Es war genau, wie sie es sich vorgestellt hatte. Groß und georgianisch, mit einem hübschen quadratischen Vorbau – wie eines dieser teuren Puppenhäuser.

»An Weihnachten muss es herrlich aussehen mit einer Schmuckgirlande«, bemerkte Ruthie.

»Aber es steht direkt an der Straße. Bestimmt brauchen sie Schallschutzfenster, um überhaupt einschlafen zu können.«

Ruthie bewunderte Beths Fähigkeit, die Mängel an etwas zu erkennen, während sie, Ruthie, einfach neidisch war. Neid gehörte seit jeher zu ihren Schwächen. Auch wenn sie noch so sehr darum rang, dankbar für das zu sein, was sie besaß, oder positiv zu denken, neigte Ruthie zu dem Glauben, andere Leute seien besser weggekommen. In der Schule hatten dazu höhere Geistesgaben oder schönere Federmäppchen gehört. Jetzt waren es größere Häuser, interessantere Ehen und wohlerzogene, erfolgreiche Kinder.

Sie parkten das Auto und drückten die imposante Klingel. Der Anblick, der sie willkommen hieß, ließ beiden den Atem stocken. Susie hatte sich bis zur Unkenntlichkeit verändert. Dahin war das zarte, vornehme blonde Haar, das von einem schwarzen Samtband zurückgehalten wurde. Die Susie, die nun vor ihnen stand, hatte einen kurzen, fedrigen Haarschnitt, der fast jungenhaft wirkte, trug enge Blue Jeans, ein enges, weißes T-Shirt und war barfuß. Hinter ihr stand ein gertenschlanker, fast noch nicht erwachsener junger Mann, der einen Arm besitzergreifend um ihre Schultern geschlungen hatte. Ihr Sohn? Aber hatte Ricky nicht dunkles Haar gehabt?

Susie gab ihnen keinerlei Erklärung und löste den klammernden Arm von sich. »Wie schön, euch zu sehen! Die anderen sind im Wintergarten. Tony, Herzchen, hol doch zwei Gläser Schampus für die beiden.«

Der Gang zum Wintergarten erinnerte sie an die Schulzeit, als sie sich vor so vielen Jahren zum ersten Mal in der Frühstücksschlange anstellte und sich einerseits nach Beachtung sehnte, andererseits aber am liebsten im Mauseloch verschwunden und für diese hoch gewachsenen, selbstsicheren jungen Mädchen, die sich allesamt bereits zu kennen schienen, unsichtbar geworden wäre.

»Ruth, Beth…« Susie nannte ihre Namen den etwa ein Dutzend anderen Damen im Raum. »Ihr erinnert euch an Lizzie… Janet… Suzanne… Kathryn…«

Der Lunch war in aller Augen ein Erfolg. Jede von ihnen interessierte sich dafür zu erfahren, was aus den Klassenkameradinnen geworden war und ob sie dem Bild von vor zwanzig Jahren entsprachen oder sich gegensätzlich entwickelt hatten. Die meisten, so stellte Ruth fest, waren sie selbst geblieben. Die Tugendhaften polierten nach wie vor ihre Heiligenscheine, und die schlimmen Mädchen kreischten noch immer vor Lachen und leerten ihre Gläser in doppelter Geschwindigkeit. Eine spektakuläre Kehrtwendung zeigte sich in Gestalt von Maureen Ward, die sie damals mit Geschichten über Sex auf Autorücksitzen unterhalten hatte, aber nun sechs Kinder hatte und Mitglied im Gemeinderat war.

»Ich wette, die wissen nicht, was sie damals auf dem Friedhof getrieben hat«, zischte Suzanne. »Sonst würden sie sie aus dem Rathaus werfen!«

Ruthie nippte an ihrem Champagner und genoss diesen seltenen trockenen Geschmack, noch dazu am Mittag. Susie trank ihn vermutlich tagtäglich. »He, Ruth, was ist denn aus deinen Rechenkünsten geworden?« Kopfrechnen war Ruthies einzige Stardisziplin. »Was ist 293 x 198?«

»58 014«, meldete Ruthie.

»Mann, du kannst es immer noch! Du solltest Steuerberaterin werden oder so was. Wo setzt du es ein?«

»Beim Versuch, Lancelot zu überlisten«, gestand Ruthie, die sich nun doch langsam amüsierte.

»Wie bitte?« Man sah Susie an, dass sie angestrengt überlegte, was sie noch von der Artussage wusste.

»Lancelot. Das Lotteriespiel.«

»Ach so!« Lotterien hatten in Susies Welt zweifellos keinen Platz.

Es war vier Uhr, und die Frauen begannen sich nach und nach zu verabschieden. Ruthie fasste nach ihrer Tasche, wie immer besorgt, womöglich aufdringlich zu erscheinen, wenn sie zu lange blieb. Auf einmal fiel ihr ein, dass sie ja auf Beth angewiesen war. Aber wo steckte die? Ruthie durchsuchte sämtliche Räume im Erdgeschoss, den Garten und die Badezimmer, bevor sie Beth schließlich im Tiefschlaf auf Susies rüschenverziertem Himmelbett entdeckte.

Wie in aller Welt sollten sie jetzt nach Hause kommen? Unten ertönten fröhliche Verabschiedungen und eifrige Beteuerungen, sich wieder zu treffen, bevor erneut zwanzig Jahre ins Land zogen. Sie musste Susie finden.

»Es tut mir ehrlich Leid, aber Beth ist auf deinem Bett eingeschlafen.«

Susie lachte dröhnend. »Kaum zu glauben, Kinder, Kinder,

unsere scheinheilige Schulsprecherin voll wie eine Haubitze? Schön für sie. Komm, wir bringen ihr eine Tasse Kaffee.«

Sie kochte doppelt starken Espresso, brachte ihn Beth in einem hauchdünnen Porzellantässchen nach oben und weckte sie auf.

»O je, das tut mir Leid«, lallte Beth.

»Kein Problem. Wir sehen doch gern, wie dein Heiligenschein verrutscht.«

»Mein Heiligenschein?« Beth setzte sich auf, zuckte unter der Stärke des Kaffees zusammen und schluckte ihn dann entschlossen hinunter. »Das soll wohl ein Witz sein. Mein Mann will sich scheiden lassen. Wegen Ehebruch. Mit seinem besten Freund.«

»Ach, du liebe Zeit«, sagte Ruthie. »Ich dachte, du wärst Eheberaterin bei Relate?«

»Genau deshalb bin ich Beraterin bei Relate. Arzt, heil dich selbst und so weiter. Aber wie geht's dir, Suze? Siehst prima aus.«

»Tony ist da anderer Meinung. Er sagt, ich sei eine alte Kuh, und wenn ich wie eine Kuh auf der Weide stünde, würden mir die Euter bis zu den Hufen hängen.«

»Ach, du meine Güte, Susie!« Jetzt begriff Ruthie die Rolle des mysteriösen Tony. »Warum lässt du dir das von ihm bieten? Du siehst doch toll aus. Und bist reich. Du hast dieses sagenhafte Haus und zwei erwachsene Kinder.«

»Die haben sich von mir losgesagt.«

»Wegen Tony?«

»Deswegen und weil ich ihren Vater verlassen habe.«

»Warum verlässt du dann nicht einfach Tony?«

»Der Sex ist zu gut.«

»Auch auf der Weide wie ein Rindvieh?«, hörte sich Ruthie zu ihrem eigenen Erstaunen witzeln.

»Du hast Glück gehabt, weißt du«, erklärte Susie. »Zwanzig Jahre, und du bist immer noch mit Wie-heißt-er-doch-gleich? verheiratet.«

»Er heißt Mike. Dummerweise macht er mich manchmal komplett wahnsinnig.«

»Wodurch?«

»Sein Kiefer knackt beim Essen.«

Die anderen brachen in schallendes Gelächter aus. »Und er kommt immer genau zu der Uhrzeit zurück, die er mir vorher genannt hat.«

»Tja, das sind natürlich Scheidungsgründe«, stimmte Beth ihr zu. »Das hat meiner auch immer getan. Bloß dummerweise in der Regel einen Tag später!« Beth kicherte. »Du solltest jedenfalls zur Beratung gehen. Vielleicht hast du ja auch unangenehme Gewohnheiten.«

»Wie zum Beispiel dir ständig einzubilden, andere Leute hätten ein besseres Leben als du«, erläuterte Susie.

»Aber das haben sie doch, oder nicht? Ich meine, ich wohne mit einem langweiligen Mann in einer Doppelhaushälfte und arbeite als kleine Angestellte.«

»Geh wieder aufs College. Mach was aus deinem mathematischen Verstand. Mathe-Könner sind unheimlich gefragt, nicht dieser Anglistik-Stuss, den ich studiert habe. Vielleicht lernst du sogar jemanden kennen, der nur halb so alt ist wie du...«

Wie durch einen grellen Champagnerblitz wurde Ruth klar, dass sie niemanden wollte, der nur halb so alt war wie sie. Sie bekam schon eine Gänsehaut, wenn sie nur daran dachte, dass sie dann ihre Falten kaschieren müsste und nie die Beatles erwähnen dürfte.

Schließlich bestellte Susie ihnen ein Taxi und versprach, am nächsten Tag Tony mit dem Auto vorbei zu schicken. Sie hatte offenbar nicht vor, auf seine Dienste zu verzichten.

»Willst du deinen Mann zurück?«, fragte Ruth Beth in der warmen Höhle des Taxis.

»Eigentlich nicht«, gestand Beth. »Er hat mich einmal zu oft gedemütigt. Zuletzt mit dem Au-pair-Mädchen«, fügte sie trübsinnig hinzu.

»Das ist echt unter der Gürtellinie«, bestätigte ihr Ruthie.
»Bis bald«, sagte Beth und küsste sie auf beide Wangen. Auf einmal sah sie wesentlich besser aus – als wäre ihr die Last der Tugend von den Schultern genommen worden. Es stand ihr gut.

Das Haus war leer. In ihm hallte diese besondere Stille eines Hauses, in dem es sonst laut und chaotisch zugeht. Sicher war er noch auf dem Fußballplatz. Samstags war Heimspiel.

Ruthie seufzte. Sie schlüpfte aus ihrem Jaeger-Jackett und musterte sich im Spiegel. Nicht schlecht für achtunddreißig. »Wie viel ist 567 x 393?« In Windeseile rechnete sie »222 831« aus. »Ziemlich gut«, gratulierte sie sich. Mit diesem Talent sollte man etwas anfangen. Und vielleicht würde sie das tatsächlich tun.

Von oben ertönte leises Rascheln der Bettdecken und ließ sie wie angewurzelt stehen bleiben. Sie raste die schmale Treppe hinauf und dachte an Einbrecher oder ihre Tochter, die das elterliche Messingbett für unanständige Zwecke missbrauchte.

Es war die rote Schleife, die ihr als Erstes ins Auge stach. Sie war auch weiß der Himmel nicht zu übersehen, angesichts dessen, worum sie gebunden war. Mike lag nackt und grinsend auf dem breiten Messingbett.

»Ich hatte Angst, unsere Ehe könnte langsam ein wenig eintönig werden«, erklärte er, plötzlich schüchtern geworden. »Da hab ich mir gedacht, ich überrasche dich mal.«

»Das ist dir absolut gelungen!« Lachend eilte sie auf ihn zu, um die Schleife aufzubinden. Ganz langsam schlüpfte sie aus ihrem Kostüm und warf es zu Boden. Sie würde es nicht mehr brauchen, wenn sie Studentin war. Und noch etwas wusste sie: All die jungen Männer, die nur halb so alt waren wie sie, würde sie nicht eines Blickes würdigen.

Die Nachbarin

Suzanne hängte den letzten der hübschen Porzellanbecher in eine Reihe über die Anrichte aus Kiefernholz und öffnete die obere Hälfte der Stalltür. Sie lehnte sich in den duftenden Garten hinaus und seufzte vor Freude beim Anblick der Stockrosen, des Rittersporns und der Glockenblumen, die vor einem wogenden Kornfeld prangten. Eine Stalltür hatte sie sich immer schon gewünscht, genau wie sie seit jeher ein Cottage auf dem Lande hatte haben wollen, und sie musste sich fast zwicken, um zu begreifen, dass ihr Traum sich endlich verwirklicht hatte. Kaum zu glauben, dass sie schon vor einem Jahr hierher gezogen waren! Ein Jahr, das sie überwiegend damit zugebracht hatte, widerspenstigen Bauarbeitern Anweisungen zu erteilen, bevor sie jeden Morgen losraste, um ihren Zug nach London Bridge zu erwischen. Ein ganzes Jahr, in dem sie sich den Staub von ihrem schicken Citykostüm gewischt hatte. Aber jetzt war das Cottage fertig, und sie platzte beinahe vor Stolz. Es war ihnen, auch wenn sie sich damit selbst lobte, gelungen, die Annehmlichkeiten neuer Leitungen und Sanitäranlagen mit dem Charme alter Balken und gepflasterter Fußböden zu vereinen. Na ja! Es hatte schließlich auch genug gekostet.

Droben konnte sie das leise Klacken von Craigs tragbarem Computer hören und empfand einen Anflug von Ärger. Craig und dieses vermaledeite Ding schienen mit Leib und Seele aneinander geschweißt zu sein. Weshalb er unbedingt das ganze Wochenende daran sitzen musste, war ihr unbegreiflich. Natürlich arbeitete er hart, aber das tat sie auch. Auf einmal erklang das katzenartige Wimmern der kleinen

Flo, und sie hörte Craig leise fluchen, bevor er aufstand und das Baby hochnahm. Kurz darauf erschien er mit ihr auf dem Arm. Komisch, dass anscheinend allein sie für Flo verantwortlich war, obwohl sie einen ebenso anspruchsvollen Beruf hatte wie er.

»Ich glaube, sie muss gewickelt werden.« Er besaß den Anstand, schuldbewusst dreinzuschauen. »Tut mir Leid. Ihre Windeln sind hier unten.«

»Gut«, erwiderte Suzanne, die ihn diesmal nicht so leicht davonkommen lassen würde, »das Badezimmer auch.«

Craig grinste und fand sich mit seiner Niederlage ab. Er zog mit seinem Nachwuchs davon, während Suzanne den Tragesack aus dem Schrank unter der Treppe hervorholte. Es war ein herrlicher Schrank, voller Balken und Spinnweben, fast wie eine geheime Kammer.

Flo stieß ihr gewohntes freudiges Krähen aus, als sie, frisch gewickelt, den Tragesack erblickte. Sie liebte es, darin unterwegs zu sein. Suzanne kniete sich hin, Craig setzte das Baby sachte hinein, und sie machte sich mit Flo auf den Weg ins Dorf. Auch Suzanne liebte Spaziergänge, aber manchmal wünschte sie sich eine Freundin zur Begleitung. In London hatte sie massenhaft Freundinnen gehabt – mit denen sie Mittag essen oder nach der Arbeit bei einem Drink plaudern und über Männer jammern konnte. Aber hier hatte sie – vielleicht weil sie den ganzen Tag in der Bank war und Müttertreffen eher tagsüber stattfanden –, noch keine einzige neue Bekanntschaft gemacht.

Auf der anderen Straßenseite zog Meg Spinks ihre Küchengardine beiseite und sah die junge Frau näher kommen. Wieder mit dem Baby im Tragesack unterwegs. Das hatte zu Megs Zeiten kein Mensch getan. Fast wie eine Eingeborene, die auf dem Feld arbeitete. Es gab eine Menge Dinge, die die jungen Frauen sich heutzutage erlauben, was zu Megs Zeiten undenkbar gewesen wäre. Zum Beispiel einem anspruchsvollen Beruf nachzugehen, ein schickes

Ford-Cabrio und – großer Gott – ein Handy zu besitzen. Aber trotz all ihres Reichtums und des neumodischen Schnickschnacks sah die junge Frau, die allein die schmale Straße entlangwanderte, nicht gerade glücklich aus. Dieser Gedanke erfüllte Meg mit Bedauern. Sie wollte, dass die anderen glücklich waren – genauso wie sie selbst. Das Leben hatte es gut mit ihr gemeint. Fünfunddreißig Urenkel, zwanzig Enkel und sechs Kinder trugen dazu bei. Heute besaßen die Leute Waschmaschinen statt Kinder. Was, so fragte sie sich, hätte wohl der alte John Toombes davon gehalten, dass jetzt Yuppies – so nannte man sie doch, oder? – in seinem alten Cottage wohnten? Diese junge Frau und ihr Mann, so hatte Meg gehört, arbeiteten bei einer Bank in London. Die Welt änderte sich, das ließ sich nicht leugnen.

Ohne sich dessen bewusst zu sein, blieb Suzanne einen Moment lang fasziniert vor Megs Garten stehen. Er entsprach so vollkommen einem idyllischen Bauerngarten aus dem Bilderbuch, dass sie unwillkürlich darüber nachdachte, was ihn so unwiderstehlich machte. Doch es war keine einzelne Blume, sondern die verschwenderische Pracht aller Blüten zusammen.

Hinter den Fackellilien ging die Tür auf, und Meg trat heraus. »Guten Tag. Sie wohnen doch gegenüber, nicht wahr, mit Ihrem kleinen Baby! Müssen Sie irgendwohin oder haben Sie Zeit für eine Tasse Tee?«

Fast wollte sie erwidern, dass sie tatsächlich weiter müsse, doch dann besann Suzanne sich. »Eine Tasse Tee wäre nett.«

Als sie in der Küche des Cottage stand, staunte Suzanne, wie sehr sich diese von ihrer eigenen unterschied. Abgesehen von einem Tisch aus Kiefernholz, ein paar ungepolsterten Stühlen und einer freistehenden Anrichte aus Resopal mit gelber Lackierung und Milchglastüren, die wohl aus den fünfziger Jahren stammte, war der Raum fast leer. Nicht einmal einen Kühlschrank gab es, aber der stand vielleicht hinten in der Spülecke. Den einzigen Hinweis auf Bequemlichkeit lieferte ein Bugholz-Lehnstuhl mit einem Patchwork-Kissen in grellen Farben, der gegenüber dem großen Küchenherd stand. Hier sah nichts nach dem Landtagebuch einer edwardianischen Lady aus – eine Wirkung, um die sich Suzanne in ihren vier Wänden so eifrig bemüht hatte.

Auf der Suche nach einem Gesprächsthema zeigte Suzanne auf den massiven Küchenherd. »Um den beneide ich Sie. Ich hätte auch gern so einen gehabt, aber bei uns war kein Platz.«

»Gut ist er schon, aber mühsam«, erwiderte Meg. »Andauernd muss man ihn ausräumen und die Asche hinten in den Garten leeren. Ich würde ihn ja rauswerfen, wenn ein Ersatzherd nicht so teuer wäre. Aber ich benutze ihn kaum noch, seit ich die da habe.« Sie wies auf eine funkelnagelneue Mikrowelle. »Und, haben Sie sich schon eingewöhnt? Ich sehe Sie und Ihren Mann jeden Morgen um sieben Uhr aus dem Haus gehen. Man könnte die Uhr nach Ihnen stellen. Sie sind pünktlicher als der Milchmann, das steht mal fest.«

Suzanne lachte verlegen. »Mein Mann heißt Craig. Er hat einen Hang zum Workaholic. Ich würde sonst nicht vor acht gehen.«

»Und was machen Sie mit Ihrem Baby? Das nehmen Sie doch nicht mit zur Arbeit?«

Jetzt kam's. Suzanne machte sich auf die missbilligende Reaktion darauf gefasst, dass sie ihr sechs Monate altes Töchterchen bei einer Tagesmutter ließ.

Zu ihrer Überraschung blieb sie aus. »Ich habe meine Kinder alle bei der Schwiegermutter gelassen. Weil *ich* nicht den ganzen Tag wie im Käfig zu Hause sitzen wollte. Ich wollte ein paar Pfund verdienen.« Sie warf einen Blick auf Suzannes teure Hose und ihre weichen Lederslipper. »Nicht so viel wie Sie natürlich, aber wir konnten es gebrauchen.«

Suzanne merkte, wie sie dieses alte Mädchen langsam immer sympathischer fand. Vielleicht war sie gar nicht so engstirnig. »Der Tee schmeckt wunderbar.«

»Ich mache ihn mit Regenwasser vom Fass. Das Zeug, das hier aus dem Hahn kommt, erinnert mich immer an Fliegenpisse.«

Suzanne verschluckte sich und hätte beinahe Flo geweckt.

»Und wie gefällt es Ihnen hier?«

Die junge Londonerin zögerte kurz und fragte sich, ob sie Meg die Wahrheit sagen sollte. »Wir finden es herrlich hier, aber...« Suzanne verließ der Mut.

»Aber die Frauen von Wilby stehen nicht gerade vor Ihrer Tür Schlange, um sich mit Ihnen anzufreunden?«

»Genau. Ich nehme an, es sind alles Leute vom Land, und wir sind eben aus der Stadt, also wird es wohl eine Zeit lang dauern.«

»*Leute vom Land!*« Meg lachte schallend. »Sie halten sich für Leute vom Land, aber wenn Sie sie zu ein paar Ochsen aufs Feld stellen würden, würden sie im Eilschritt davonlaufen. Nehmen wir nur mal diese Mrs. Beeson! Hält sich für die Bienenkönigin der Gesellschaft hier. Zufällig weiß ich, dass sie aus Guildford stammt. Würden Sie das als ›Land‹ bezeichnen? Lassen Sie sich von denen nicht einschüchtern. Möchten Sie was Süßes?«

Meg zauberte ein Päckchen Schokoladen-Marshmallows mit Kokosflocken auf den Tisch. »Wahrscheinlich haben Sie gedacht, bei mir gäb's Selbstgebackenes«, lachte sie fröhlich. »Aber so blöd bin ich nicht – wenn im Fernsehen Pferderennen kommen und ich Enkel habe, die ohne weiteres für mich im Supermarkt einkaufen können. Backen kann ich natürlich. Meine Kuchen haben schon vor Jahren Preise gewonnen, aber irgendwie habe ich einfach keine Lust mehr.«

»Ehrlich gesagt würde ich Sie gern fragen, ob Sie wissen, wie man hier ein paar Mütter mit kleinen Kindern kennen lernt.«

Meg überlegte kurz. »Mütter mit Babys. Tja, dafür bin ich ein wenig zu alt. Obwohl Tom und ich schon noch ab und zu zur Sache kommen. Nur leider ist er dermaßen tattrig, dass er die Knöpfe an meinem Nachthemd nicht mehr aufkriegt.«

Suzanne wagte nicht, ihr ins Gesicht zu blicken. »Sehen Sie«, grinste Meg, »jetzt hab ich Sie schockiert.« Sie stand auf und sah auf einen Wandkalender, auf dem ein riesiges, geflecktes Schwein prangte. »Wissen Sie was? Demnächst findet ein Jungbauern-Fest statt, auf dem eigene Produkte verkauft werden. Gehen Sie doch dorthin. Versuchen Sie es mit einem Kuchen für den Kuchenstand.«

Suzanne erbleichte. Ihre Backkünste waren gleich Null. »Könnte ich nicht einfach Geld spenden?«

Meg schüttelte den Kopf. »Geld ist auf dem Land nicht gefragt. Was zählt, ist Können. Passen Sie auf, ich backe Ihnen einen. Wie wäre das?«

Suzanne fragte sich, ob sie ihn in der Mikrowelle produzieren würde und schalt sich im Stillen für ihre Bosheit. Megs Angebot war unheimlich nett. Suzanne bedankte sich.

»Also dann, abgemacht – nächsten Samstag! Sie können ihn sich am Vormittag abholen.«

Am folgenden Montag sammelte Suzanne nach einer zermürbenden Besprechung darüber, ob die Bank die Zinssätze um ein Viertelprozent senken sollte, ihre Papiere zusammen und dachte an Zuhause, an Flo und den Jungbauern-Jahrmarkt. In erster Linie drehten sich die Gespräche ihrer Kollegen um Fitness-Studios, Squash-Clubs und ein phantastisches Konzert im Barbican. Das waren die Dinge, die sie aufgegeben hatte, um nach Wilby zu ziehen und sich ihren Traum vom ländlichen Idyll zu erfüllen. Zum ersten Mal geriet Suzannes Überzeugung ein wenig ins Wanken. Womöglich würde sie nie Freundinnen finden. Womöglich würde sie immer mit sich selbst, Flo und dem endlosen Klacken von Craigs Computer allein bleiben. Womöglich, so gestand sie sich in einer winzigen Ecke ihres Gehirns widerwillig ein, hatten sie einen Fehler gemacht.

Die Sonne drang durch die hübschen Chintz-Vorhänge,

und Suzanne sprang aus dem Bett. Samstag. Der Tag des Jungbauern-Fests, und sie musste ihren – oder vielmehr Megs – Kuchen früh genug abliefern, damit der entsprechende Stand rechtzeitig vor der Eröffnung hergerichtet werden konnte.

Nach dem Frühstück und Flos Bad legte sie dem protestierenden Craig das Baby in die Arme. »Kannst du sie nicht mitnehmen?«, fragte er. »Ich habe unheimlich viel zu erledigen.«

»Hör mal«, entgegnete Suzanne zornig. »Du lebst nicht in irgendeinem weltweiten Computernetz, sondern auf dem Planeten Erde. In einem *Dorf*. Ich nehme am dörflichen Leben teil, und solange kannst du wenigstens auf unsere Tochter aufpassen.«

Craig sah drein wie ein geprügelter Hund und ließ Flo mit ihren dicken Händchen Suzanne nachwinken, als sie über die Straße Megs Cottage ansteuerte. Sie brauchte gar nicht lange zu klopfen. Meg kam bereits mit einem überwältigenden Schokoladenkuchen heraus.

»Wie fantastisch«, begeisterte sich Suzanne, die genau wusste, dass sie nie ein solches Prachtstück hingekriegt hätte.

»Ich habe einen mit Schokolade gemacht, weil die immer als Erstes weggehen«, vertraute Meg ihr an. »Es wundert mich, dass Leute überhaupt noch diese Früchtekuchen backen, wo doch kein Mensch die Dinger mag. Wären Sie ein Schatz und würden mich heute Nachmittag in Ihrem schicken Auto auf den Jahrmarkt mitnehmen?«

»Aber gern«, willigte Suzanne ein.

In der Stadthalle von Wilby herrschte reges Treiben, als Suzanne eintraf. An einem Stand gab es gebrauchte Bücher, am nächsten Bastelarbeiten. Der Kuchenstand befand sich neben dem Kaffee- und Tee-Ausschank. Am anderen Ende, neben einem Wandgemälde zum Gedenken an den Ersten Weltkrieg, wurde die Preisverleihung für die besten Naturprodukte und Backwaren sowie die schönsten Blütenstecke vorbereitet.

Suzanne gab den Kuchen ab und schlenderte umher. Sie genoss jeden einzelnen Moment. Ihr Großvater, der sich nicht besonders mit ihrer Großmutter verstanden hatte, hatte sich in seinen Schrebergarten zurückgezogen und riesige Kürbisse gezogen. Sie musste lachen, als sie daran dachte, wie ihre Großmutter gemäkelt hatte, sie würden nicht so gut schmecken wie die kleinen. Aber schließlich war Großmutter schon immer eine Miesmacherin gewesen. Nun spazierte sie an dem erstaunlichen Angebot von überdimensionalen Zwiebeln, gigantischen Lauchstangen und enormen Karotten vorüber, die allesamt dalagen wie ein mundgerechter Imbiss für einen Riesen.

Daneben gab es einen Stand mit Blumenarrangements. Dicke, buschige, altmodische Rosen verströmten ihren schweren Duft und wetteiferten mit blassrosafarbenen Gartenwicken um die Wirkung. Eine ganze Vase voller delftblauem Rittersporn stand in stolzer Erwartung ganz hinten, direkt neben einem hübschen Krug mit rosafarbenem und weißem Rittersporn einer anderen Sorte. Suzanne wäre es schwer gefallen, sich zwischen beiden zu entscheiden. Es gab doch nichts Herrlicheres als Blumen aus einem englischen Bauerngarten.

Und dann die Kuchen. In drei Reihen präsentierten sich ungefähr zwanzig Stück: leckere Sahnetorten, perfekte Schokoladenkreationen und Früchtekuchen voller Dörrobst, verziert mit kandierten Kirschen.

»Ich schätze, diese Mrs. Beeson wird wieder sämtliche Preise kassieren, wie üblich«, flüsterte eine junge Mutter, die sich auf einen Buggy stützte, einer anderen zu. Suzanne hätte sich ihr beinahe vorgestellt. Das Baby war nicht viel älter als Flo, aber die beiden schienen zu sehr ins Gespräch vertieft. Komisch, dass Suzanne sich zwar ohne weiteres bei einer Besprechung in den Vordergrund spielen konnte, aber sich hier unbegreiflich gehemmt fühlte. Vielleicht war sie einfach nicht ganz überzeugt davon, willkommen zu sein. Pendler, das wusste sie, wurden von den Einheimischen irgendwo zwischen Hausbesetzern und ständig abwesenden Gutsherren eingestuft.

Am anderen Ende der Halle kam ein älterer Herr mit einer Stoffmütze herein, der einen riesigen Busch Dahlien im Arm hatte; alle stürmten auf ihn zu und ließen Suzanne mit den gebrauchten Büchern allein. Sie tat so, als sähe sie sie durch und schlich sich dann unauffällig davon. Vielleicht würde ihr die junge Frau am Nachmittag wieder begegnen.

Um Punkt Viertel nach zwei stand Meg in einem geblümten Zweiteiler aus Baumwolle am Tor ihres Häuschens, eine große, gestreifte Einkaufstasche überm Arm. »Ich habe versprochen, Tom Lauch mitzubringen. Er liebt Lauch – klein geschnitten und in Butter gedünstet.«

Suzanne öffnete die Wagentür, und Meg sah sich zur kleinen Flo um und fasste sie zärtlich am Kinn. Dann setzte sie sich, legte den Sicherheitsgurt an und wandte sich Suzanne zu. «Könnten wir das Verdeck aufmachen? Ich würde ja so gern das Gesicht von Mrs. Beeson sehen, wenn ich in diesem Auto auftauche.«

Doch Mrs. Beeson ließ sich nirgends blicken. Beide Seiten der schmalen Straße waren restlos zugeparkt, und Suzanne tat es Leid, dass Meg so weit laufen musste. Aber der Anblick, der sich ihnen in der Halle bot, heiterte sie beide auf. Es wimmelte von Besuchern, und die Geschäfte gingen offenbar glänzend. Meg kaufte ihren Lauch und Suzanne Zitronenkonfitüre. Neben ihnen füllte eine weißhaarige Dame ihren Korb mit Unmengen von süß-sauer eingelegtem Gemüse und Chutney.

»Das ist Dotty Teale«, flüsterte Meg. »Sie hat ihre Weihnachtsgeschenke immer schon gern im September beisammen.«

Suzanne lächelte jeden an, der Meg begrüßte, als sie sich

zum Teeausschank durchdrängten. Mit Meg hier zu sein unterschied sich völlig von ihren vorherigen Begegnungen mit den Dorfbewohnern.

Und dann war der Zeitpunkt für die Preisverleihung gekommen. Suzanne wollte Flo eigentlich dafür aus dem Tragesack nehmen, aber sie schlief wie ein Engel.

Der Vorsitzende der Jungbauern verkündete den Sieger und zweiten Sieger des Preises für das beste Naturprodukt. Lauter Jubel ertönte, als der Mann mit der Stoffmütze sowohl für seine Dahlien als auch seinen Kürbis den ersten Preis entgegennahm.

»Der hat die Erde im Blut, dieser Bert Wills«, raunte Meg ihr zu.

Als nächstes wurden Blumenarrangements gekürt. Diesen Preis trug eine junge Frau für ihre Wicken davon. »Meine Lieblingsblumen«, flüsterte Suzanne.

»Meine auch«, sagte Meg. »Aber es ist eine Heidenarbeit, sie zu ziehen.«

»Und jetzt«, tönte der Vorsitzende, »unser beliebtester Wettbewerb: die Kuchenprämierung! Der dritte Preis geht an Judy Minns für ihre Sahnetorte, der zweite Preis an Linda Beeson für ihren Zitronenkuchen.« Mrs. Beeson sah ihn entgeistert an. »Und der erste Preis...« Er machte eine Kunstpause, als hätte er die nächste Miss World anzukündigen, »...geht an Suzanne Ridley für ihren sagenhaften Schokoladentraum!«

Aller Augen in dem überfüllten Raum waren neugierig auf sie gerichtet. Die furchterregende Mrs. Beeson durchbohrte sie mit Blicken. Suzanne erstarrte. Sie konnte zwar Verhandlungen mit multinationalen Konzernen führen und aggressiven Industriekapitänen standhalten, doch das hier überstieg ihre Kräfte. Wenn sie den Preis annahm, täte sie dies unter Vorspiegelung falscher Tatsachen und beleidigte außerdem Mrs. Beeson tödlich. Aber wenn sie die Wahrheit sagte, stünde sie bis auf die Knochen blamiert da.

Sie spürte, wie eine Hand in ihrem Rücken sie unerbittlich Richtung Podium schob. Es war Meg. Wie betäubt folgte sie dem Druck und nahm willenlos Aufstellung vor dem Vorsitzenden der Jungbauern von Wilby. »Sehr erfreulich«, murmelte er mit einem scharfen Blick auf Mrs. Beeson, »wenn der Preis einmal an ein neues Gesicht geht.«

Suzanne schüttelte ihm die Hand und wandte sich ans Publikum. »Ich fühle mich ungemein geehrt, aber leider ist mir ein Irrtum unterlaufen. Eigentlich wollte ich nur einen Kuchen für den Stand stiften, nicht an einem Wettbewerb teilnehmen. Am Herd bin ich nämlich eine Niete, müssen Sie wissen. Meg Spinks, meine liebe Nachbarin, hat den Kuchen gebacken, daher finde ich, Sie sollten den Preis...«

»...der Zweitplatzierten geben«, unterbrach sie ein Mann, der offenbar Mrs. Beesons Gatte war. »Prima Auftritt!«

Mrs. Beeson strahlte übers ganze Gesicht und machte bereits Anstalten, aufs Podium zu steigen; also blieb Suzanne nichts anders übrig, als ihr die Bandschleife zu überlassen.

»Keine Sorge, meine Liebe«, zischte ihr die grässliche Mrs. Beeson so laut zu, dass es sämtliche Umstehenden hörten, »ich habe ein idiotensicheres Rezept, das ich Ihnen fürs nächste Mal vorbeibringe. Sogar ein Schimpanse könnte es nachbacken. Na, ich hoffe, Sie treten bald unserem Verband junger Landfrauen bei!«

Hinter Mrs. Beesons Rücken konnte Suzanne sehen, wie Meg den Kopf schüttelte und den Blick gen Himmel schlug. Suzanne nickte der herrischen Siegerin kurz zu und wandte sich ab. Eigentlich brauchte sie gar keine neuen Freundinnen. Meg Spinks böte genug Anregungen, um sie bei Laune zu halten.

Der perfekte Badeanzug

»Kommen Sie Lady – warum sollen nur die jungen Mädchen schön sein und Zöpfe haben?« Die lachende Westinderin, die ihren Kundinnen in einer Bude unter den Palmen kunstvolle Zopffrisuren flocht, zwinkerte Grace unverschämt zu. Grace blieb einen Moment stehen, um den flinken, geschickten Händen zuzusehen, die das Haar schneller zu Zöpfen spannen als Rumpelstilzchen Stroh zu Gold. Drehen, drehen, ziehen, drehen, drehen, ziehen. Danach die Perlen. Erst weiße, dann blaue. Zuletzt ein Streifen Silberpapier um die Strähnen, um sie an Ort und Stelle zu halten, und siehe da – Bo Derek lebt.

»Fünf Dollar für jeden Zopf«, lockte die junge Frau sie. »Hundert für den ganzen Kopf.« Sie klopfte auf den gerade erst frei gewordenen Stuhl am Strand; der strahlend blaue Ozean war nur einige Meter entfernt.

»Mach dich nicht lächerlich, Grace«, warnte ihre Schwester June. »Du würdest nur aussehen wie eine alte Kuh, die sich als Kälbchen verkleidet hat. Außerdem –« Junes Tonfall bohrte sich durch ihre Phantasien wie ein Spieß ins Satay –, »hundert Dollar würden hier eine ganze Familie ernähren.«

Natürlich hatte June Recht. Sich Perlen ins Haar flechten zu lassen wäre albern und eine reine Geldverschwendung obendrein. Ihre ältere Schwester hatte von jeher, selbst in ihrer Kindheit, die Selbstsicherheit besessen, die Grace fehlte. Grace folgte demütig der Vernunft ihrer Schwester. Sie selbst war knapp vierzig, übergewichtig und in allem unsicher, nur eins wusste sie mit Gewissheit: Sie musste viel selbstbewusster auftreten.

Sie schaute sich um und erfasste mit einem Blick den weißen Strand, die Sonnenschirme aus Kokosfasern, die Palmen, welche die Stufen zum Pool säumten. Überall schöne Menschen, makellose Körper. Alles war so schillernd und luxuriös, dass sie sich fühlte wie ein Elefant, der versehentlich unter die Anwärterinnen in einer Miss-World-Wahl geraten war. Grace hatte, bevor sie hier angekommen war, nicht einmal gewusst, was Resort Wear war. Die Frauen – größtenteils reiche Amerikanerinnen – hatten ihre gleichmäßig zu einem Karamellton gebräunten Körper dekorativ auf die Sonnenliegen drapiert. Sie trugen Badeanzüge mit Goldflitter, winzige Sarongs und farblich auf die Badekleidung abgestimmte Ohrringe. Grace fragte sich, was wohl passieren würde, wenn sie sich je ins Wasser wagten – würden sie untergehen wie kostbare Steine und von dem Gewicht der hübschen Designerklamotten auf den himmelblauen Boden des Pools gezogen werden? Aber keine von ihnen schien geneigt, dieses Risiko auf sich zu nehmen. Der kleinste Wasserspritzer verursachte eine Woge der Entrüstung und hektisches Hantieren mit dem Handtuch.

Mit ihrem sechsten Sinn für solche Dinge entdeckte ihre Schwester June, dass eine Sonnenliege frei wurde, und steuerte sie mit diskreter Entschlossenheit an. Die Sonnenliegen waren hier genauso heiß umkämpft wie in den weniger kostspieligen Ferienanlagen. Nur wurden sie hier nicht mit Marks & Spencer-, sondern Christian-Dior-Badetüchern reserviert. Ohne darauf zu achten, dass Grace keine Liege ergattert hatte, räumte June ihre riesige Badetasche aus: Sonnenschutzcreme Faktor 4, ein Roman (den sie sicher nicht aufschlagen würde, weil Lesen einen weißen Streifen am Hals hinterließ), Sonnenbrille, Zimmerschlüssel. June brachte ihren diätgeformten, fitnessstudiogestählten Körper in perfekter Symmetrie zur Sonne in Stellung. Unglücklicherweise blockierte Grace ein oder zwei Strahlen.

»Grace, um Himmels willen, such dir eine Liege.«

Grace hätte sich liebend gern in die Sonne gelegt und den Kuss der warmen Strahlen auf ihrer winterbleichen Haut gespürt. Da gab es nur ein kleines Problem: den passenden Badeanzug. Als ihre Schwester vor zwei Tagen angerufen und sie eingeladen hatte, statt der Freundin, die plötzlich krank geworden war, mit ihr hierher zu kommen, war Grace das Wörtchen »ja« ziemlich leise über die Lippen gekommen. Die anschließende Suche nach einem passenden Badeanzug in Bournemouth mitten im Januar erinnerte in ihrer Vergeblichkeit an eine Suche des Heiligen Grals in Debenhams. Nur Winterpullover lagen in den Schaufenstern. Und der Badeanzug, den sie zu Hause hatte, war eine wahrhaft traurige Angelegenheit mit gelbbraunem Sonnenblumenmuster. Er stammte aus den fünfziger Jahren und wurde von einem kleinen Röckchen aus Rüschen geziert. Grace hatte ihn damals wegen seines nostalgischen Charmes erstanden. Jetzt sah sie, dass nichts an ihm charmant war und schon gar nicht der nostalgische Einschlag.

Also blieb Grace im Schatten, wie eine englische Rose, die es vorzieht, ihre Blütenblätter geschlossen zu halten. Doch nach einer Weile übermannte sie die Neugier, und sie wollte sich hier ein wenig umsehen. Swimmingpools waren überall gleich. Sie war nicht um den halben Erdball geflogen, um in Chlorwasser zu starren. »Ich werde ein bisschen spazieren gehen und mir die Gegend ansehen.«

Abseits der aufgereihten Körper in perfekten Badeanzügen fühlte sich Grace besser. Sie wanderte über den Hügel mit den weiß getünchten Bungalows mit den Hotelzimmern, atmete tief den schweren Jasminduft ein, bewunderte die purpurroten Bougainvilleen und war für einen Augenblick versucht, sich eine Hibiskusblüte, so etwas wie die Nationalblume der Insel, hinters Ohr zu stecken. Nur Zentimeter entfernt flatterte ein summender Vogel wie ein winziger Ventilator und tauchte seinen übergroßen Schnabel in eine Blüte. Grace beobachtete ihn hingerissen. Ein Mädchen in gestreiftem Kleid lächelte ihr zu. Offenbar war sie glücklich, obwohl sie wahrscheinlich einen Zwölf-Stunden-Arbeitstag und etliche Kinder hatte, die zu Hause auf sie warteten. Das Mädchen beschämte Grace, und plötzlich wusste sie ihre eigene Freiheit zu schätzen. Das hier war wirklich ein Paradies. Solange sie nur dem Pool fernblieb.

Es war später Morgen, und Grace spürte, wie die Sonne ihre Schultern wärmte und ein Schweißtropfen über ihren Rücken lief. Sie sollte eine Sonnencreme mit höherem Schutzfaktor benutzen, sonst sah sie bald nicht mehr wie ein Wal, sondern wie ein Hummer aus.

Der Hotelshop, dessen Geschäftsführer wusste, dass die Gäste den Hotelbetrieb so gut wie nie verließen, bot nicht nur Sonnenschutzmittel aller Art, sondern auch Sarongs, Shorts, Souvenirs und – Graces Herz schlug ein bisschen schneller bei dem Anblick – Badeanzüge. Natürlich. Sie hätte wissen müssen, dass sie hier so etwas verkauften.

Und dann sah sie ihn. Er hing im Schaufenster und wartete auf sie. Der perfekte Badeanzug. Er war mitternachtsblau. Marineblau wäre die falsche Beschreibung – das beschwor Visionen an Schulmädchen-Schlüpfer herauf. Dieser Farbton war sinnlicher, raffinierter. Es war die Farbe des Meeres bei Nacht. Nur wenige Schattierungen von Schwarz entfernt, verführerisch, stilvoll. Den hohen Ausschnitt zierte ein Spitzeneinsatz, der ein Stück – aber nicht zu viel – vom Spalt zwischen den Brüsten erahnen ließ. Brüste, das war etwas, was Grace im Überfluss hatte, in peinlichem Überfluss – genug, dass erwachsene Männer dazwischen untertauchen konnten. Die Spitze wäre beides, verschleiernd und aufreizend zugleich.

Grace hielt den Atem an. *Bitte, mach, dass sie ihn in meiner Größe haben,* betete sie, als sie aufgeregt die Ladentür aufstieß. Ihr blieb das Herz stehen. Nur wenige Meter weiter standen zwei Frauen. Die ältere, die etwa Graces Jahrgang sein musste, war die Inkarnation jenes Typs, für den

Hotelanlagen wie diese geschaffen worden waren. Konfektionsgröße 38 mit tadellos sitzendem Badeanzug, Sonnenbrille und Ohrringen so groß wie das Ritz. Neben ihr ein Mädchen von ungefähr zwanzig, sehr hübsch, aber extrem füllig. Und sie fragte nach dem Badeanzug, den Grace für sich ausgesucht hatte.

»Bitte, Ma, darf ich ihn anprobieren?«, flehte das Mädchen.

»Mach dich nicht lächerlich«, versetzte die Mutter bissig. »Der passt dir niemals.«

Schamesröte glühte auf den hübschen, in Fett gebetteten Gesichtszügen, und das Mädchen mied Graces Blick.

Grace schreckte vor dem Kontakt zwischen den beiden Frauen zurück. Es war schon schlimm genug, dick zu sein. Noch schlimmer aber war, dick zu sein und eine Mutter zu haben, die aussah wie Audrey Hepburn nach einer Woche bei den Weight Watchers. Sah die Mutter denn nicht, dass da ein Zusammenhang bestand? Grace empfand den Schmerz der Tochter so intensiv, dass sie das Mädchen nicht ansehen konnte.

Erst nachdem sie gegangen waren, nahm Grace den Badeanzug und verschwand damit in der winzigen Kabine. Auf dem schützenden Plastikstreifen im Schritt stand, dass man bei der Anprobe die Unterwäsche anbehalten sollte. Wozu war dann der Plastikstreifen gut? Grace zog ihre Unterwäsche aus.

Der Badeanzug passte. Sogar Grace sah darin aus, als hätte sie einen rechtmäßigen Platz am Pool verdient.

Aber ihr verging die Freude, wenn sie sich an das sehnsüchtige Gesicht des Mädchens erinnerte. Stattdessen empfand sie lodernden Zorn. Wie konnten sie es wagen, diese Dürren? Menschen wie ihre Schwester June und die Mutter dieses Mädchens. Wieso bildeten sich die Schlanken ein, ihnen allein gehöre die Welt?

Grace zog sich wieder an und hängte den Badeanzug

zurück. Sie würde bei ihren Sonnenblumen bleiben – zum Teufel mit den Dünnen!

Plötzlich kam ihr eine Idee.

Sie lächelte, als sie über ihren Einfall nachdachte und ihn nach einigem Hin und Her schließlich für gut befand.

Es war nicht schwer, ihre Zimmernummer herauszubekommen. Sie stand praktisch daneben, als die Mutter einen Bananen-Daiquiri an der überdachten Bar bestellte. »Zimmer 33«, verkündete die Mutter in einem Tonfall, mit dem sie auch die Welt beherrschen konnte.

»Du siehst sehr selbstzufrieden aus«, befand June, als sie sich fürs Abendessen umzogen. Heute störte Grace nicht einmal mehr der krasse Unterschied zwischen Junes teurem Outfit und ihren eigenen Sachen aus dem Warenhaus. Sie strahlte wie eine Heilige kurz vor der Kanonisierung. Die überirdische Aura beunruhigte June. Als die ältere, wohlhabendere und natürlich schlankere Schwester war sie daran gewöhnt, die Sonnenseiten des Lebens für sich zu beanspruchen. »Was ist los mit dir? Hast du dir ein paar Cocktails hinter die Binde gekippt?«

Grace lachte und ließ sich nicht irritieren. »Nein. Ich habe nur erkannt, wie wunderschön es hier ist. Danke, dass du mich mitgenommen hast.«

Das besänftigte June. In Wahrheit war es ihr schlicht zuwider gewesen, allein in Urlaub zu fahren. Ihr Selbstbewusstsein war bei weitem nicht so groß, wie sie immer tat. »Ich danke, dass du meine Einladung angenommen hast, Gracie. Es ist viel lustiger mit dir zusammen. Komm, gehen wir zum Dinner.«

Das Essen war köstlich, aber nicht so köstlich wie das Frühstück am nächsten Morgen. Grace hatte den Eindruck, dass man nichts, aber auch gar nichts ausgelassen hatte: frische Ananas, Melonenstücke und Mangos neben Jogurt und Müsli für die Gesundheitsbewussten (aber wer blieb schon gesundheitsbewusst bei einem derart üppigen Buffet?)

Neben dem Obst waren Platten mit knusprigem amerikanischem Speck, Spiegeleiern, Hackfleischbällchen, zarten Würstchen, lockeren Pfannkuchen und französischem Toast mit Ahornsirup aufgebaut. Aber heute war Grace viel zu nervös, um mehr als nur ein Stück Wassermelone hinunterzubekommen. Sie wartete auf *sie*. Aber sie hatten sich gestern beim Dinner schon nicht blicken lassen, und die Frühstückszeit war fast zu Ende. Vielleicht waren sie abgereist. Grace wurde noch nervöser, denn jetzt musste sie womöglich losziehen und nachfragen. Daher bediente sie sich lieber noch einmal am Buffet.

»Heute bist du wieder mehr du selbst«, stellte June mit unverhohlener Erleichterung fest. »Gestern warst du wirklich eigenartig.«

»Tatsächlich?« Grace faltete die gestärkte Leinenserviette zusammen. »Ich denke, ich werde gleich mal eine Sonnenliege besetzen, ehe die Couture-Brigade anrückt und uns alle wegschnappt.«

Sie entschied sich für zwei Liegen im Schatten der wogenden Palmen, machte es sich in ihrem Sonnenblumenbadeanzug bequem und versuchte, in ihrem Buch zu lesen.

Zu Mittag war es offensichtlich, dass sie nicht mehr kommen würden. Das sollte sie lehren, noch einmal Gott spielen zu wollen. Auch den Dicken gehörte nicht die Welt. Die Enttäuschung verdüsterte ihr den schönen Tag. Grace hievte sich auf die Füße, tauchte in den Pool und öffnete in der blauen, leeren Tiefe die Augen. Schon als Kind hatte sie ein erstaunliches Talent im Wasser bewiesen. Ein nutzloses Talent wie die meisten, die sie besaß.

Sie durchschwamm drei ganze Längen und tauchte nur fünf oder sechs Mal auf, um Luft zu holen. Wie ein Seehund, hörte sie June beinahe sagen. Sie stellte sich vor, wie June und die vornehme Mutter dieses Mädchens die Köpfe zusammensteckten, lachten und sich Geschichten über ihre hoffnungslose, dicke Verwandtschaft erzählten.

Als sie wieder auftauchte, schluckte sie vor Schreck ein paar Mund voll Wasser und prustete. Die Mutter saß an der überdachten Bar und plauderte mit dem überschwänglichen Wasserskilehrer. Hin und wieder nippte sie an ihrem Bananen-Daiquiri und schaute auf die Uhr. »Wo, um alles in der Welt, treibt sich dieses Kind herum?«, fragte sie böse.

Grace hielt den Atem an. Am anderen Ende des Pools erschien das Mädchen. Erst kam sie zaudernd näher, dann wurde sie allmählich zuversichtlicher. Sie ging langsam auf die Bar zu – in ihrem neuen mitternachtsblauen Badeanzug.

Sie war noch immer sehr füllig, daran bestand kein Zweifel, aber im strahlenden Sonnenlicht schimmerte ihre Haut golden, und ihr Haar, das nicht wie sonst hoch gesteckt war, umflutete sie wie ein dunstiger Wasserfall.

Zu Graces Freude öffneten sogar ein paar Sonnenbadende die Augen, um dem Mädchen nachzusehen, und der Barmann, der zu diskret war, um etwas zu sagen, lächelte, während er einen Drink mixte.

Die Mutter sah das Mädchen an, als wäre es gerade einer fliegenden Untertasse entstiegen. »Gütiger Himmel, woher hast du diesen Badeanzug?«

»Er wurde mir in einer Schachtel aufs Zimmer geliefert... Ich dachte, du hättest deine Meinung geändert, und er wäre von dir. Wie sehe ich aus?«

Ihre Mutter zögerte und versuchte sich an den neuen Anblick zu gewöhnen. Sie stieg von ihrem Barhocker. Neben ihrer sonnengebräunten Tochter erinnerte sie Grace an eine Dörrpflaume.

»Ganz gut, denke ich. Du hast heute das Frühstück verpasst.«

»Ja. Ich dachte, ich könnte es ein bisschen langsamer angehen lassen.«

»Das predige ich dir schon seit Jahren.«

»Vielleicht wollte ich die Predigten nicht hören. Vielleicht musste ich diese Entscheidung selbst treffen.«

Ihre Mutter sah sie an, als käme sie wirklich von einem anderen Planeten.

Grace lächelte und entfernte sich vom Pool. Auf dem Weg kam sie an ihrer Schwester June vorbei, die in der Sonne röstete. »Sei ein Schatz, Gracie, und bestell mir einen Rumpunsch und dir, was immer du willst, ja?«

Grace schüttelte den Kopf. »Ich gehe an den Strand, um mir Zöpfe flechten zu lassen. Ich glaube, die würden mir richtig gut stehen.«

Ein sehr romantisches Wochenende

Alle rieten das Gleiche. Ihre Mutter. Die Psychologinnen im Fernsehen. Sogar Barbara Cartland. Wie kam sie also dazu, sich gegen eine solche Übermacht an Fachwissen zu stemmen? Es war höchste Zeit, dass sie wieder ein Geschlechtsleben führten.

Eine Ehe ohne Sex, behauptete ihre Mutter, ist wie ein Auto ohne Castrol. Sie läuft sich tot. Maia hoffte nur, sie würde nicht auch noch Witze über regelmäßigen Kundendienst reißen, aber Maias Mutter hatte keinen Humor. Nur Pflichtgefühl. Deshalb wies sie ihre Tochter auch ständig darauf hin, dass sie allmählich wieder mit ihrem Mann schlafen sollte. Es spielte auch keine Rolle, dass sich Maia mit drei Kindern unter fünf in etwa so sexy fühlte wie eine Unfallschwester nach der Stoßzeit. Offenbar war sie es Paul schuldig. Und es traf auf jeden Fall zu, dass Paul jetzt, seit das Baby in seinem eigenen Bettchen schlief, ein Funkeln in den Augen hatte, das Maia geflissentlich zu ignorieren versuchte. Neuerdings zog sie sich sogar im Bad aus, falls ihn der Anblick ihres Körpers – mein Gott, er muss völlig ausgehungert sein, aber schließlich sind bei Nacht alle Frauen hübsch – ihn womöglich erregen sollte.

Eine Kurzreise, so hatte ihre Mutter beschlossen, täte ihnen gut – nur ein verlängertes Wochenende. Sie würde auf die Kinder aufpassen, diese Ausrede fiel also weg. Momentan sehnte sich Maia nach der Art von Mutter, die zu alt oder zu gebrechlich war, um sich um drei kleine, ausgelassene Kinder zu kümmern. Trotzdem gab sie gnädig nach.

»Wir könnten mit dem Eurostar nach Paris fahren«,

schlug Maia Paul vor, der soeben wundersamerweise fünf Minuten, nachdem sie ihre Älteste ins Bett gebracht hatte, von der Arbeit gekommen war. Manchmal hatte sie ihn im Verdacht, dass er in der Einfahrt im Auto sitzen blieb und wartete, bis das Licht in den Kinderzimmern ausging – aber dann schalt sie sich für ihre Bosheit. Er mochte zwar nicht der progressivste aller Männer sein, aber er liebte seine Schätze, selbst wenn er sie nur zehn Minuten täglich zu Gesicht bekam. »Wir könnten uns in der Nähe von Notre-Dame ein billiges Hotel suchen.« In Gedanken schweifte sie ab zu Esmeralda und dem Buckligen, vielleicht nicht die glücklichste aller romantischen Vorstellungen.

Am nächsten Tag kam er mit Prospekten nach Hause. »Man muss unbedingt erster Klasse fahren«, verkündete er, indem er einen Kollegen nachäffte, »und gleich beim Arc de Triomphe gibt's ein sagenhaft romantisches Hotel.«

Es war natürlich alles zu teuer, jetzt, wo sie von nur einem Einkommen lebten. Sie würden in England bleiben müssen.

Es gab eine eigene Branche für romantische Kurzreisen, stellte Maia fest. Kurzreisen für Verliebte, Kurzreisen als zweite Hochzeitsreise, Kurzreisen für die zweite Ehe, und wenn man sich wirklich finanziell verausgaben wollte, gab es auch Kurzreisen für betuchte Ehebrüchige. Aber Maia war Individualistin. Sie wollte selbst planen, wie sie ihr Sexualleben wieder in Schwung bringen konnte.

Schließlich fand sie den idealen Ort. Charlesworth Manor, nur eine Stunde entfernt von ihnen, war ein kleines Hotel, das sich zu Preisen, die selbst sie sich leisten konnten, auf Gourmetküche spezialisiert hatte.

An einem Samstagmorgen fuhren sie mit Unruhe im Herzen und weichen Knien ab, nachdem sich drei kleine Händepaare jämmerlich an ihnen festgeklammert hatten. »Die sind im Handumdrehen wieder vergnügt«, verkündete ihre Mutter mit der verständnisvollen Zärtlichkeit eines Feldwebels. »Oder nicht, ihr Schätzchen?«

Als sie die Autobahn erreicht hatten, war Maia eingeschlafen und die Landkarte zu Boden gefallen. Alles zu packen, was sie und Paul brauchten, von Wanderschuhen bis hin zu Höschen mit offenem Schritt (die konnte sie immer noch als Teehaube verwenden, wenn alles fehlschlug) und dafür zu sorgen, dass die Kinder Kleidung anhatten, die sauber genug war, um dem strengen Blick ihrer Mutter standzuhalten, hatte sie restlos erschöpft. Dass sie nun beim Kartenlesen ausfiel, ärgerte Paul, aber zumindest war damit ihr gewohnter Streit über Maias Anweisungen abgewendet. Paul fand den Weg, ohne sich ein einziges Mal zu verfahren und fühlte sich auf merkwürdige Weise betrogen.

Bei dräuender Stille wachte Maia auf, als der Wagen anhielt. Vor ihnen lag Charlesworth Manor, nicht, wie sie es sich in Gedanken ausgemalt hatte: ein altes Gemäuer, das mit Kletterpflanzen bewachsen war und vor einer laubbedeckten Wiese stand, die sanft zu einem See hin abfiel – sondern ein moderner Bau aus gelbem Backstein, ein Albtraum von preiswürdiger Hässlichkeit.

»Die Zimmer sahen im Prospekt aber hübsch aus«, verteidigte Maia sich, die nun begriff, weshalb das Äußere nicht abgebildet gewesen war. Schweigend nahmen sie ihre Koffer heraus und dachten beide an Paris und seine kleinen, aber charmanten Hotels.

»Möchten Sie Mittagessen, Sir?«, fragte die Pseudo-Hostess an der Rezeption.

Paul schmunzelte verschlagen. »Ich glaube, wir hätten lieber ein paar Sandwiches und eine Flasche Wein aufs Zimmer.« Er zwinkerte Maia zu, der vor Erleichterung darüber, dass er es so gut verkraftete, ganz schwindlig war.

»Tut mir Leid, Sir«, sagte die Empfangsdame, hörte sich aber gar nicht danach an. »Wir haben keinen Zimmerservice. Sie können an der Bar Sandwiches bekommen oder im Restaurant essen.«

Trübsinnig trotteten sie hinauf zu ihrem Zimmer. Es war

ganz hübsch oder wäre es vielmehr gewesen, wenn die Aussicht nicht auf dem Parkplatz hinausgegangen wäre. Maia zog die Vorhänge zu. »Wo möchtest du gern zu Mittag essen?« Paul brauchte regelmäßige Mahlzeiten, denn er bekam schlechte Laune, wenn er Hunger hatte.

Er gab ihr keine Antwort. Maias Mut sank in die neuen modisch-rustikalen Stiefel, die sie sich extra bei Marks & Spencer gekauft hatte. Das fing ja gut an.

Als hätte auch er gespürt, dass Unheil in der Luft lag, sprang Paul auf und legte die Arme um sie. »Lass uns aus diesem Gruselkabinett verschwinden und ins Pub gehen. Hier gibt's ein ganz anständiges, wenn ich mich recht erinnere.«

Kichernd rannten sie durch die Hotelhalle. »Sie kommen doch zum Abendessen, oder, Sir?«, rief die Dame an der Rezeption. »Es fängt pünktlich an – um acht Uhr.«

»Was Sie nicht sagen«, murmelte Paul leise. »Sie haben aber eine Ausschanklizenz, oder?« Bei ihrem Glück könnten sie noch in einem Abstinenzlerhotel gelandet sein.

»Natürlich, Sir.«

Das Pub war überfüllt und heimelig. Es wimmelte von fröhlichen Samstagmittag-Zechern, im Kamin loderte ein Feuer, und es roch nach Apfelholz.

Mein Gott, dachte Maia, ich kann mich nicht erinnern, wann ich überhaupt das letzte Mal in einem Pub gewesen bin. Genau wie lange Sonntagmorgen mit der Zeitung im Bett oder Klamottenkaufen mit der besten Freundin waren Pubbesuche Erinnerungen aus der Vergangenheit. Während Paul die Getränke holte, wehrte sie den plötzlichen Drang ab, zu Hause anzurufen, um sich zu vergewissern, ob alles in Ordnung war.

Paul kehrte mit einem Pint des einheimischen Bitter und einem trockenen Cider für sie zurück. »Ein ganzes Pint!«, empörte sich Maia lachend.

»Komm bloß nicht auf die Idee, dass ich versuche, deine Hemmungen abzubauen«, sagte er grinsend.

»O Sir Jasper, verspottet mich nicht«, säuselte sie zurück und spürte einen Anflug von Lust beim Gedanken an einen heiteren Nachmittag im Bett. War das sexuelle Erregung gewesen? Wie erstaunlich!

Eine Stunde später, nachdem sie sich gemeinsam an einer Steak-und-Nieren-Pastete satt gegessen und jeder noch ein zweites Pint getrunken hatte, machten sie sich kichernd auf den Rückweg zum Hotel. Ihre Lust stieg mit der beschwingenden Mischung aus Cider, Zuneigung und dem Wunsch, ihre Kurzreise, die 55,50 Pfund gekostet hatte, möglichst voll auszunutzen.

»Ich gehe nur noch schnell ins Bad«, flüsterte Maia verführerisch. Sie kramte in ihrem Kosmetikkoffer, bis sie ihre Portiokappe fand und beugte sich dann hinab, um sie einzusetzen. Das Ding hüpfte ihr aus der Hand wie ein schlüpfriger Frosch und fiel in die Badewanne. Maia prustete los und fischte die Kappe heraus. Diesmal ging sie ohne weiteres hinein. Sie wollte bei dieser Gelegenheit Sex nicht mit Fortpflanzung verwechseln. Drei reichten wirklich.

Rasch putzte sie sich die Zähne, sprühte sich etwas Parfüm in den Ausschnitt und öffnete mit großer Geste die Tür.

Paul lag im Bett, splitternackt und fest eingeschlafen. In der Zimmerecke quasselte das Rugbyspiel im Fernsehen unbekümmert vor sich hin. Sie suchte die Fernbedienung und drückte verärgert darauf. *Sie* war diejenige, die hätte einschlafen müssen. Er ging schließlich nur zur Arbeit und kam zurück, wenn die Luft rein war, Herrgott noch mal! Ärger auf Paul und das ganze männliche Geschlecht wallte in ihr auf wie Marleys Geist, der mit den Ketten seiner Unterdrückung rasselte. Bescheuerter Sex. Sie hatte sich den ganzen Kram ohnehin schon aus dem Kopf geschlagen.

Maia schlüpfte neben ihm unter die Decke. Wie üblich nahm er zwei Drittel des Bettes ein, und ihre einzige Chance bestand darin, ihn hinauszuwerfen oder sich wie ein Löffel in der Besteckschublade an ihn zu schmiegen. So konnte sie nie schlafen. Doch sie irrte sich.

Draußen war es schon dunkel, als sie wieder erwachten. Paul setzte sich auf und sah sich um, einen Moment lang orientierungslos. »Wie viel Uhr ist es? Es ist ja stockfinster draußen.« Er kroch aus dem Bett und suchte seine Uhr. »Allmächtiger! Schon neun.«

Der Gedanke an ihr bereits bezahltes, nicht erstattungsfähiges Vier-Gänge-Menü, das nun verfallen würde, veranlasste sie, sich schneller anzuziehen als ihre Fünfjährige beim Schokoladenessen auf dem Kindergeburtstag.

»Bestimmt haben sie Verständnis für uns«, erklärte Maia in zuversichtlichem Ton, als sie unter dem Bett nach ihrem Schuh angelte.

Das Gesicht des Oberkellners sagte ihnen etwas anderes. »Es tut mir ausgesprochen Leid, Sir...«

»Aber es ist doch erst neun Uhr...«, hakte Simon nach, der eine charmant zerknirschte Miene aufgesetzt hatte.

»Tut mir Leid, Sir. Die Geschäftsleitung macht keine Ausnahmen. Aber Sie können Sandwiches...«

»...in der Bar bekommen. Ja, ich weiß.«

Paul wandte sich zu Maia um. »Sollen wir einfach aufgeben?«

»Und nach Hause fahren, meinst du?« Das Gesicht ihrer Mutter stieg vor ihr auf, ein Abbild der Enttäuschung. Aber andererseits war das Hotel scheußlich. Nicht nur Sex war bescheuert. Auch ihre Mutter war bescheuert, weil sie sie dazu drängen wollte. Sie würden eben noch mal fünf Jahre warten müssen, um den normalen Kundendienst wieder aufzunehmen.

Die Heimfahrt verbrachten sie schweigend und voller Groll. Jeder gab insgeheim dem Anderen die Schuld für den Reinfall, und keiner gestand es ein. Maia glaubte ersticken zu müssen, nicht an den Auspuffgasen, sondern an der Bitterkeit, die das Innere des Autos durchdrang wie Kohlenmonoxid.

Nach wie vor wortlos trugen sie ihr Gepäck ins Haus. Drinnen war es erstaunlich still, aber in einem Haus mit schlafenden Kindern ist es immer stiller als woanders.

Maia zog ihren Mantel aus. Am Fuß der Treppe lag ein Zettel. Sie las ihn laut vor. »Pech gehabt, ihr Lieben! Hier gab es einen Wasserrohrbruch. Darum habe ich die Mädchen bis Montagmorgen mit zu mir genommen. Hoffe, das ist euch recht. Liebe Grüße, Ma.«

»Tja.« Sie spürte Pauls Atem plötzlich heiß an ihrem Hals. »Was fangen wir denn nun mit einer ganzen Nacht und einem ganzen Tag allein zu Hause an?« Auf seiner Miene lag ein diabolisches Grinsen, das sie an die Zeit erinnerte, als sie ihn kennen gelernt hatte. »Entschuldige bitte meine eklige Laune. Eigentlich war es ja alles ziemlich witzig.«

Er hob sie hoch, ignorierte ihre Proteste und begann sie die Treppe hinaufzutragen. »Ich weiß gar nicht, warum wir uns überhaupt die Mühe mit dem Wegfahren gemacht haben. Es geht doch nichts über ein Wochenende im eigenen Heim!«

Heiratet bloß nicht, Mädels!

Brenda legte ihr Buch beiseite und schloss die Augen. Genüsslich streckte sie sich aus, während ihr die Sonne die Haut bräunte und die Seele wärmte. Noch zwölf Tage! Sie konnten noch zwölf Tage den herrlichen Sonnenschein hier auf Zypern genießen, fünf Stunden Charterflug entfernt von England im Februar, dem trostlosesten Monat des ganzen Jahres.

Auf einmal blockierte ein Schatten die Sonnenstrahlen. Er hatte genau die gleichen Maße wie ihr Sohn Mark.

»Mama«, jammerte er. »Mama, ich hab' ja solchen Hunger. Wann gibt's Mittagessen?«

Widerwillig öffnete Brenda die Augen und sah auf die Uhr. »Frühestens in einer Stunde.«

»In einer *Stunde?* Einer ganzen *Stunde?*« Bei Mark klang es, als wäre das Grund genug, den Kinderschutzbund zu verständigen.

»Spiel doch ein bisschen mit meinem Paul«, mischte sich eine Stimme vom nächsten Liegestuhl ein, »und gönn deiner Mama fünf Minuten Ruhe.«

Brenda lächelte die Besitzerin der Stimme dankbar an, obwohl sie mit leichtem Schaudern feststellen musste, dass es die Quasselstrippe war, die im Flugzeug direkt vor ihnen gesessen hatte. Bevor die Maschine in Gatwick abhob, hatte sie mit ihrer Lebensgeschichte begonnen, und als sie in Larnaca landeten, hätte Brenda den Moderator von »Das ist Ihr Leben« instruieren können.

Als sie das Flugzeug verließen, nahm sich Brenda vor, Abstand zu halten. Sie wollte im Urlaub in der Sonne liegen, tagträumen und ihr Ferienbuch lesen. Also bitte!

»Hallo!« Pauls Mutter rückte ihren Liegestuhl ein paar Zentimeter näher. »Ich heiße Janice.«

Brenda plauderte ein Weilchen mit ihr und versuchte nicht darauf zu achten, dass Paul am tiefen Ende des Pools Mark Arschbomben beibrachte. Dann griff sie diskret nach ihrem Buch. Mitten in der ausführlichen Schilderung ihrer katastrophalen ersten Ehe und den Gründen für ihre zweite Scheidung begriff es Janice.

Dankbar schloss Brenda die Augen und gab sich ihrer Lieblingsbeschäftigung am Pool hin: Tagträumen. Sie hatte sich gerade in ihre Phantasiewelt treiben lassen, wo ihr unerklärlicherweise Eddie Kydd – oder war es einer von den Chippendales? – zeigte, wie man das Fleisch aus einer reifen Feige mit bloßen Zähnen herausholt, als eine Stimme in ihr Bewusstsein drang.

»Brenda, Herzchen, ich gehe jetzt in die Stadt. Um wie viel Uhr soll ich denn zum Essen zurück sein?« Es war ihre Schwiegermutter. Eddie ließ die Feige fallen und Brenda schlug die Augen auf.

»In etwa einer Stunde?« Sie bemühte sich, nicht missmutig zu klingen. Schließlich hatten ihre Schwiegereltern den Urlaub mitfinanziert. Aber es wäre nett, wenn sie auch einmal anbieten würde, einkaufen zu gehen, anstatt all diese Aufgaben Brenda erledigen zu lassen. Brenda schloss erneut die Augen. Doch Eddie war wieder auf sein Motorrad gestiegen und verschwunden.

Sie stand auf. Schwimmen wäre schön. So weit weg wie möglich von Paul und Mark und den anderen Rabauken unter zehn, denen nichts Besseres einfiel, als jeden Menschen im Umkreis von zehn Metern nass zu spritzen. Die Ärmsten, sicher langweilten sie sich zu Tode, weil keine alten Damen in der Nähe waren, die sie auf ihren Roller-Blades terrorisieren konnten.

Brenda zog ihren Badeanzug über die füllige Stelle am Oberschenkel und beugte sich vor, um nach der Sonnencreme zu angeln. Ein unerwarteter Klaps auf den Po ließ sie zusammenzucken.

Es war Stuart, ihr Mann.

»Hallo, Schätzchen«, sagte er und drückte liebevoll ihr Bein. »Was gibt's zum Mittagessen?«

»Keine Ahnung.« Plötzlich überfiel Brenda die Vision, wie er und seine Eltern aneinander gefesselt am Grund des Pools lagen, während Eddie Kydd sie in ein Fünf-Sterne-Restaurant ausführte. »Ich war noch nicht einkaufen.«

Stuart sah auf die Uhr. »Dann beeil dich lieber. Der Supermarkt macht in zehn Minuten zu.«

Brenda machte wieder die Augen zu und spürte Janices Blick auf sich. Bestimmt hatte sie jedes Wort mitgehört. Im Kühlschrank ihrer Ferienwohnung befand sich kein Gefrierfach – ein bewusster Schachzug der Direktion, damit die Gäste in der Cafeteria der Anlage aßen. Aber da kannten sie Stuart und seine Eltern schlecht.

Weil der Supermarkt um die Mittagszeit regelmäßig drei Stunden schloss, konnte sie sich eine entspannende Runde Schwimmen aus dem Kopf schlagen. Indem sie gezielt den Blick von dem verlockenden blauen Wasser abwandte, griff sie nach ihrem Hängerkleid, das laut Etikett dazu gedacht war, seine Trägerin zu tropischen Ozeanen und luxuriösen Swimmingpools zu begleiten. Von Schufterei an einer unzuverlässigen Kochstelle mit Flaschengas war nicht die Rede. Brenda seufzte.

»Das sollten Sie sich nicht von ihm gefallen lassen, wissen Sie.« Zuerst begriff Brenda gar nicht, dass Janice mit ihr redete. »Ich meine, schließlich ist es auch Ihr Urlaub. Immerhin wollen Sie keine zwei Wochen in der Küche verbringen. Sie müssen ihre eigenen Interessen massiver vertreten.«

Brenda biss die Zähne zusammen. Dieses grässliche Weib erteilte ihr Ratschläge. Das hatte ihr gerade noch gefehlt. Eheberatung von einer Wildfremden. Wirklich die Höhe! Aber Janice war beileibe nicht fertig. »Warum gehen Sie nicht einfach essen? Am Hafen gibt's ein nettes Lokal. Die machen wunderbare Moussaka.« Sie stand auf, als wollte sie Brenda dorthin führen, mit oder ohne ihr Einverständnis.

Aber Brenda schüttelte den Kopf. »Stuart isst keine Moussaka.«

»Doch, tut er«, widersprach Janice. »Erzählen Sie ihm einfach, es sei Shepherd's Pie.«

Brenda ließ sich kurz auf die himmlische Vorstellung ein, nicht schon wieder eine Mahlzeit für fünf Personen auf einem besseren Campingkocher zubereiten zu müssen. Als sie diesen Urlaub vorgeschlagen hatte, wollte sie eigentlich in ein Hotel gehen. Aber dann setzte die uralte Debatte zwischen Mann und Frau ein. Stuart wollte sich selbst versorgen, weil das preiswerter war. Brenda wollte in ein Hotel, weil dort andere die Arbeit machten. Wie üblich siegte Stuart. Die Zahlen sprächen für sich, hatte er behauptet. Und dann, Brenda konnte es immer noch nicht fassen, hatte er auch noch seine Eltern gebeten, mitzukommen. Die genau wie er erwarteten, dass sie sie bediente.

Die geplagte Hausfrau legte das Handtuch in den Korb und versuchte zu übersehen, dass Janice rundum mahagonibraun war und den flachen Bauch der Schlankheitskönigin des Jahres besaß. Es war schwer, einen Groll gegen jemanden zu hegen, der einen schöneren Körper hatte als man selbst.

Sie könnte es noch zum Supermarkt schaffen, wenn sie sich beeilte. Aber sie würde sich auf keinen Fall von Janice dabei ertappen lassen. Ruhig bewegte sie sich vom Pool weg auf die Sonnenterrasse zu, wo Stuart gerade eine Partie Billard mit seinem Vater anfing. Er wurde langsam braun und sah wirklich recht gut aus. Eine Deutsche ohne Oberteil, jung genug, um die Enkelin von Ursula Andress zu sein, ging an ihm vorbei und schenkte ihm einen zweiten Blick. Stuart lächelte zurück.

»Hol alle in einer halben Stunde zum Essen«, schrie

Brenda. Er wagte allen Ernstes, so fiel ihr auf, dreinzuschauen, als stünde er unterm Pantoffel.

Sie kam gerade rechtzeitig in den kleinen Supermarkt, um Beefburger und Pommes in ihren Drahtkorb zu laden. Ein weiteres romantisches Essen auf der Geburtsinsel der Göttin Venus!

Brenda trat hinaus in die Gartenanlage und spürte, wie ihr die Sonne köstlich auf den nackten Hals brannte. Überall duftete es nach Jasmin und Kranzschlingen, dazwischen prangten leuchtend die Blüten von exotischem Hibiskus und pinkfarbener Bougainvillea. Trotz der Selbstversorgung war es herrlich hier. Vielleicht sollte sie heute Abend wie Venus dem Schaum entsteigen – in ihrem Fall eher dem Badeschaum – und versuchen, ausnahmsweise einmal Stuarts Aufmerksamkeit zu erregen. Nicht dass sie groß etwas anstellen könnten, wo doch seine Eltern auf dem Bettsofa im Wohnzimmer nächtigten. Einen Moment lang fragte sie sich, ob er die beiden deswegen eingeladen hatte.

Ganz in Gedanken bemerkte Brenda gar nicht, wie sich der Garten mit Menschen füllte. Sie trat hinter einem Busch weißer Passionsblumen hervor und fand sich inmitten einer zypriotischen Hochzeitsgesellschaft wieder, die sich für das Familienfoto unter den Palmen versammelte. Onkel und Tanten in papageienbunten Aufmachungen mischten sich mit der von Kopf bis Fuß schwarzen Kluft der Omas und sonstigen Ahninnen.

Auf einer schmalen Zierbrücke, die sich über einen kleinen Teich spannte, scherzte der Trauzeuge mit dem Bräutigam, der in seinem schicken Anzug attraktiv und großspurig aussah, das Haar schwarz und glänzend, oben kurz und dann lockig über den Kragen fallend wie bei einem Fußballer. Seine gedankenlos besitzergreifende Ausstrahlung erinnerte sie entfernt an Stuart. Doch was ihr wirklich ins Auge stach, war die Braut. Sie trug das überladenste Kleid, das Brenda je gesehen hatte. Von dem Meer kunstseidener Volants bis hin zu ihren weißen Spitzenhandschuhen und den Rüschen an ihrem Scarlett-O'Hara-Sonnenschirm stellte ihre Aufmachung das märchenhafte Brautkleid von Prinzessin Diana eindeutig in den Schatten. Aber noch auffallender war der rührende Optimismus, der aus ihren Augen leuchtete, als sie anhimmelnd zu ihrem Bräutigam emporblickte.

Wenn sie doch nur die Wahrheit wüsste! Zu ihrem Erstaunen schossen Brenda Tränen in die Augen. Vor zehn Jahren hatte sie ebenso empfunden. Sie hatte dagestanden und mit dem gleichen Optimismus zu Stuart aufgesehen, den sie nun in den Zügen dieses Mädchens wiederfand. Was war nur schief gelaufen?

Auf einmal fiel ihr wieder Stuarts Gesichtsausdruck am Swimmingpool ein. Er hatte ihre Anwesenheit kaum wahrgenommen. Manchmal dachte sie, wenn ihm ein Roboter mit Schürze das Abendessen machte, würde er den Unterschied gar nicht bemerken. Nicht einmal im Bett. Und doch war es nicht immer so gewesen. Früher hatte das Leben mit Stuart Spaß gemacht. Er hatte ihr Blumen gekauft und Überraschungen geplant, ihr alberne Zettelchen überall im Haus versteckt, über die sie damals lauthals lachen musste. Er hatte das Leben als Abenteuer gesehen, das sie miteinander teilen würden.

Der Text eines Songs, den sie einmal gehört hatte, kam ihr in den Sinn, als sie dem glücklichen Paar dabei zusah, wie es sich erneut für die Kamera küsste. »Heiratet bloß nicht, Mädels, es ist zu schlecht bezahlt. Am Anfang seid ihr Herrin, am Schluss nur noch die Magd...«

Es ließ sich nicht leugnen, dass Stuart gar nicht mehr wusste, was er an ihr hatte. Und sie ließ es dabei bewenden. Ihre Ehe war über einer Million kleiner Zugeständnisse auf Grund gelaufen. Einen Moment lang empfand sie den verrückten Impuls, zur Braut hinüberzulaufen und zu schreien: *Bügle ihm nicht die Hemden, sag ihm, du kriegst im Supermarkt Beklemmungen, spann ihn im Haushalt ein!*

Und dann erkannte sie noch etwas. Es war auch ihre Schuld. Janice hatte Recht. Nie hatte sie sich selbst behauptet. Sie hatte gefürchtet, Stuart könnte wütend werden oder sie verlassen. Immer wenn sie einen eigenen Standpunkt vertreten wollte, hatte sie sich ausgemalt, wie die Haustür ins Schloss fiel und sie allein zurückblieb – dick, vierzig Jahre alt und ihr Selbstvertrauen in Trümmern auf der Erde...

Aber während sie so dastand, erkannte sie ein weitaus größeres Risiko. Brenda, die einst so glücklich gewesen war wie diese lachende Braut, steckte bis zum Hals in verpassten Gelegenheiten und ertrank in ihrem eigenen Groll. »Brenda Oakley«, sagte sie laut, was ihr erst bewusst wurde, als die Hochzeitsgäste hochschauten, »bist du eine Person oder ein Fußabstreifer?«

Sie stellte ihren Einkaufskorb ab. Eine Woge der Erregung durchflutete sie. Auf einmal fühlte sie sich nicht mehr wie Brenda, sondern wie Brunhilde. Als hätten sie das gespürt, gaben die Hochzeitsgäste einen Gang frei, um sie durchzulassen, und sahen ihr neugierig nach, als sie auf den Pool zumarschierte, und die Beefburger sowie Pommes frites stehen und in der zypriotischen Sonne schmelzen ließ.

Stuart blickte erstaunt auf, als sie sich neben ihn auf den Barhocker setzte und lässig einen Tequila Sunrise bestellte.

»Brenda, Schätzchen. Ich dachte, du kochst Essen.«

Sein Vater, der in über dreißig Jahren Ehe einen sechsten Sinn für heikle Situationen entwickelt hatte, rutschte unauffällig von seinem Hocker und tauchte in der Sicherheit des Pools unter.

»Wonach sieht es denn aus?« Brenda-Brunhilde nahm einen Schluck von ihrem leuchtend orangefarbenen Drink. »Ich trinke einen Tequila Sunrise.«

»Aber du magst doch gar keinen Tequila.«

»Offen gestanden, Stuart, habe ich noch nie welchen getrunken. Deshalb habe ich mir vorgenommen, bis zum Ende des Urlaubs jeden Tag einen neuen Cocktail zu probieren. Und jetzt fange ich an.«

Stuart fehlten die Worte. »Aber was ist mit dem Mittagessen?«

Brenda-Brunhilde schmunzelte. »Das hab' ich im Park stehen lassen.«

»Du hast es im Park stehen lassen«, wiederholte Stuart und sah sie an, als fragte er sich, ob es sich vielleicht um einen Sonnenstich handle.

Aber sie war kerngesund. Sie hatte lediglich eine Portion Selbstsicherheit zugelegt. Ja, sie hatte sich in ihrem ganzen Leben nie besser gefühlt.

»Aber warum, in aller Welt, hast du denn das getan?«

»Weil du und ich, Stuart« – sie nahm einen großen Schluck Tequila, um Mut zu fassen – »jetzt ausgehen. Zum Hafen. Dort gibt es ein hübsches kleines Lokal, wo sie sagenhafte Moussaka machen.«

»Aber Mum und Dad können ausländisches Essen nicht leiden. Und Mark auch nicht.«

»Gut.« Brenda rutschte von ihrem Barhocker und schlang sich ihre Umhängetasche über die Brust wie einen Siegesschild. »Dann können sie ja Mark seinen Beefburger mit Pommes auf der Gasflamme zubereiten.«

Vollkommen verdutzt starrte Stuart sie an. »Aber ich mag auch keine Moussaka.«

»Woher willst du das wissen? Du hast doch noch nie welche probiert.« Sie blickte sich um und sah, wie Janice sie mit breitem Grinsen beobachtete. »Sie schmeckt genau wie Shepherd's Pie.« Brenda streckte die Hand aus, um ihn hochzuziehen.

Auf einmal warf Stuart den Kopf in den Nacken und lachte. Er wusste nicht, was in Brenda gefahren war. Sie sah aus, als wäre sie dazu im Stande, sich die Kleider vom Leib zu reißen und in den Swimmingpool zu springen. Ursula Andress junior stolzierte noch einmal an ihm vorüber, und rückte provokant den String ihres winzigen Tangas zurecht. Diesmal sah Stuart aber nicht hin.

Er legte seine Hand in die Brendas und erhob sich.

Als sie an Janice vorbeikamen, die nach wie vor auf ihrem Liegestuhl lag und die Leute am Pool musterte, zwinkerte diese Brenda zu. Und Brenda zwinkerte zurück. Vielleicht war es ein Fehler von ihr gewesen, sich nicht mit Janice anzufreunden. Langsam gewann sie den Eindruck, als hätte diese nette Dame einige ziemlich gute Ideen. Wenn sie vom Restaurant zurückkämen, würde sie sich auf einen Drink mit ihr zusammensetzen und ein ausführliches Schwätzchen halten. Vielleicht würde sie ihr sogar ihre Lebensgeschichte erzählen.

Während Stuart das Abendessen kochte.

Die Stadt der Träume

Violet sah sich um. Sie musste sich immer noch zwicken, um glauben zu können, dass ihr Traum wahr geworden war. Die Kabinen auf einem Linienschiff waren in ihrer Vorstellung stets klein und beengt gewesen, aber in dieser hatte sie herrlich viel Platz. Sie setzte sich auf das chintzbezogene Bett und bewunderte die Einrichtung. Frisierkommode, zwei Stühle, ein Couchtisch. Sie hatte sogar ein eigenes Badezimmer zur Verfügung – und zwei Bullaugen. Zwei! Außerdem war der eingebaute Kleiderschrank doppelt so groß wie ihr Abstellraum zu Hause.

Violet Willis, sie ganz persönlich, reiste an Bord der QE 2 nach New York, um ihren fünfundsiebzigsten Geburtstag zu feiern, und alles wurde von ihrem Sohn bezahlt. Sogar Blumen standen auf ihrem Nachttisch, mit freundlichen Grüßen von der Direktion. Sie betrachtete sie und lächelte. In Wirklichkeit fiel ihr Geburtstag erst in die nächste Woche, aber Mick hatte ihnen erzählt, es sei heute. »Dann spendieren sie dir Blumen«, war seine Meinung, und es stimmte. Laut Mick planten erfahrene Reisende alles um besondere Daten herum, damit sie möglichst viel gratis bekamen. »Du hättest ihnen weismachen sollen, dass ich auf Hochzeitsreise bin«, hatte Vi gewitzelt. »Dann fließt vielleicht auch noch Champagner!«

Der liebe Mick, er war ja so erfolgreich in Amerika. Er besaß Autos, Häuser – sogar ein Flugzeug. Und doch schaffte er es irgendwie nicht, eine glückliche Ehe zu führen. Momentan war er bei der dritten, und Violet hatte das Gefühl, es würde nicht die letzte bleiben. Sie verdrängte die Gedanken an ihren Sohn und kehrte in die Gegenwart zurück.

Von draußen hörte sie in der Ferne eine Blaskapelle spielen. Bald würden sie ablegen, und das durfte sie auf keinen Fall verpassen. Das Aussichtsdeck war überfüllt, aber alle machten Platz für eine alte, weißhaarige Dame mit Knoten und Lachfältchen, die aussah wie die Oma in einem Walt-Disney-Film. Die Jungs im Wettbüro bei ihr zu Hause hätten sie schnell eines Besseren belehren können, vor allem, wenn einer von Vis Favoriten stürzte – aber das konnte hier ja niemand wissen.

Sie drängte sich durch die Passagiere zu ihrem Platz an der Reling und sah hinab. Am Kai weit unten winkten Mengen von Menschen, und mittendrin stand eine Blaskapelle, in der jeder Musiker einen Frack trug, genau wie im Kino. Vor der schmutzigen Hafenlandschaft wirkten sie so unpassend wie Nonnen auf einem Fußballplatz. Endlich ertönte das Nebelhorn, und die Band begann »Sailing« zu spielen. Es ging los! Das Winken im Hafen wurde hektischer, und von alten Männern bis hin zu kleinen Kindern machten alle mit. Vi wischte sich eine Träne aus dem Auge, als das majestätische Schiff sich von der Kaimauer löste. Sie liefen aus!

»Früher hatten sie noch lange Papierschlangen, die man werfen konnte«, erklärte ein Mann hinter ihr den Umstehenden. »Aber die mussten sie aus Umweltschutzgründen abschaffen.« So ein Neunmalkluger, dachte Vi. Aber es kümmerte sie nicht. Alles war genauso stimmungsvoll, wie sie es sich ausgemalt hatte.

Fast eine halbe Stunde lang stand sie da und sah zu, wie die Hafenanlage in dem herrlichen Juniabend verschwand, bis alle anderen das Deck verließen, verlockt von der Vorfreude aufs Abendessen und der Frage, welches Kleid sie anziehen sollten. Von solchem Schnickschnack hielt Vi nichts. Sie besaß drei Gewänder, die sie sich alle nach dem gleichen Schnitt von einer befreundeten Schneiderin aus Glitzerstoffen von Gelegenheitskäufen hatte machen lassen.

Sie fröstelte leicht, als weiter draußen der Wind auffrischte und sie die Schiffsbroschüre studierte, in der sämtliche faszinierenden Einzelheiten über die QE2 enthalten waren. In diesem Moment hörte sie es. Jemand weinte. Sie lauschte und fragte sich, ob sie nach dem Ursprung des Schluchzens Ausschau halten sollte. »Misch dich nicht ein«, sagte der rationale Teil ihres Verstandes, der Teil, auf den sie nie hörte. »Du bist im Urlaub.« Zu Hause kamen alle mit ihren Sorgen zu Vi, von der allein erziehenden Mutter zwei Häuser weiter bis zum ausgerissenen Punk von gegenüber, der seit Jahren nicht mehr mit seinen Eltern sprach.

Vi ging um ein Rettungsboot herum und sah ein junges Mädchen von etwa fünfzehn Jahren, das fast ganz in Schwarz gekleidet war, bis hin zu ihren schwarzen Haaren und den großen, klobigen Stiefeln. Sie lehnte über der Reling und weinte zum Steinerweichen. Sicher glaubte sie, in dieser Aufmachung sehr erwachsen auszusehen – aber in Violets Augen betonte deren Düsternis die jämmerliche Verletzlichkeit des Kindes darunter nur umso mehr.

»Alles in Ordnung?«, fragte Vi, obwohl sie sich der Torheit ihrer Frage genau bewusst war. Natürlich konnte von Ordnung keine Rede sein. Violet ging hinüber und lehnte sich neben ihr an die Reling, während sie spürte, wie der Wind durch ihr dünnes Baumwollkleid blies.

Das Mädchen sah auf, und Tränen rannen über ihr kleines, blasses Gesicht. Sie erinnerte Vi an eine Figur von diesen Plakaten, mit denen junge Leute vor ungeschütztem Sex oder Drogen gewarnt wurden.

Das Mädchen sah sie einen Moment lang an, als brenne sie darauf, mit jemandem zu sprechen. »Mir fehlt nichts, danke.« Sie machte Anstalten, sich einen schwarzen Streifen von ihrem tränenüberströmten Gesicht zu wischen. »Ich hab' nur ein bisschen die Nase voll, weiter nichts.«

Vi hielt es für geratener, sie mit Samthandschuhen anzufassen und nicht gleich aufs Ganze zu gehen. »Die Nase voll? Auf der QE2?« Sie wedelte mit der Seite auf der Schiffsbroschüre, die sie gerade gelesen hatte. »Wie kann man auf einem Schiff mit fünfundfünfzigtausend Besteckteilen und einem Fünftel des Weltvorrats an Kaviar die Nase voll haben?«

Das Mädchen lächelte matt. Ihr Gesicht wurde herzzerreißend hübsch, als sie zu weinen aufhörte.

»Na los«, drängte Vi sachte. »Sag mir die Wahrheit. Zu viele alte Schachteln wie ich an Bord?«

Das Mädchen rang sich ein weiteres geisterhaftes Lächeln ab und sah einen Moment lang drein, als wolle sie Vi tatsächlich ihr Herz ausschütten. Doch stattdessen überlegte sie es sich anders. Vi seufzte. Sie wollte, dass auf diesem herrlichen Schiff alle glücklich wären. Genau wie sie selbst. Allerdings brauchte es nicht viel dazu, Vi glücklich zu machen. Sie war eines dieser sonnigen Gemüter, die immer die Schokoladenseite sahen, deren Glas stets halb voll war und die es für das Beste hielten, mit dem zufrieden zu sein, was man ihnen beschert hatte. Micks neue Frau Elaine, zwanzig Jahre jünger und zwanzig Pfund leichter als die letzte, sagte ihr immer, dass sie zu selbstlos sei – als wäre das eine Art Charakterfehler. Etwas, das sie sich wirklich abgewöhnen müsse... Vielleicht gab es in den USA eine »Anti-Großzügigkeitstherapie«, in der dafür gesorgt wurde, dass man nicht mehr verantwortungslos herumlief und anderen Leuten Gutes tat. Vi sog die salzige Luft ein und dachte ans Abendessen.

Zurück in ihrer hübschen Kabine sah Vi, dass die Stewardess bereits das Bett gemacht, den Vorhang zugezogen und ihr eine Praline aufs Kopfkissen gelegt hatte – zusammen mit einem Kärtchen, auf dem man ihr »süße Träume« wünschte. Mitten auf dem Bett lag ihr neues Nachthemd, in Form eines Schmetterlings gefaltet. Violet musste lachen. Vor lauter Reisefieber hatte sie sich ein neues gekauft, anstatt ihr altes Flanellnachthemd einzupacken. Sie setzte sich und genehmigte sich einen kleinen Brandy aus ihrer zollfreien Flasche. An ein Luxusleben könnte sie sich gewöhnen.

Als sie gehüllt in eine ihrer neuen Roben den Weg ins Restaurant gefunden hatte, traute Violet ihren Augen nicht. Das Erste, was sie sah, war eine riesige Skulptur der Freiheitsstatue aus Eis, gut zwei Meter hoch und umgeben von jeder Art von Meeresfrüchten, die man sich nur vorstellen konnte.

»Heidewetter«, sagte sie zum Kellner. »Ist das für unser Abendessen gedacht?«

Er lachte. »Fürs Mitternachtsbuffet. Wenn Sie noch Platz haben nach Frühstück, zweitem Frühstück, Mittagessen, Fünf-Uhr-Tee und Abendessen. Manche Leute schaffen das!«

Auf der anderen Seite des Raums entdeckte Violet das Mädchen vom Deck. Sie saß mit ihrer Familie an einem riesigen Tisch voller Gläser und Besteck, und sah immer noch kreuzunglücklich aus. Vi überlegte kurz, ob sie hinübergehen und sich dazusetzen sollte – aber sie waren sicher nicht erpicht auf eine alte Dame in ihrer Runde. Stattdessen setzte sie sich an einen Tisch, den man angesichts seines Geräuschpegels »Die lustige Rentnertafel« hätte taufen können. Doch sie musste sich immer wieder umsehen.

Die Eltern des Mädchens waren sympathisch aussehende Leute, aber Violet erkannte das Problem auf der Stelle. Sie schienen sich die größte Mühe zu geben, einander weder anzulächeln noch zu berühren, was einiges erklärte. Das arme Kind!

Am nächsten Tag ertappte sich Violet dabei, wie sie Ausschau nach dem Mädchen hielt, während sie sich einen schattigen Liegestuhl an Deck suchte. Dort gab es viele freie Stühle, da die meisten Leute lieber in der Sonne brieten oder sich in einem der aquamarinblauen Schwimmbecken vergnügten. Komisch, auf dem Wasser im Wasser zu sein, dachte Vi und machte es sich mit ihrem Agatha-Christie-Krimi bequem.

Ein Schatten fiel auf sie, und sie blickte auf. Es war das

Mädchen, in schwarzen Shorts und Hemdchen, dazu einen Schlapphut wie ein Imker und den gewohnten trübsinnigen Blick. Vi nahm das Buch vom Liegestuhl neben ihr, doch das Mädchen nickte nur und suchte sich einen Platz auf der anderen Seite. »Wie albern«, dachte Vi und schluckte ihre Enttäuschung hinunter. »Aber es macht mir tatsächlich was aus...«

Eine halbe Stunde später wachte sie aus ihrem Nickerchen auf und stellte fest, dass das Mädchen schüchtern lächelnd vor ihr stand. »Sie haben die Servietten vergessen«, sagte sie.

Vi sah verständnislos drein.

Das Mädchen schwenkte ihr Exemplar der Schiffsbroschüre. »Sechzigtausend Papierservietten«, erklärte sie und verzog die Mundwinkel. »Ich heiße übrigens Beverley.« Und so begann mitten auf dem Atlantik ihre Freundschaft. Sie spielten Ringewerfen und Shuffleboard und spazierten über die windigen Decks, bis ihnen alle neugierig nachsahen. Vi beschloss, es dem Mädchen zu überlassen, wann sie von ihren Kümmernissen sprechen wollte. Als sie am fünften Tag auf das Café zugingen, kamen sie an einer Gruppe Jugendlicher vorbei, die um einen Spielautomaten herumstanden. »Müsstest du nicht bei denen sein?«, fragte Vi Beverley und wies auf die jungen Leute.

Beverley musterte die vielen Grüppchen mit grauhaarigen Bridgespielern gegenüber im Raum. »Und müssten Sie nicht bei denen sein?«

Violet lachte. Auf den Kopf gefallen war sie nicht, diese Beverley.

»Ganz allein, die Damen?«, erkundigte sich jemand. Sie wandten sich um und standen vor einem munteren Mittsechziger. »Hätten Sie nicht Lust, ein bisschen zu tanzen?«

»Das ist einer der Profikavaliere«, wisperte Violet. »Auf Schiffen wimmelt es von Frauen, die ihre Ehemänner um die Ecke gebracht haben. Die Profikavaliere sollen das Gleichgewicht wieder herstellen.«

Zum ersten Mal lachte Beverley so richtig. Es klang herrlich. Hell und mädchenhaft. Violet beugte sich vor. »Möchtest du mir davon erzählen?«

»Wovon?«, fragte Beverley störrisch.

»Davon, dass deine Eltern zurzeit nicht besonders gut miteinander auszukommen scheinen.«

Beverley sah sie verblüfft an. »Woher wissen Sie das?«

»Ich kenne die Symptome. Mein Sohn ist gerade bei seiner dritten Ehe. Und es geht schon wieder bergab.«

Die Schultern des Mädchens sackten zusammen. »Früher waren sie so glücklich. Andauernd haben sie gekichert und sich geküsst, und auf einmal ging irgendwie alles schief.« Sie nippte an ihrem Tee und sah in die Ferne, als könnten jeden Moment ihre Eltern auftauchen, die Arme umeinander gelegt, glücklich und sorglos. »Diese Reise sollte alles wieder ins Lot bringen. Sie haben das ganze Jahr dafür gespart. Aber dann endete es damit, dass sie sich anbrüllten... nur wegen dieser dämlichen Kabine.«

Sie sah zu Violet auf, und ihre Augen glänzten vor Kummer. »Ich meine, es kann doch keine so große Rolle spielen, ob sie eine außen liegende oder eine innen liegende haben, wie?« Violet fiel es schwer, über diesen Rollentausch nicht zu lächeln. Das Kind sagte den Erwachsenen, dass sie vernünftig sein und keinen Wutanfall bekommen sollten, und erinnerte sie daran, dass man in der Kabine schließlich nur schläft. Aber das Problem begriff sie trotzdem. Sie konnte sich vorstellen, wie sehr sich Bevs Eltern auf die Schiffsreise ihrer Träume gefreut hatten – genau wie sie. Wie viel sie sich davon erwartet hatten! Wie perfekt alles sein musste! Weil ihre Ehe es nicht war!

Beverley hatte wieder zu sprechen begonnen. »Und morgen, an dem Tag, an dem wir in New York ankommen, ist ihr sechzehnter Hochzeitstag.« Sie starrte in ihre Teetasse, als wollte sie versuchen, ihre gemeinsame Zukunft vorherzusehen. Was auch immer sie darin erblickte, es heiterte sie nicht auf. »Ich bezweifle, dass sie an ihrem siebzehnten noch zusammen sein werden.«

Violet hörte den Schmerz, der den gelassenen Tonfall des Mädchens durchdrang, und wurde an ihrer Statt wütend. Was war nur heutzutage mit den Menschen los, dass sie keine Ehe mehr aufrechterhalten konnten? Sie und Ted hatten ihre guten und ihre schlechten Zeiten durchlebt, aber sie hätten nicht im Traum daran gedacht, sich scheiden zu lassen. Und dann ihr Sohn Mick mit seiner dritten Verbindung, bei der die Chance auf Dauer nicht größer war als bei seiner ersten.

Beverley erhob sich zum Gehen, wie ein Hund, der wusste, dass er erneut getreten werden würde und nichts tun konnte, um es zu verhindern. Vi sah ihr nach, wie sie durch den Salon schlurfte, und merkte, dass sich wieder einmal ihr Herz zusammenzog wie eine Auster, die mit Zitronensaft beträufelt wird. Es hätte auch eines ihrer eigenen Enkelkinder so zu ihr sprechen können. Plötzlich bekam Violet Schuldgefühle, weil sie, die doch sonst immer offen ihre Meinung aussprach, zu Micks Scheidungen stets geschwiegen hatte.

Sie nahm ihre Tasche und kehrte in die Kabine zurück. Die Abendsonne schien zu den beiden Bullaugen herein und zeichnete ein Muster auf den Chintz der Tagesdecke. Doch Violet konnte sich nicht wie sonst daran freuen. »Wir hängen alle viel zu sehr an materiellen Dingen«, dachte sie. »Autos und Häuser an Stelle von Dingen, die dauerhafte Freude schenken – zum Beispiel eine glückliche Familie.«

Vi fühlte sich machtlos – ein Gefühl, das sie an sich nicht kannte. Bei Mick war es ohnehin schon zu spät, und bald würden sich auch Bevs Eltern in die Scheidungsstatistik einreihen. O je! Was sollte sie nur tun? Sie konnte sich ja wohl kaum als Kummerkastentante ausgeben und ihnen sagen, sie sollten sich Bev zuliebe zusammenreißen. Vi zog sich schnell zum Abendessen um und setzte sich auf ihr Bett. Der weiche Rosaton des Sonnenuntergangs erleuchtete die Kabine und verlieh ihr eine herrliche romantische Atmosphäre. »Ach Ted, wenn du doch nur hier wärst!« Und dann kam ihr die Idee. Wozu brauchte eine alte Frau wie sie ein Doppelbett und zwei Bullaugen?

Das Büro des Zahlmeisters hatte gerade geschlossen, als sie dort ankam, um ihm ihren Plan zu unterbreiten. Der Assistent erklärte ihr höflich, wann sie am nächsten Morgen wieder aufmachen würden. Doch im Gegensatz zum Buchmacher an ihrem Heimatort kannte der Assistent des Zahlmeisters Violet Wills schlecht, wenn sie einmal einen Entschluss gefasst hatte. Widerstrebend öffnete er sein Büro noch einmal…

Vi beendete am nächsten Morgen soeben ein herzhaftes Frühstück, als Beverley angehüpft kam. »Violet, stellen Sie sich nur vor«, begann sie. »Mum und Dad haben eine bessere Kabine bekommen. Eine an der Außenseite! Weil heute ihr Hochzeitstag ist!«

»Oh, wie schön«, meinte Violet und nahm sich noch eine Schale frischen Obstsalat. »Und – haben sie sich gefreut?«

»Wie die Schneekönige! Sie haben beschlossen, heute nichts zu unternehmen und den ganzen Tag in der Kabine zu bleiben.«

»Tatsächlich?« Violet schloss die Augen und stellte sich vor, wie die Sonne durch die beiden Bullaugen schien. Mick war zwar nicht im Stande gewesen, seine eigenen Ehen zu halten – doch er hatte indirekt dazu beigetragen, die eines anderen Paares zu retten. Trotzdem, dachte Violet, während sie nach ihrem New-York-Reiseführer griff, würde sie ihm und ihrer neuen Schwiegertochter nichts von dieser Geschichte erzählen. Irgendwie hatte sie den Verdacht, dass sie sie doch nicht begreifen würden.

Kaviar und Kartoffeln

»Mist, nicht schon wieder dieses bescheuerte Firmenessen!«
Mandy sah auf den Kalender, der an der Wand ihrer blitzenden Hygena-Küche hing, und stöhnte.

Stewart schrieb sonst nie etwas auf den Kalender, doch da stand es in seiner vertrauten, nach links geneigten Handschrift, neben all den anderen Terminen verschiedenster Art der Kinder, die sie eingetragen hatte: DEAN & JOHNSON-Firmenessen.

Mandy setzte den Wasserkessel auf und sah aus dem Fenster in ihren ordentlichen Garten, der zwar nicht gerade planvoll angelegt war, aber genug Pflanzen und Büsche aufzuweisen hatte, dass man im Sommer nett draußen sitzen konnte. Als Stewart ihr von dem Stellenangebot bei einer Computerfirma in Milton Keynes erzählt hatte, war sie entsetzt gewesen. In Hackney hatte sie ihre ganze weitläufige Familie um sich gehabt, aus der sich immer jemand zum Babysitten anbot und wo ihre Mutter vorbeikam, um die Kinder zu hüten, wenn sie einkaufen ging.

Es war nicht das East End, wie man es auf alten Fotos sieht – Frauen, die plaudernd auf der Schwelle stehen, Kinder, die mit schmutzigen Knien fröhlich draußen auf der Straße spielen. Heutzutage standen dort Wohnanlagen, aber es waren keine Hochhäuser und sie hatten Gärten. Doch ganz egal, was auch behauptet wurde, es hatte sich *ein Gemeinschaftsgefühl* erhalten.

Allerdings war Milton Keynes eine echte Aufstiegschance für Stewart gewesen, und außerdem hatte sie die ganzen Werbespots für jene Gegend im Fernsehen gesehen, auf denen mit Weichzeichner Leute beim Angeln und spielende Kinder in herrlichen Sportanlagen gezeigt wurden. Sie machten es einem derart schmackhaft, dass man sich fragte, warum nicht jeder dorthin zog.

Aber jetzt, nachdem Mandy und Stewart sechs Monate hier lebten, wusste sie, warum: weil Milton Keynes groß und zersiedelt war und die Stadt, obwohl die Planer versucht hatten, ihr eine zu geben, keine richtige Ortsmitte besaß. Es gab ein fabelhaftes Einkaufszentrum mit Drogeriemarkt und Body-Shop, aber auf Mandy wirkte es anonym. Ja, nach dem lauten, herzlichen, schmuddeligen East End Londons mit seinen Straßenmärkten und fröhlichen Ladenbesitzern, die einen lautstark begrüßten, war es ihr fast so vorgekommen, als *lebte* sie in einem Einkaufszentrum.

Und auch Mandys zweite Angst hatte sich bewahrheitet. Sie passte nicht hierher. Stewart versicherte ihr immer wieder, dass sie sich das nur einbildete, aber Mandy wusste, dass es stimmte. Sie hatte keine einzige richtige Freundin gefunden. Vielleicht war es ihre eigene Schuld. Sie war seit jeher ein bisschen laut und überdreht – Herz und Seele des Abends. Wenn sie mit ihren Freundinnen ausging, war sie es, die sie freiwillig dazu bereit erklärte, den männlichen Stripper mit Babyöl einzureiben. Und in London waren das irgendwie alles harmlose Vergnügungen gewesen. Aber hier hatte sie das Gefühl, auf ihre Manieren achten zu müssen, was ihr auch fast immer gelang. *Fast* immer. Außer letztes Jahr beim großen Firmenessen von Dean & Johnson. Nicht genug damit, dass die Leute mit verkniffenen Mienen dagesessen hatten und das Essen grässlich gewesen war, hatte es auch kaum Wein gegeben. Und zu allem Überfluss hatte ihr irgendein Idiot ein Glas der wertvollen Flüssigkeit über ihr neues, weißes, satinglänzendes Cocktailkleid gekippt. Mandy hatte geflucht wie ein Pferdeknecht. Sie sah immer noch den Blick der Gemahlin des Firmenchefs vor sich.

Bei der Erinnerung lief Mandy erneut rot an. Stewart war

stocksauer auf sie gewesen. Manchmal glaubte sie, die Lösung könnte darin bestehen, einen Nebenjob anzunehmen. Eine Teilzeitstelle, wo sie ein paar Vormittage die Woche arbeiten konnte, jetzt, wo Emma in der Spielgruppe war. Die Kolleginnen aus dem Büro fehlten ihr unheimlich. Es war nicht so, dass sie ihre Kinder nicht liebte – sie waren das Beste, was ihr je passiert war –, doch manchmal sehnte sie sich einfach nach einem Hauch der Erwachsenenwelt. Aber Stewart war fuchsteufelswild geworden, als sie davon angefangen hatte. Keine der Ehefrauen bei Dean & Johnson arbeitete, behauptete er dauernd. Nicht einmal Teilzeit.

Mandy ging in ihr Wohnzimmer und schaltete den Fernseher an. Wie üblich war Judy in »This Morning« wieder gemein zu Richard. Sie liebte Richard und Judy, vor allem die Art, wie Judy Richard traktierte und Richard bockte. Die Ehe der beiden kam ihr wesentlich amüsanter vor als ihre eigene. Sie seufzte. Auf einmal war die Folge zu Ende, und Mandy schaute auf die Uhr. Sie käme zu spät zum Abholen von der Spielgruppe.

Als sie dort ankam, nachdem sie Gary im Buggy vor sich her geschoben und den größten Teil des Wegs gerannt war, erntete sie einen giftigen Blick von der Leiterin. Nur Emma war noch da. Mandy konnte ja der Spielgruppen-Leiterin schwerlich sagen, dass sie ferngesehen hatte. Sie packte Emmas Jacke und zerrte sie fast hinaus, während sie sich wünschte, der Erdboden möge sich unter ihr auftun.

»Hallo, Sie sind doch Mandy, oder nicht? Ich bin Jennifer.« Mandy wirbelte herum und musste zu ihrem Entsetzen feststellen, dass sie einer der elegantesten Gattinnen von Dean & Johnson gegenüberstand.

Mandy konnte kaum glauben, wie sonor Jennifers Stimme klang, und musste sich den Plan verbieten, am Abend für Stewart einen auf Jennifer zu machen. Sie wusste, dass sie eine gute Schauspielerin war und er oft Tränen über sie lachte – aber Stewart würde es nicht lustig finden, wenn sie diese Lady verspottete. Er würde sagen: »Freunde dich mit ihr an, Schätzchen. Lass dir von ihr Unterricht geben. Den könntest du gut gebrauchen, bei deinem Hausfrauen-Look.«

»Hätten Sie Lust, auf eine Tasse Kaffe mit zu mir zu kommen?«, fragte Jennifer und sah den beiden älteren Kindern nach, die gemeinsam abzogen. »Ben und Emma scheinen sich ja prima zu verstehen.«

Erstaunt und zugleich mit leiser Genugtuung nahm Mandy zur Kenntnis, dass Jennifers Haus nicht viel größer oder schicker war als ihres. Unauffällig betrachtete sie den schlichten, ungemusterten Teppich, die mit Chintz bezogene Polstergruppe und den ziemlich kleinen, fast verborgenen Fernseher. Doch der eigentliche Unterschied war die Küche. Während sie und Stewart eine nagelneue hatten, war die von Jennifer ziemlich alt. Mandy staunte über die abgenutzten Schränke und den uralten Gasherd. Aber noch mehr verblüfften sie die Kochbücher. Reihenweise Kochbücher.

»Das ist eine Art Hobby von mir«, erklärte Jennifer, die Mandys Blick gefolgt war. »Ich habe in London einen kleinen Partyservice betrieben. Private Dinnerpartys, Vorstandsessen und dergleichen.«

»Wissen Sie was?« Mandy sah Jennifer zum ersten Mal richtig an. »Ich habe davon geträumt, so was hier aufzuziehen. Weil mir das auch Spaß macht. Natürlich koche ich keine solchen Sachen wie Sie, Kaviar und so. Ich steh' mehr auf Würstchen mit Kartoffelsalat.«

»Kaviar *kocht* man doch nicht!« Jennifer lachte tief und klangvoll auf, was gar nicht zu ihrer förmlichen Erscheinung passte. Aber irgendwie wusste Mandy gleich, dass sie sie nicht *aus*lachte.

»Das ist aber ein Zufall.« Jennifer wurde wieder ernst. »Dass Sie auch daran gedacht haben, hier etwas aufzuziehen. Ich wälze diese Idee schon lange. Aber irgendwie hatte ich nie die Energie anzufangen.«

»Ich hätte die Energie, meine Liebe«, sagte Mandy grinsend. »Aber verdammt noch mal den falschen Mann! Er will, dass ich mich benehme wie die anderen schnieken Ehefrauen. Ich finde das die reinste Lachnummer.«

»Männer sind leider alle gleich«, seufzte Jennifer und erwiderte ihr Lächeln. Das Eis zwischen ihnen war gebrochen. »Wahrscheinlich glaubt er, dann würden Sie *ihm* nichts mehr kochen.«

Mandy lachte. »Vielleicht!«

Jennifer hielt inne, da sie erst überlegen musste, wie sie fortfahren sollte.

»Sie hätten nicht vielleicht Lust, es gemeinsam zu machen...?«

»Was – Sie und ich? Na klar, und wie!«

Jennifer hatte Feuer gefangen. »Wir könnten uns ›Kaviar & Kartoffeln‹ nennen!«

Einen Moment lang überlegte Mandy, ob sie beleidigt sein sollte. Doch stattdessen kicherte sie. »Aber meine Küche ist so klein.«

»Wir könnten es hier machen.« Jennifer klang ganz begeistert.

»Altmodisch, aber praktisch. Und Bill ist ohnehin die meiste Zeit geschäftlich unterwegs. Kommen Sie, lassen Sie uns wenigstens darüber nachdenken. Ich brauche irgendwas, sonst drehe ich langsam durch.«

Genauso fühlte Mandy sich. Und was konnte es schon schaden, sich ein paar Gedanken darüber zu machen?

»Einverstanden.«

Jennifer ging in die Küche und kehrte mit Orangensaft für die Kinder und zwei großen Gläsern Sherry zurück. Sie reichte eines davon der neuen Freundin. »Auf Kaviar & Kartoffeln!«

Zu ihrem Erstaunen empfand Mandy eine prickelnde Vorfreude. »Auf Kaviar & Kartoffeln!«

Ohne Stewart und Bill gegenüber ein Wort davon zu erwähnen, erkundigte sich Mandy bei Lieferanten nach den Preisen für Lebensmittel, bei Druckereien danach, wie teuer Werbung für Kaviar & Kartoffeln käme, die man den Leuten in den Briefkasten werfen konnte, und bei den Lokalzeitungen, was die Anzeigen in den Gratis-Beilagen kosteten. Jennifer schrieb Speisekarten und kalkulierte die Preise.

Und dann kam die Stunde der Wahrheit: der Termin beim Geschäftsstellenleiter der Bank wegen eines Kleinkredits, um Kaviar & Kartoffeln gründen zu können. Zu ihrem Erstaunen entpuppte er sich als ausgesprochen hilfsbereit. Außer in einer Hinsicht: Am Ende des Gesprächs erklärte er, er brauchte die Unterschriften ihrer Ehemänner.

»Tja, das war's dann wohl«, sagte Mandy. Es wunderte sie nicht. Das Leben spielte bei sowas nicht mit. Aber es war zumindest eine nette Idee gewesen.

»Moment mal«, sagte Jennifer. »Du bist doch angeblich die Kämpferin, die wackere Cockney-Heldin. Wo bleibt denn dein Kampfgeist jetzt?«

»Stewart«, sagte Mandy trübsinnig.

»Vielleicht muss er gar nichts davon erfahren. Jedenfalls nicht gleich. Meine Mutter hat mir fünftausend Pfund hinterlassen. Sie würde sicher einsehen, dass es für einen guten Zweck ist, wenn ich ein- oder zweitausend davon ausgebe.« Sie grinste Mandy an. »Um ihre Tochter davon abzuhalten, die Wände hochzugehen und sich am Kochsherry zu vergreifen.«

»Aber irgendwann müssen wir es ihnen sagen.«

»Selbstverständlich«, bestätigte Jennifer ihr, und eine düstere Vorahnung dämpfte ihre Begeisterung einen Moment lang. »Aber wir werden einen Weg finden, sie von der positiven Seite zu überzeugen.«

»Ja«, sagte Mandy. Und ihr war gerade einer eingefallen, ein riskanter zwar, aber auf jeden Fall lohnte es den Versuch.

»Du hast doch das große Firmenessen nächste Woche nicht vergessen, Mandy?«

Wie sollte sie das vergessen können? Es war in grellem Technicolor in ihr Gedächtnis eingebrannt.

»Nein, im Gegenteil, ich freue mich sogar darauf!«

Stewart sah sie befremdet an. Irgendwie hatte sich Mandy in letzter Zeit verändert. Anstatt ständig zu jammern, wie grässlich sie es in Milton Keynes fände, summte sie vor sich hin. Eigentlich müsste er sich darüber freuen; aber da er Mandy kannte, stimmte es ihn argwöhnisch. Er hatte schreckliche Angst, erfahren zu müssen, dass sie als singendes Telegramm ging oder als Mittagspausen-Stripperin. Zweifellos führt sie etwas im Schilde. Er grinste kurz. Als sie noch in London wohnten, hatte er ihre gewagten Eskapaden herrlich gefunden – aber die Frau eines leitenden Angestellten durfte sich nicht so aufführen.

Am Abend des großen Ereignisses zog sich Mandy mit besonderer Sorgfalt an. Zunächst hatte sie ein etwas gewagtes, seidenes Futteralkleid aus der Garderobe ihrer Schwester erwogen, dann aber beschlossen, elegant aufzutreten. Ein Blick auf Stewarts Miene zeigte ihr, dass sie die richtige Wahl getroffen hatte.

Und dieses Jahr entwickelte sich der Abend zu ihrem Erstaunen recht erfreulich. Sie kannte ein paar Leute mehr, es gab mehr zu trinken, und Jennifer saß am Nebentisch, zwinkerte ihr zu wie ein Blinklicht und brachte sie zum Kichern. Außerdem war zum Glück das Essen von wesentlich besserer Qualität.

Stewart verputzte Melonenbällchen, gefolgt von Hühnchen in Currysoße und danach Tiramisu. Er holte sich sogar einen Nachschlag.

Schließlich meldeten sich die Festredner zu Wort. Den ganzen Abend war Mandy noch nicht ins Fettnäpfchen getreten.

Der Firmenvorstand erhob sich, und Mandy füllte rasch

ihr Glas auf. Er war ein unerträglicher alter Langweiler. Gegen Ende seiner Ansprache begann er mit den unvermeidlichen Danksagungen. Er dankte den Mitarbeitern, dem Organisator und den Kellnerinnen. Die Aufzählung war so lang, dass Mandy schon erwartete, er werde seiner Frau dafür danken, dass sie seine Unterhosen wusch. Endlich, nach einer Zeit, die einem wie zwei Wochen vorgekommen war, setzte er sich.

Mandy stieß einen erleichterten Seufzer aus und zwinkerte Jennifer zu. Gerade als alle nach ihren Abendtäschchen griffen und sich auf den Weg zur Tanzfläche machten, sprang zur allgemeinen Überraschung die Vorstandsgattin auf.

»Es ist ein wunderbarer Abend«, begann sie, die Absolventin einer altehrwürdigen Frauenbildungsstätte, und klopfte so laut mit einem Fingernagel ans Mikrofon, dass der halbe Saal taub wurde. »Aber mein Mann hat jemanden ausgelassen.« Sie hielt inne, blinzelte in das grelle Licht und schmunzelte.

O nein, dachte Mandy und verdrehte die Augen gen Himmel, jetzt fängt die auch noch an.

»Aber ich meine weder die Organisatoren noch das Personal. Bei denen hat sich ja mein Mann schon bedankt. Die Personen, denen *ich* meinen Dank aussprechen möchte, sind die Damen vom Partyservice, die diese wunderbaren Leckerbissen bei sich zu Hause gekocht und sie heute Abend hierher geschafft haben.«

Mandy überkam eine massive Panikattacke; sie fühlte sich an das eine Mal erinnert, als sie in der Schule zum Direktor gerufen wurde, weil sie ein schlimmes Wort neben den Bunsenbrenner geschrieben hatte und fast rausgeflogen wäre.

»Und soweit ich weiß, sind sie heute Abend hier.« Die wackere Gemahlin strahlte übers ganze Gesicht. »Stehen Sie doch bitte auf, meine Damen, damit wir Ihnen danken können.«

Als das Klatschen begann, zuerst verhalten, da niemand wusste, was sie meinte, und dann herzhafter, während Jennifer sich langsam von ihrem Stuhl erhob, wusste Mandy nicht aus noch ein.

Stewarts Blick war auf die Bühne fixiert, während sie einen letzten Schluck nahm und ebenfalls aufstand. Als sich alle umdrehten, um sie in Augenschein zu nehmen, brach ihre schauspielerische Ader durch: Sie reckte einen Arm in die Luft und warf mit dem anderen eine Kusshand ins Publikum.

»Stewart und Bill«, tönte die Vorstandsgattin, »Sie müssen unheimlich stolz sein. Ihre Frauen haben so viel Unternehmungsgeist und schaffen es auch noch, sich um die Kinder zu kümmern.« Sie hob ihr Glas. »Auf Kaviar & Kartoffeln! Bitte kommen Sie nächstes Jahr wieder und servieren Sie uns dann wieder ein interessantes Menü.«

Mandy fing Jennifers Blick auf, als hundert Gläser zu ihren Ehren gehoben wurden.

Nervös schielte sie zu Stewart hinüber.

Er sah drein, als hätte ihn der Schlag getroffen. Allmächtiger, wenn er glaubte, sie hätte ihn vor allen Kollegen bloßgestellt, würde er schäumen vor Wut und sie dürfte niemals mehr aus dem Haus.

Auf einmal warf er den Kopf in den Nacken und lachte.

»Du hast vielleicht Nerven, Mandy«, sagte er und schüttelte den Kopf, während er mit den anderen auf sie anstieß. »Du hast verdammt noch mal Nerven!«

Tangostunden

Die Musik ergriff sie, als sie dasaß und ihren Café con leche schlürfte, wie Schluchzer im Wind, traurig und verlassen. Jede Note, die die Finger des Akkordeonspielers freigaben, sprach von Exil und Verlust, von Eifersucht, unglücklicher Liebe und Verzweiflung. Es ärgerte Simone, dass Tango so oft als kitschiger Mischmasch oder abgeschmackte Tuchfühlung mit einem glutäugigen Latin Lover abgetan wurde. Dabei war er doch eine Kunstform, eine Lebensart. Hier in Buenos Aires gab es sogar eine Tango-Universität, einen ganzen Radiosender, der grundsätzlich nie etwas anderes spielte. Simone hatte ihn sich in ihrem Hotelzimmer angehört.

Sie bezahlte den Kaffee und schlenderte wieder hinaus in den schmalen Caminito mit seinen farbenfroh getünchten Häusern, jedes in einer anderen Schattierung von Pink, Gelb oder Grün. Heute wimmelte es von Künstlern, die ihre Werke den wenigen Touristen anboten, die sich so weit hinunter gewagt hatten. Pfützen füllten die uneben gepflasterte Straße, und die einzigen größeren Menschengruppen schienen allesamt zu dem Fußballspiel im nahe gelegenen Amateurstadion zu strömen. Sie hatte die Straße fast für sich allein, sodass sie alles in ihr Gedächtnis aufnehmen konnte. Die Marktstände, an denen Glasflaschen mit buntem Sand in verblüffenden Mustern verkauft wurden, Gürtel aus argentinischem Leder, zweitklassige Ölgemälde, auf denen Gauchos abgebildet waren. Vor einer Tafel, die in die Wand eingelassen war, blieb sie stehen. Sie zeigte ein Tango tanzendes Paar, der Mann mit schwarzem Hut, weißem Schal und Gangsteranzug, die Frau in einem fließenden, bedruckten Kleid und einem kleinen Hut, den Kopf in den Nacken geworfen. Das hier war ein echtes Kunstwerk, stilisiert und anrührend. Simone kaufte sich eine Postkarte davon, die sie zu Hause in ihrem Schlafzimmer aufhängen wollte. Der Gedanke an die Rückkehr traf sie wie ein Hammer. Croydon mit seinem geschäftigen Zentrum voller junger Mütter und Kinderwagen, die sie irgendwie permanent daran erinnerten, dass es zu spät war und sie ihre Chance verpasst hatte. Lediglich ein Dasein als einsame alte Jungfer bot sich ihr.

Außerdem hatte sie noch ihre Arbeit als Zahnhygienikerin. Der Ausdruck brachte ihre Schwester Ursula stets zum Lachen, als hätte er etwas leicht Unappetitliches an sich, wie zum Beispiel ein Job als Klofrau. »Ich könnte nie einen Beruf ausüben, bei dem man Gummihandschuhe tragen muss«, sagte Ursula immer und verzog das Gesicht. »Noch dazu den ganzen Tag den Leuten in den Mund glotzen. Dabei hast du nicht mal den Status einer Zahnärztin.«

Sie konnte sich gut vorstellen, wie Ursula und deren Mann Simon auf die Idee gekommen waren, sie auf diese Argentinienreise einzuladen. »Ich langweile mich zu Tode, wenn du bei deinen Konferenzen bist«, hatte ihre herrische, aufgedonnerte Schwester bestimmt gejammert.

»Es gibt jede Menge schicke Geschäfte«, mochte Simon unter Umständen geantwortet haben. »Buenos Aires ist mittlerweile zu einer Stadt der Einkaufszentren geworden. Du kannst mich in null Komma nichts ruinieren.« Dann wäre ihm Simone eingefallen und wie sehr sie das weltstädtische Flair von Buenos Aires genießen würde. »Ich weiß was: Lad doch deine Schwester ein. Sie könnte dir Gesellschaft leisten.«

Der nette, aufmerksame Simon! Immer wieder witzelte er, dass eigentlich sie hätten heiraten sollen, Simon und Simone, wo sie sich doch nur durch ein »e« unterschieden.

Simone hatte gelacht und insgeheim ihre Mutter verwünscht; diese hatte ihr einen so ausgefallenen Namen gegeben, weil sie für den verführerischen Yves Montand schwärmte, der mit Simone Signoret verheiratet war. Simone wusste, dass sie nichts von der sinnlichen, lebenserfahrenen Ausstrahlung einer französischen Schauspielerin an sich hatte. Sie sah mehr nach British Home Stores aus als nach Chanel.

Als Teenager war Simone schwerfällig gewesen, während Ursula glänzte. »Dich hätten sie Brenda taufen sollen«, pflegte ihre Schwester sie zu necken.

»Aber was ist mit ihrer Arbeit?« Typischerweise wäre es auch Simon gewesen, der die Höflichkeit besessen hätte, daran zu denken, dass sie ein Eigenleben führte. »Vielleicht hat sie keine Lust, mitzukommen.«

»Natürlich hat sie Lust, mitzukommen!« Sie konnte Ursula geradezu hören. »Ich meine, sie ist Zahnhygienikerin im grässlichen Croydon – würdest du da nicht mitkommen wollen?« Simon und Ursula lebten nicht in Croydon. Sie wohnten in einem landhausartigen Fachwerkbau, der in einer dezenten Reihe identischer Pseudo-Landhäuser im nachgemachten Tudor-Stil im noblen Purley stand.

Und natürlich sagte Simone nicht nein. Argentinien faszinierte sie seit jeher. Also hatte sie die Einladung angenommen, auch wenn das bedeutete, endlos durch Geschäfte und Kosmetiksalons zu ziehen, die ebenso gut in Lakeside, Thurrock hätten liegen können.

Niemals würde sie verstehen, warum sich der erfolgreiche, dynamische Simon von Ursula dermaßen herumkommandieren ließ. Usula war es ein Dorn im Auge, wenn irgendjemand in ihrem Umfeld ein Leben führte, das nicht um sie kreiste. Aber es gab ein paar Dinge über die Menschen in ihrer Nähe, die Ursula entgangen waren. Beim Gedanken daran lächelte Simone verstohlen und genüsslich vor sich hin.

Gleich am allerersten Tag in Buenos Aires freundete Ursula sich mit der Frau eines Kollegen ihres Mannes an, und Simone erhielt dadurch kostbare Freiheit. Die Freiheit, durchs Museum für Schöne Künste oder den Botanischen Garten zu schlendern oder mit ihrem Buch im Belle-Époque-Teesalon von San Telmo zu sitzen und zu lesen. So war im Handumdrehen eine ganze Woche verstrichen. Kaum vorstellbar, dass sie übermorgen heim nach Surrey fliegen sollten, dreizehn Stunden und mehrere Planeten entfernt!

Zurück im Hotel lächelte ihr Ursula, nach einem Besuch im Fitnessstudio und beim Friseur geschniegelt und gebügelt, milde entgegen. »Heute ist unser letzter Abend. Möchtest du nicht aussuchen, was wir heute Abend unternehmen, Simone?«

Erstaunt sah Simone ihre Schwester an. Vielleicht machten die Schönheit und der Zauber Argentiniens sie großzügig.

»Ehrlich gesagt«, erlärte Simone ohne zu zögern, »würde ich gern zu einer Tango-Show gehen.«

»Gut.« Ursula schien von der Idee tatsächlich angetan zu sein. »Wir könnten Simons Kollegen und seine Frau dazu bitten.« Sie sprang auf, sodass ihre goldenen Armreifen klirrten, erpicht darauf, alles zu organisieren. »Ich spreche gleich mit dem Portier.«

»Señora, no.« Die Dringlichkeit in der kultivierten Männerstimme veranlasste sie beide, sich umzudrehen. »Wenn Sie Tango sehen wollen, fragen Sie nicht den Portier. Er bekommt Provision dafür, dass er Sie zu den protzigen Lokalen schickt, wo nur für Touristen getanzt wird. Gehen Sie hierhin.« Der gut gekleidete Herr zog ein schlankes, ledernes Notizbuch heraus und schrieb ihnen eine Adresse auf.

»Ganz schön frech«, fauchte Ursula. »Woher sollen wir wissen, ob *er* keine Provision dafür bekommt, dass er uns dorthin empfiehlt?«

Simone sah dem in Tweed gehüllten Rücken nach und

dachte an das teure, schmale Notizbuch und den goldenen Füller, den er benutzt hatte, um die Adresse zu notieren.

»Ach, komm, Ursula«, sagte sie und wunderte sich über ihre Selbstsicherheit – aber dieser Tango-Club machte sie neugierig. »Er wollte uns wahrscheinlich nur einen Gefallen tun.«

»Na gut«, gab Ursula nach, der wieder eingefallen war, dass sie ja großzügig sein wollte, »dann reservier du mal. Einen Tisch für fünf Personen um neun Uhr.« Sie drückte Simone den Zettel in die Hand.

»Club Helénico de Tango« stand da. In einer Straße namens Canning, an der Kreuzung Canning und Cabrera. Eine Telefonnummer stand nicht dabei, wie Simone auffiel, als sie sich in ihrem kleinen Einzelzimmer, mit Blick auf den Fahrstuhlschacht, aufs Bett setzte. Noch ärgerlicher war, dass auch im Telefonbuch keine verzeichnet war.

Leise Panik befiel sie. Vielleicht sollten sie sich doch besser an den Portier wenden. Ursula gefiel vermutlich sogar die Vorstellung von überteuertem Champagner und Showgirls in Pailletten, die herumwirbelten wie Apachentänzer. Ein Anflug von Rebellengeist riss Simone aus ihrer gewohnten Dulderhaltung. *Sie* wollte in diesen Tango-Club gehen und musste das Risiko auf sich nehmen.

Simone war froh um den praktischen Wintermantel, den sie mitgebracht hatte, um damit das einzige halbwegs angemessene Kleid aus ihrer Garderobe zu bedecken. Ursula hatte sich natürlich hemmungslos in Schale geworfen. In ihrem Etuikleid aus schwarzem Satin, das bis zum Schenkel geschlitzt war, sah sie eher aus wie eine der Tänzerinnen als wie eine achtundvierzigjährige Zuschauerin.

»Zeit zu gehen«, säuselte Simon, der in seinem ein wenig zu engen Nadelstreifenanzug genau jene britische Gelassenheit ausstrahlte, die überallhin gepasst hätte – von der Bond Street bis zu einer Pariser Pferderennbahn.

Der Taxifahrer warf ihnen einen seltsamen Blick zu, fand

Simone, als sie ihm den Zettel reichte. Das andere Paar sollte dort zu ihnen stoßen.

»Ich kann es gar nicht erwarten, nach Hause zu kommen«, erklärte Ursula undankbar, als sie durch die hell erleuchtete Innenstadt rasten. »Ein Tag ist hier wie der andere. Ich begreife nicht, was die Argentinierinnen die ganze Zeit machen.«

Simone hätte fast aufgelacht. In der Galería Pacífico oder dem Patio Bullrich, wo argentinische Gegenstücke zu Ursula, gehüllt in die übliche Uniform aus echten Pelzen und Sonnenbrillen, einkauften bis zum Umfallen und den bestechenden Charme der Stadt um sie herum ignorierten, glich freilich ein Tag dem nächsten.

»Der Schuppen scheint ja ganz schön abgelegen zu sein«, bemerkte Simon milde mit einem Auge auf den Taxameter.

Das musste Simone allerdings zugeben. Der Schick der Innenstadt von Buenos Aires war langweiligen Vorstädten gewichen. Simone begann sich zu fragen, ob das Ganze ein übler Scherz sein sollte, eine Posse, um sich vielleicht als Rache für den Falkland-Krieg über die Briten lustig zu machen.

Endlich hielt der Wagen an. »Da wären wir«, sagte der Fahrer. »Canning y Cabrera.«

»Das kann nicht stimmen«, fauchte Ursula und sah sich auf der gesichtslosen, unbeleuchteten Vorstadtstraße um. »Das finden die Williams in einer Million Jahren nicht.«

Sie sahen sich in allen Richtungen nach dem Schild eines Nachtclubs um, fanden aber nichts. Keine Lichter, keine Trauben interessierter Zuschauer, rein gar nichts.

In einem Anfall plötzlicher Entschlossenheit trat Simone in eine Apotheke und schwenkte ihren Zettel. »Ah, si, si«, sagte die Dame hinter dem Ladentisch, »nebenan. Im Keller. Sie müssen sich beeilen. Bald machen sie zu.«

Simone drängte die Panik zurück, die beim Gedanken daran in ihr aufwallte, dass sie Ursula und Simon den letzten Abend ruinierte, und führte die beiden mutig eine schmuddelige Treppe abwärts. Und tatsächlich – dort unten begrüßte sie auf einem kleinen Schild der Name »Club Helénico de Tango«.

Eine ältere Dame an der Tür verkaufte ihnen für einen lächerlich niedrigen Betrag Eintrittskarten.

»Wenigstens werden wir nicht ausgenommen«, freute Simon sich.

»Warte, bis du den Preis für den Champagner siehst«, zischte Ursula. »Ich habe von Lokalen wie diesem gehört.«

Doch es gab gar keinen Champagner. Nur ein klebriges Getränk in einer giftigen Farbe und mit Kräutern darin. Ja, schlimmer noch, es gab auch keine kleinen runden Tische mit vergoldeten Stühlen, keine eifrigen Kellner, keine briefmarkengroße Tanzfläche, kein gedämpftes Licht und keine verrauchte Nachtclub-Atmosphäre, sondern nur einen großen, leeren Raum mit abblätterndem Putz und Stühlen, die verstreut am Rand standen. Dagegen sah die Stadthalle von Croydon aus wie das Ritz. Und das Schlimmste war, dass sogar ein Orchester fehlte.

»Warum in aller Welt haben wir uns dazu breitschlagen lassen?«, meckerte Ursula, und mit ihrer Großmut war es so schnell vorbei wie mit einem Sonnenuntergang in den Tropen.

»Trinken wir doch was«, schlug Simon vor, der versuchte, es positiv zu sehen.

Als die Musik einsetzte, geschah dies so plötzlich, dass sie zusammenzuckten. Sie kam nicht vom Band, ja nicht einmal von einer CD, sondern von einem knisternden Plattenspieler. Als die Paare zur Tanzfläche strömten, stellte Simone enttäuscht fest, dass nirgends Federn oder Pailletten zu sehen waren. Alle trugen Straßenkleidung. Glänzende, schäbige Anzüge die Männer und zerdrückte Kleider aus billigen Stoffen die Frauen.

Auf einmal sah sie ihn. Den Mann aus dem Hotel. Er tanzte mit einem jungen Mädchen, das halb so alt war wie er. Es sah aus, als sei der schlanke Körper des Mädchens an der Hüfte mit seinem zusammengewachsen. Man hätte nicht einmal ein Zigarettenpapier zwischen die beiden schieben können.

Sie mussten ein Liebespaar sein. Anders ließ sich nicht erklären, dass sich zwei Körper so vollständig und wunderbar im Einklang miteinander bewegten. Es wirkte, und Simone errötete bei dem Gedanken, wie ein musikalisch umgesetzter Geschlechtsakt.

Die Musik hörte auf, und der Mann verbeugte sich. Ohne einen Blick zurück schlenderte das Mädchen wieder zu ihren Freundinnen. Simone stand da und beobachtete die beiden wie vom Donner gerührt. Sie kannten sich offenbar nicht einmal.

»Hört mal«, sagte Ursula. »Wir müssen unbedingt raus aus diesem Loch.«

»Und was ist mit deinen Freunden?«, wandte Simone ein. »Solltest du nicht auf sie warten?«

»Das können wir draußen. Sie finden sowieso nie hierher.« Die Musik hatte wieder eingesetzt.

Und da war er. »Würden Sie mir einen Tanz schenken, bevor Sie gehen? Nachdem ich Sie schon den ganzen Weg hierher gelockt habe?«

Ursula wollte ihn gerade dafür zurechtweisen, dass er sich in die Pläne anderer Leute einmischte, da führte er Simone bereits zur Tanzfläche.

»Sie sind ein phantastischer Tänzer«, hauchte Simone, während er im Gedränge zwischen den anderen Paaren einen Platz für sie suchte. »Ich habe Ihnen zugesehen.«

»Kennen Sie sich mit Tango aus?«

Er wartete ihre Antwort nicht ab und erinnerte sie in seiner aggressiven Selbstsicherheit an Ursula. Dann legte er ihr eine Hand ins Kreuz und spreizte die Finger. Jeder von ihnen schien einen von den anderen völlig unabhängigen Druck auszuüben, als spielte er ein Instrument. »Beim Tango führt die Hand des Mannes. Sie müssen auf die kleinste Berührung reagieren. Denken Sie an nichts als den Druck meiner Hand. Sie müssen sich ergeben.« Einen Moment lang fixierte er sie mit seinem Blick.

Hinter ihr konnte Simone hören, wie Ursula in überlautem Flüsterton zu ihrem Mann sagte: »Nicht zu fassen, was macht die denn?« Aber Simon ignorierte sie und sah gespannt auf die Tanzfläche.

Simone ließ die Musik durch sich hindurchfließen. Jetzt spielte ein Bandoneon, eindringlich und betörend. Mit geschlossenen Augen zwang sie ihren Körper, auf die Kommandos ihres Partners zu achten. Sie trat zwei Schritte im klassischen Tango-Schritt zurück. Glissando, sagte die Stimme in ihrem Kopf. Du musst den Fuß nach hinten gleiten lassen wie auf Satin.

Sie spürte die Wärme seines Beins, das gegen ihres drückte, spürte, wie sein Fuß sich hinter ihren schob um sie zu stützen, als er sie am Ende des Schritts nach hinten beugte. Verblüfft stellte sie fest, dass sie nicht mehr unsicher war.

Jetzt malte sie sich aus, wie es vor hundert Jahren gewesen sein könnte: er ein Ladenschwengel mit Pomade im schwarzen Haar, sie eine junge Einwanderin, die sich in den falschen Mann verliebt hat, oder eine Hure, die mit ihrem Zuhälter tanzt. Die erotische Aufladung nahm ihr den Atem.

Die Musik verstummte. Simones Partner lächelte ihr zu, verbeugte sich und ging sofort davon, genau wie er es zuvor getan hatte.

»Du hast das irgendwo gelernt«, sagte Ursula vorwurfsvoll, als sie sich wieder setzte. Sie fühlte sich eindeutig hintergangen, das sah Simone ihr an. Wie konnten die Menschen um sie herum es wagen, ein Eigenleben zu führen, von dem sie nichts wusste!

»Ja, hat sie«, erklärte Simon plötzlich. Bevor sich Ursula von ihrem Schock erholen konnte, packte er mit erstaunlicher Kraft Simones Hand und zog sie in die Höhe. »Simone und ich haben Tangostunden genommen. Es steckt doch mehr in Croydon, als man auf den ersten Blick erkennt, stimmt's, Simone?«

Simone nickte und fühlte sich plötzlich versucht zu lachen.

Erneut begann die Musik, und sie glitten in makelloser Symmetrie über die Tanzfläche. Sogar der Mann aus dem Hotel sah ihnen jetzt zu.

Hinter ihnen war Ursula vor Schock der Mund offen stehen geblieben. Die Haut unter ihrem Kinn sackte herab. Aus dieser Entfernung erinnerte sie Simone an einen teuer aufgeputzten Truthahn.

In Wirklichkeit wurden die Tangostunden in der Mittagspause im Gemeindesaal einer Kirche abgehalten und waren vollkommen harmlos. Aber das brauchte Ursula ja nicht zu wissen.

Ein Mann mit Überraschungen

»Jetzt ist es schon fast ein Jahr her, weißt du, Mum!« Ryans Stimme klang leicht brüchig.

»Ich weiß.« Karen streckte die Hand aus und fuhr durch das extrem kurz geschnittene Haar ihres Sohnes. Was hätte sein Dad wohl von dieser Frisur gehalten, fragte sie sich.

Zuerst hatte sie die Dramatik der Ereignisse am Leben erhalten. Der Schock, der Schmerz und die Wut darüber, einen Ehemann zu verlieren, der kerngesund und erst Mitte Dreißig war. Dann kam die Wut auf den anderen Autofahrer. Keith hätte sich niemals in solch eine Gefahr gebracht. Er war beim Fahren ebenso wie bei allem anderen überaus vorsichtig gewesen. Ja, sogar so vorsichtig, dass sich Karen mitunter danach gesehnt hatte, dass er sein Glas zu Boden würfe und sie in die Arme risse. Oder wenn schon nicht das, dann zumindest, dass er etwas tat, das einmal nicht typisch für ihn war – vielleicht im Parkverbot parken oder vergessen, seine Bibliotheksbücher zurückzugeben. Aber nein, Keith tat nie etwas Unbeherrschtes oder Leichtsinniges. »Bedächtig« hätte sein zweiter Vorname sein sollen, hatte Karen ihn oft aufgezogen. Mr. Keith Bedächtig Williams, The Hyde 232. Ach Keith, wie kam es nur, dass die einzige Überraschung die du mir je bereitet hast, dein Tod war?

Und dann gab es da noch den Computer. Manchmal hatte Karen das Gefühl gehabt, dass er mit dem mehr verheiratet war als mit ihr. Wir haben einen flotten Dreier, sagte sie manchmal scherzhaft zu ihren Freunden. Er, ich und der Apple Mac. Natürlich brachte es Vorteile, einen so gewandten Computerexperten in der Familie zu haben.

Doch Karen empfand Computer eher wie außerirdische Invasoren, die eine unverständliche Sprache sprachen. Keith dagegen konnte Ryan bei den Hausaufgaben helfen und wurde immer von der Schule gebeten, vorbeizukommen und einzugreifen, wenn Probleme mit den Computern auftauchten. Man nannte ihn den netten Mr. Williams, der sich mit Apple-Rechnern auskennt. Einmal hätte Karen sich beinahe selbst dafür interessiert; aber irgendwie begann die glühende Intensität von Keiths Begeisterung sie zu ärgern, und sie schlug die entgegengesetzte Richtung ein und entwickelte eine Blockade. Dann war das grässliche Internet gekommen, und Keith blieb noch länger verschwunden. Damals fing Karen an, die Elektronik regelrecht zu hassen.

An dem Tag, als er ums Leben kam, hatte sie eigentlich vorgehabt, ihn deswegen zur Rede zu stellen. Gott sei Dank hatte sie es nicht getan, sonst wären womöglich die letzten Worte, die sie an ihn gerichtet hätte, gewesen: »Pfeif aufs Internet! Ich will ein Leben hier in Newbridge, nicht im Cyberspace.« Stattdessen fragte sie einfach: »Kommst du um halb sieben, wie immer?« Das Schicksal plante keine leidenschaftlichen Abschiedsworte ein.

Er hatte sie recht gut versorgt zurückgelassen, aber sie war erst fünfunddreißig, und in jüngster Zeit befiel sie immer öfter die nagende Befürchtung, dass ihre Ehe traurig und leer gewesen war – fünfzehn vergeudete Jahre. Abgesehen natürlich von Ryan. Alle sagten, wie phantastisch sie alles verkraftet hätte, wie tapfer; aber nun empfand sie zum ersten Mal seit Monaten die überwältigende Versuchung, zusammenzubrechen – nicht wegen des Verlusts, sondern wegen der vergeudeten Jahre.

»Also, willst du's jetzt mal versuchen, Mum?«, fragte Ryan. Obwohl die Papiere, die Keith hinterlassen hatte, geordnet waren, gab es immer noch ein paar Angaben, die Karen brauchte, und die konnte ihr nur der Computer verraten. Daher hatte sie schließlich ihren Sohn gebeten, sie anzuleiten.

Es gab noch einen anderen Grund, warum sie ihren alten Feind kennen lernen wollte. In ihrem Alter konnte sie sich schwerlich zurücklehnen und mit Bingo und Bridge anfangen. Vor ihrer Ehe hatte sie als Sekretärin gearbeitet, aber die Büros schienen sich in den letzten zehn Jahren stärker verändert zu haben als in den hundert davor. Sie musste die Technik beherrschen, bevor sie auch nur einen Auffrischungskurs am College belegen konnte. Ein Job würde trüben Gedanken vorbeugen und gegen die Einsamkeit helfen.

Karen zwang sich, ihrem Sohn eine Antwort zu geben. »Jetzt oder nie, finde ich.«

»Na, denn ma' los, Mum«, sagte Ryan in dem Dialekt aus »Home and Away«, der Karen rasend machte. Sie nahm ihre Tasse und folgte ihm ins Arbeitszimmer, das eine Besonderheit des Hauses war. Mehrere Badezimmer kriegen Sie nachgeworfen, hatte der Bauunternehmer ihnen beim Verkauf erklärt, aber ein Arbeitszimmer... Zuerst hatte sie protestiert. Wozu brauchte sie ein Arbeitszimmer? Feine Herrschaften hatten sowas, nicht einfache Leute wie sie. Bis sie die Küche sah, die der Inbegriff all ihrer Wünsche war. Also bekam sie ihre Traumküche und Keith sein Arbeitszimmer.

Sie setzte sich neben Ryan vor den Bildschirm und blickte in dessen unergründliche graue Tiefen. Wenn sie und diese teuflische Maschine einen Anstarrwettbewerb ausfechten mussten, dann war sie entschlossen zu siegen.

»Okay, Mum, fürs erste nur die Grundlagen.« Ryan setzte ein außergewöhnlich liebes Lächeln auf, genau wie sein Vater es manchmal getan hatte. Irgendwie war die Erinnerung daran in letzter Zeit verschüttet worden. »Ich will dich in der ersten Sitzung nicht gleich mit zu viel Theorie verwirren. Leg den Zeigefinger auf die Maus.«

Karen lachte über das unpassende Bild. Sie hasste Mäuse.

»Und jetzt zweimal klicken.« Eine Reihe kleiner Kästchen erschien auf dem Schirm, jedes mit einem anderen Namen.

»Das sind Ordner und Dateien. Ein Computer ist wie ein Aktenschrank.« Er seufzte ein wenig. »Hier drinnen«, fuhr er fort, und tippte auf den Bildschirm, »stecken Dads gesammelte Geheimnisse.«

Den Bruchteil einer Sekunde spürte Karen einen Kältehauch, als hätte ihr der Hüter eines Pharaonengrabs eine Hand auf die Schulter gelegt. Pass auf, was du tust. Das hier war Keith' privates Reich, und seit seinem Tod hatte es niemand betreten.

Ryan saß immer noch neben ihr und redete. Er war die Normalität in Person, der Sohn seines Vaters. »Weißt du was? Wir machen ein kleines Spiel.« Er klickte ein anderes Kästchen an, und ein Comic-Goldfisch erschien, der in sein Comic-Glas hüpfte, als Karen mit der Maus klickte. Es war wie Disney zum Selbermachen. Entzückt lachte sie auf.

Ihr Sohn drückte ihr die Hand. »Du lachst zurzeit nicht viel, Mum.«

»Nein.« Karen bekam leise Schuldgefühle. Das Überleben allein war schon ziemlich schwer. Wie viel von ihrer eigenen Bitterkeit und ihrem Gefühl der Verschwendung hatte sich auf Ryan übertragen? Sie musste irgendwie weiterkommen. »Na los, schauen wir uns die Dateien an.«

Die Kästchen erschienen wieder, und sie arbeiteten sich durch. Finanzen. Hypothek. Versicherung. Das war der Stoff, aus dem Ehen bestehen. Dann Urlaub. Korrespondenz. Zumindest bekam Karen langsam das Gefühl, den Computer zu begreifen.

»Versuch's mal mit Urlaub«, verlangte sie.

Ryan klickte zweimal mit der Maus, und die langweiligen Einzelheiten von fünf Jahren Urlaub rollten vor ihren Augen ab. Ryan lachte. »Der gute alte Dad. Er hatte eben immer gern alles im Griff.«

Die Zuneigung in Ryans Stimme klang aufrichtig, aber in

Karen wallte erneut die Wut auf. Hätte Keith nichts Besseres mit seiner Zeit anfangen können, Herrgott nochmal? Plötzlich kam ihr der Gedanke, dass er das vielleicht getan hätte, wenn er gewusst hätte, was auf ihn zukam – da dämpfte Mitleid ihren Ärger. Es war ein neues Gefühl für sie. Entsetzt wurde ihr klar, dass sie den Tod ihres Mannes ausschließlich im Hinblick auf sich selbst beklagte.

»Versuch's mal mit Korrespondenz.«

Ryan lud etwa ein Dutzend offiziell aussehender Briefe auf den Bildschirm. Karens Interesse erlahmte. Sie wollte den Computer schon abschalten, als sie eine letzte Datei entdeckte, die »Persönliches« hieß.

»Ry«, sagte Karen rasch, »hol die mal her!«

»Bist du sicher, Ma?«, witzelte Ryan. »Wow, was du darin alles finden könntest…«

Karen wurde leicht beklommen zu Mute, so als durchsuchte sie seine Mappe oder wühlte in seinen Jackentaschen, um Beweise für eine Affäre zu finden. Und doch wusste sie, soweit ein Mensch einen anderen eben kennen kann, dass sie keine Belege für ein solches Doppelleben finden würde. Nicht bei Keith Bedächtig Williams. Eine verrückte Sekunde lang hätte sie am liebsten doch entdeckt, dass er eine große Leidenschaft gehabt und sein Leben nicht kaffeelöffelweise vertan hatte.

Zu Karens restloser Verwunderung enthielt die Datei unzählige Gedichte. Ausdrucksvolle und packende Gedichte, erotische und bewegende Gedichte, Verse, die von frischen und originellen Bildern nur so strotzten.

»Das kann Dad nicht geschrieben haben«, sagte sie.

Ryan ließ die Seiten durchlaufen. »Ich glaube doch. Schau dir das mal an.«

Das Gedicht, bei dem er stehen geblieben war, hieß »Für Karen«.

Du bist
Das ruhige Zentrum
Meines Universums.
Ohne dich
Ist sonst nichts.

Die Tränen liefen Karen über die Wangen. Sachte wischte ihr Sohn sie beiseite und sah dabei seinem Vater dermaßen ähnlich, dass sich vor Mitgefühl und Liebe ihr Herz zusammenkrampfte.

»Weißt du, Mum, er war nicht annähernd so langweilig und spießig, wie du dachtest.«

Karen starrte ihn hilflos an. Wie kam es nur, dass Kinder mehr erkannten als ihre Eltern? Im einen Moment waren sie noch Babys, im anderen schon Therapeuten.

Karen umarmte Ryan und hielt ihn einen Augenblick lang fest. Er hatte ihr etwas unendlich Wertvolles wiedergegeben, das ihr im Lauf der Zeit abhanden gekommen war. Ein Gefühl dafür, was die vergangenen fünfzehn Jahre bedeutet hatten.

»Meinst du, es wäre irgendwie machbar, sie zu veröffentlichen?«, wollte Ryan wissen. »Ich meine, ich bin kein Fachmann, aber mir kommen sie verdammt gut vor.«

Karen richtete sich schlagartig kerzengerade auf. Die Gedichte veröffentlichen! Ja, das war genau das Richtige, auch wenn sie es selbst bezahlen müsste. Das würde den Leuten zu guter Letzt den wahren Keith Williams vor Augen führen.

Kurzfristig befielen Ryan Zweifel. »Glaubst du, dass Dad das gewollt hätte?«

»Weißt du was, Ryan? Ich glaube, das ist genau das, was er gewollt hätte. Dein Vater war ein höchst erstaunlicher Mann. Und außerdem: Er fehlt mir unheimlich!«

Gut geflunkert

Pamela trank einen Schluck von ihrem Tequila Sunrise und freute sich an dessen greller Farbe, die mehr nach Sonnenuntergang als nach Sonnenaufgang aussah, seinem Berg von Früchten und dem Schirmchen, das oben drin steckte wie eine Flagge auf dem Mount Everest. Ein ausgesprochen unpassendes Getränk für eine alte Dame, dachte sie zufrieden, und dabei war es erst Viertel nach zwölf! Zu Hause würde sie jetzt vielleicht ein bisschen einkaufen, gärtnern oder Einladungen zum Senioren-Whist ablehnen.

Sie schob ihre Sonnenblende ein Stückchen zurück und ließ sich von der strahlenden Junisonne das Gesicht bräunen. Ein Weilchen saß sie da und sah einer leichten Brise dabei zu, wie sie die ruhige Oberfläche des Hotelpools kräuselte, dessen leuchtend blaues Wasser so einladend war, dass man sofort wieder hineinspringen wollte, wenn man gerade erst herausgekommen war. Sie fand es herrlich hier. Sie liebte Ibiza und vor allem Santa Eulalia, oder wie es mit seinem vollen, noblen Namen hieß, Santa Eulalia del Río. Sie mochte seine Ruhe, die mitunter sogar an Gesetztheit grenzte, außer an den Tagen, wenn sein Hippie-Markt es zu einem Spektakel von Farben und Betriebsamkeit machte und Urlauber von der ganzen Insel anlockte.

Aber am meisten gefiel ihr, dass es frei von britischen Sonnenanbetern im Seniorenalter war. Sie wusste, das war snobistisch von ihr. Sie war nämlich selbst Rentnerin, genau wie die anderen, und blieb zwei Monate hier, weil es billiger war als zu Hause. Fast. Pamela hätte beinahe einen Herzinfarkt bekommen, als sie sich den diesjährigen Prospekt angesehen und festgestellt hatte, wie viel es kostete. Wenn ihre Kinder sie nicht unterstützt hätten, hätte sie nicht fahren können. Sie war eine beneidenswerte Großmutter.

Pamela grinste verschlagen und nahm einen weiteren Schluck. Sie machte sich keine Illusionen darüber, weshalb ihre Kinder die alljährliche Reise ihrer Mutter so bereitwillig finanziell unterstützten. Sie wollten sie los sein, weil sie sie für eine aufdringliche Wichtigtuerin hielten. Und es stimmte. Das war sie. Sie wusste, dass sie lieber den Mund halten sollte, weil andere Leute es hassten, wenn man ihnen sagte, was sie tun sollten, vor allem Schwiegertöchter, aber da steckte irgendein Teufel in ihr, der die Oberhand gewann.

»Warum nimmst du nicht Vanish?« fragte sie zum Beispiel Bernice, die Frau ihres Sohnes Roy. »Das ist wesentlich besser als Ariel.«

»Versucht doch mal, die Fettflecken mit braunem Papier rauszubügeln«, riet sie ihrer Tochter Gill. »Das klappt wie von Zauberhand.«

»Sieht Tom nicht ein bisschen spitz aus?«, erkundigte sie sich bei Roy, triefend vor großmütterlicher Besorgnis. »Er überanstrengt sich doch nicht in der Schule, oder?«

Und dann, zu allem Überfluss, war da noch dieser Vorfall gewesen, als sie einen Mann im Zimmer des Au-pair-Mädchens von Roy und Bernice gefunden und das Mädchen auf der Stelle gefeuert hatte. Aus unerfindlichen Gründen war ihr Bernice nicht einmal dankbar dafür gewesen.

Das Problem bestand in Pamelas Augen darin, dass ohne ein bisschen Unterstützung von ihr die Welt nicht besonders effizient funktionierte, und mangelnde Effizienz war ihr ein Gräuel. Immerhin hatte sie durch die Geschichte mit dem Au-pair ihre Lektion gelernt. Sie würde sich nicht mehr einmischen. Kein einziges Mal. Ganz egal, wie massiv man sie provozierte.

»Ach herrje, Tim, sag bloß nicht, du hast den Faktor sechs vergessen!«

Pamela sah sich nach dem gereizten Ton um, der in dieser idyllischen Umgebung so fehl am Platze war. Zwei Neuankömmlinge waren am Pool aufgetaucht. Sie waren ein eindrucksvolles Paar. Hoch gewachsen und schlank und unglaublich bleich im Vergleich mit den alten Kämpen, die schon seit Tagen oder gar Wochen hier waren. Er trug eine bunt gemusterte Badehose, sie einen schwarzen Badeanzug und dazu einen riesigen Strohhut mit zurückgesteckter Krempe und eine finstere, übellaunige Miene.

Typisch englisch, dachte Pamela aus der Überlegenheit eines zweimonatigen Aufenthalts heraus, *es ist ihr erster Tag, und sie legen sich um die Mittagszeit in die pralle Sonne. Wissen sie denn nicht, wie stark diese Strahlen sind?* Einen Moment lang fragte sie sich, ob sie sie darauf hinweisen sollte. Doch dann erinnerte sie sich an ihren Schwur. Sollten sie doch von allein dahinter kommen.

Sie sah es bereits vor sich: Zwei Stunden auf dem Bauch in der Mittagssonne und die Rückseiten der beiden wären ein Bild des Jammers. Die Stellen ganz oben an ihren Schenkeln, direkt unterhalb des Pos, die immer als Erstes verbrannten, wären so rot wie ihr Tequila Sunrise. Die Folge wären drei Tage mit Kamillenlotion und Aufenthalten im Schatten, ganz zu schweigen davon, dass der Sex flachfiel.

»Kein Problem«, erwiderte der Mann freundlich: »Ich habe Faktor fünfzehn eingepackt. Das ist ohnehin besser für den ersten Tag.«

Was für ein vernünftiger junger Mann. Pamela musterte ihn unter ihrer Sonnenblende, als er der missgelaunten jungen Frau liebevoll den Rücken einrieb. Abgesehen von ihrer finsteren Miene war sie wirklich sehr hübsch. Beim Beobachten der langsamen, zärtlichen Bewegungen wurde Pamela ganz schwummrig. Es war lange her, seit es jemand genossen hatte, *ihr* den Rücken einzucremen.

Sobald sie fertig eingerieben war, setzte sich die junge Frau auf und erwiderte den Gefallen hastig, da sie offenbar möglichst schnell in ihrem Buch weiterlesen wollte. Dann legte sie sich wieder auf ihren Liegestuhl. Auf dem Rücken des jungen Mannes waren weiße Streifen Sonnencreme zurückgeblieben. Pamela juckte es in den Fingern, sie einzumassieren. Er würde ein Zebramuster bekommen, der arme Kerl.

Pamela fragte sich, was für ein Buch es wohl war. Sie liebte es, den Lektüregeschmack anderer Leute zu ergründen. Es sagte einem eine Menge über jemanden, ob er am Pool Jackie Collins las oder *Verfall und Untergang des Römischen Reiches*. Unauffällig setzte Pamela ihre Zweistärkenbrille auf und reckte den Hals. Es war keines von beidem. Zu ihrem Erstaunen war es ein glänzendes, rotes Taschenbuch mit dem Titel *Erfolg im Geschäftsleben*.

Aha, eine Karrierefrau. Bernice war auch eine Karrierefrau. Pamela dachte einen Moment lang an Roy, ihren Lieblingssohn, und Bernice, seine Frau. Sie war sich ganz und gar nicht sicher, dass die beiden glücklich waren. Immer am Arbeiten. Immer in Eile. Weder er noch sie kam vor acht Uhr abends nach Hause, zu spät, um die Kinder überhaupt noch zu sehen. Pamela kam das nicht besonders vergnüglich vor.

Sie seufzte und sah auf die Uhr. Schon fast eins. Der Gedanke an das Mittagsbuffet heiterte sie stets auf. Sie hätte gerade noch Zeit, um sich die Haare zu kämmen und die Lippen nachzuziehen. Sie stand auf und glättete ihren bunt gemusterten Sarong. Sarongs hatte sie gerade erst entdeckt – eine wunderbare Erfindung für ältere Damen, die nicht auf jung machen, aber trotzdem einen erfreulichen Anblick bieten wollten.

Als sie an dem jungen Paar vorüberging, stieß sie mit ihrer Strandtasche gegen die Sonnencreme und warf sie vom Tisch. »Tut mir unheimlich Leid«, sagte sie und bückte sich, um sie aufzuheben.

Doch der junge Mann war schneller. »Keine Sorge«, sagte

er lächelnd. »Wir sollten ohnehin lieber reingehen, sonst müssen wir die ganze Woche im Schatten sitzen.« Er legte die Sonnencreme wieder auf den Tisch. »Übrigens«, fuhr er mit freundlichem Lächeln fort, »ich heiße Tim Hardy, und das ist meine Frau Jan.«

Die junge Frau legte mit kaum verhohlener Gereiztheit ihr Buch beiseite.

»Nehmen Sie es ihr nicht übel«, witzelte Tim, »es ist ihr zuwider, das Büro zu verlassen. Jan findet, Urlaub ist etwas für Schwächlinge.«

Pamela zuckte zusammen und wartete auf eine boshafte Entgegnung, doch es kam keine. Zu ihrer Überraschung hoben sich die Winkel von Jans wohlgeformtem Mund kaum merklich zu den ersten Ansätzen eines Lächelns.

So so, dachte Pamela, *es steckt also doch ein Mensch da drinnen. Jetzt müsste man nur noch wissen, wie man ihn herauslockt.*

Pamela beendete gerade die vierzehnte der fünfzehn Bahnen Rückenkraul, die sie jeden Morgen vor dem Frühstück schwamm, als sie merkte, dass sie nicht allein war. Sie drehte sich um, auf einmal besorgt, dass sie in ihrer eiförmigen Bademütze und dem engen Badeanzug womöglich aussah wie ein Buckelwal. Normalerweise hatte sie den Pool um diese Zeit für sich allein. Nur sie und der kobaltblaue Himmel und dazu der Duft von Akazien und Jasmin. Es war sogar noch zu früh für die Deutschen. Abgesehen von dem einen Mal, als sie um sieben Uhr heruntergekommen war und einen von ihnen im Tiefschlaf unter einem Handtuch vorgefunden hatte, umringt von leeren Bierflaschen. *Was die nicht alles auf sich nehmen,* hatte sie schmunzelnd zu sich selbst gesagt, *um einen Liegestuhl zu ergattern.*

»Guten Morgen. Die beste Tageszeit, stimmt's?« Sie sah sich um. Es war Tim Hardy. Er war wirklich ein junger Mann nach ihrem Herzen.

»Herrlich«, stimmte sie zu. Und so nahm ihre Freundschaft ihren Anfang. An jedem der nächsten drei Tage schwammen sie gemächlich ihre Bahnen, und zu Pamelas Erstaunen erzählte ihr Tim von sich und Jan. Sie hatte vermutet, dass Jan die Dynamische der beiden war und Tim der Betuliche, doch sie hatte sich geirrt. Sie arbeiteten beide in derselben Steuerberaterkanzlei. Pamela hatte schon von solchen Leuten gelesen. Yuppies. Oder waren es Dinks? Doppeltes Einkommen, null Kinder oder irgendso ein Unsinn.

»Bloß nicht!«, stöhnte Tim, als sie ihn mit diesem Etikett aufzog. »Ich will gar kein Dink sein! Ich sehne mich nach Kindern, aber es steht nicht in meiner Macht. Jans sagenhafte Karriere ist das Problem. Sie glaubt, wenn sie in den Mutterschutz geht, kommt sie nie wieder rein. Keine Beförderung.« Tim verzog das Gesicht. »Kein Sitz im Vorstand in zehn Jahren!«

Pamela seufzte. Es war alles so anders als in ihrem eigenen Eheleben. Vier Kinder unter fünf Jahren. Eine Ehefrau und Mutter, die zu Hause blieb. Das war doch bestimmt besser für die Kinder? *Aber andererseits,* dachte sie schuldbewusst, *wenn du arbeiten gegangen wärst, hättest du dich vielleicht nicht so massiv in ihr Leben eingemischt.*

Tim hatte weiterzusprechen begonnen. »Das Problem ist, dass Jan so unter Strom steht. Und Santa Eulalia ist hektischer, als ich erwartet habe. Gestern ist ihr auf dem Hippie-Markt der Geldbeutel gestohlen worden, und ich dachte schon, sie würde ins nächstbeste Flugzeug nach Hause steigen!« Sie hatten das Ende des Beckens erreicht, und Tim machte eine sehenswerte Unterwasserwende. »Deshalb verziehen wir uns für ein paar Tage. An ein Fleckchen, wo es wirklich ruhig und friedlich ist. Nach Formentera.«

Formentera! Was ihr dazu nicht alles einfiel! Pamela war seit Jahren nicht mehr auf der winzigen Nachbarinsel gewesen, aber sie erinnerte sich gut an deren wilde, einsame Strände, die felsigen Landzungen und die wundersamen

Weizenfelder inmitten der steinigen Landschaft, die der Insel ihren Namen gegeben hatten. Auf Formentera konnte man wirklich alles hinter sich lassen.

Gehen Sie in die Fonda Pepe, hätte Pamela am liebsten gesagt, *und trinken Sie ein Glas Hierbas. Grüßen Sie Pepe von mir, dann spendiert er es Ihnen.* Aber sie durfte sich nicht einmischen.

Sie stieg aus dem Pool und griff nach ihrem Handtuch. Wenn es sich nicht in eine Touristenhochburg oder eine Clubanlage für junge Leute unter Dreißig verwandelt hatte, müsste Formentera die Lösung sein.

Beim Abendessen war an diesem Tag alles merkwürdig gedämpft. Da saßen die gewohnten schweigenden Paare mit ihrer Flasche Wein, die sie gestern begonnen und erst halb getrunken hatten – ganz im Gegensatz zu Pamela, deren Flasche nie die Mahlzeit überlebte. Dann waren da die beiden lauten Familien mit ihren grässlichen Gören, die zu allem Pommes aßen und sich jeden Abend mit Sangria betranken. Und an einem diskreten Ecktisch saß der einzige andere Single, eine ziemlich vornehme Dame, die die Nase stets in ein Büchereibuch steckte und für sich blieb.

Nur Tim und Jan fehlten. Pamela merkte, wie sie es vermisste, die beiden zu beobachten. Sie schloss die Augen und fragte sich, was sie wohl gerade machten. Ob Tim Jan hatte überreden können, endlich ihr Buch wegzuwerfen und zu lernen, dass es im Leben außer Arbeit auch noch etwas anderes gab? Pamela hoffte es zumindest. Vielleicht hatten sie sogar die Fonda Pepe gefunden und tranken doch noch Hierbas. Sie hob ihr Glas zu einem stillen Trinkspruch. *Auf die belebenden Kräfte von Sonne, Strand und Sex!*

Zwei Tage später schreckte Pamela plötzlich aus ihrem Verdauungsschläfchen hoch. Wie viel Uhr war es? Die Stunden plätscherten hier so angenehm vorüber. Und dann sah sie verblüfft, dass Jan wieder da war. Sie saß am Rand des Pools und las ein Buch. Zu ihrer Enttäuschung musste Pamela erkennen, dass es immer noch das rote Taschenbuch war. Also hatte Formentera doch nicht gewirkt.

Auf einmal plätscherte es im Becken, und Tim tauchte auf, federnd und geschmeidig wie ein junger Delphin. Unvermittelt schoss er aus dem Wasser zwei Meter in die Höhe und zog Jan hinein, mitsamt Buch und allem. Pamela hielt den Atem an. Doch als Jan wieder an die Oberfläche kam und nach Luft schnappte, während sich ihre Haare ringelten, strahlte ihr hübsches Gesicht vor Lachen. Und Pamela fiel auf, das die feinen Stressfältchen auf ihrer Stirn verschwunden waren und ihre Augen glänzten.

Tim tauchte nach dem Buch und legte es, tropfnass und triefend, wie es war, vor Pamelas Füße.

»Wie war's auf Formentera?«, fragte sie flüsternd.

Tims Antwort begann mit einem anzüglichen Blinzeln. »Zwei Tage haben wir noch«, antwortete er leise. »Ich schätze, das müsste genügen.«

»Könnten Sie mir bitte sagen, wann Busse nach Ibiza-Stadt fahren?«, fragte Pamela das junge Mädchen an der Rezeption ganz langsam, weil sie offenbar nur recht wenig Englisch sprach. Seit Tagen plante Pamela einen Besuch in der Hauptstadt, um sich die schönen jungen Leute anzuschauen. Im Café zu sitzen, selbst unsichtbar, weil sie weder jung noch faszinierend war, und sie in ihren bronzefarbenen Lederbikinis mit dazu passenden schenkellangen Stiefeln, ihren winzigen Wildledershorts und den wehenden Seidentüchern vorbeidefilieren zu sehen, war einer der Höhepunkte von Pamelas Aufenthalt.

Gerade war sie dabei, sich die tollsten Erscheinungen auszumalen, die sie zu sehen bekommen würde, als sie hörte, wie die Rezeptionistin mit einem Ferngespräch kämpfte. »Señora Janet Hardy?« Sie sah auf ihrer Liste nach. »Si, si, die wohnen hier. Bitte. Eine Moment. Ich nicht spreche so gut Englisch.«

»Kann ich Ihnen helfen?« Pamela fand, sie könne sich durchaus nützlich machen. Das Mädchen reichte ihr das Telefon.

»Hallo, hier spricht Pamela Mountjoy. Ich bin Hotelgast. Ich fürchte, die Rezeptionistin ist ein bisschen überfordert. Kann ich etwas ausrichten?«

»Oh, Gott sei Dank, Sie sind Engländerin.« Die knisternde Stimme am anderen Ende klang ungemein dankbar. »Ich bin Jan Hardys Sekretärin und rufe aus London an. Es tut mir unheimlich Leid, wenn ich ihren Urlaub unterbreche, aber Jan muss unbedingt morgen an einer wichtigen Besprechung teilnehmen. Ich muss sie dringend sprechen. Könnten Sie ihr das sagen?«

»Sicher. Ich kann gleich losgehen und nach ihr suchen, wenn Sie möchten.«

»Könnten Sie das tun? Es tut mir ja so Leid, dass ich Ihnen diese ganzen Umstände mache.«

Pamela legte den Hörer auf und machte sich auf den Weg zum Pool. Jan und Tim lagen seitlich auf nebeneinander stehenden Liegestühlen und sahen sich an. Als Pamela auf sie zuging, streichelte er langsam hingebungsvoll und sinnlich ihren Arm. Pamela sah, wie Jan sich vorbeugte, um ihn zu küssen. Die Liebe strahlte aus ihren Augen.

Pamela blieb stehen. Die vermutlich unerhörteste Idee, die sie je gehabt hatte, machte sich soeben in ihrem Kopf breit. Sie schüttelte sich. Sie hatte es doch versprochen. Sie hatte geschworen, sie würde es nie wieder tun. Noch einmal sah sie die beiden an. Zum Teufel auch. Versprechen waren dazu da, dass man sie brach.

Ganz leise drehte sie sich um, kehrte in die Hotelhalle zurück und nahm den Hörer auf.

»Es tut mir entsetzlich Leid«, erklärte Pamela, indem sie gekonnt auf vertrottelte Engländerin machte, »aber ich fürchte, sie sind nicht hier. Sie sind ein paar Tage weggefahren. Nach Formentera.« Pamela lächelte heiter zur Tür in Richtung Swimmingpool hinaus. »Nein, es tut mir wirklich *unheimlich* Leid, aber ich habe nicht die leiseste Ahnung, wo sie dort wohnen. Offenbar wollten sie ganz für sich sein und ein paar Tage niemanden sehen.«

Pamela legte den Hörer auf und schlenderte hinaus zur Bushaltestelle. Bestimmt brauchte sie nicht lange zu warten. Jede Minute musste ein Bus nach Ibiza-Stadt kommen.

Piercing und andere Leidenschaften

»Warum darf ich keinen Nasenstecker haben?«, wollte Nicky wissen und kletterte grollend hinten ins Auto. »Alle anderen in meiner Klasse haben einen.«

Sasha kannte diesen Ton nur allzu gut. Irgendwo zwischen Quengeln und Bequatschen. Kinder brachten immer die gleichen Argumente vor. Als ob die Mütter vor dem Schultor nicht Erfahrungen austauschen würden. Den Liberalen, die bei Schlafenszeiten und Süßigkeiten »nachgaben«, nahm man es allgemein übel, dass sie so schwach waren und die Maßstäbe aushöhlten. Früher bestand der Unterschied lediglich darin, dass um die neueste Barbie gequengelt wurde oder darum, EastEnders anschauen zu dürfen. Jetzt ging es um Body-Piercing. Als nächstes um Raves. Und dann um Sex. Gott steh uns allen bei, dachte Sasha. »Tara hat sich den Bauchnabel piercen lassen«, drängte Nicky weiter. »Und Carly hat sechs Ohrringe hintereinander. Nasen heilen unheimlich schnell. Es gibt einen coolen Laden am Marktplatz, der echt steril ist und wo sie es ganz vorsichtig machen. Eigentlich genau wie in einer Klinik.«

Sasha lachte hohl und sah vor ihrem geistigen Auge unter Drogen stehende Mitarbeiter und verschmutzte Nadeln. »Und wie heißt diese sterile Klinik?«

Dummer Fehler, erkannte Sasha, sobald sie die Frage ausgesprochen hatte. Regel Nummer Eins im Überlebenshandbuch für Eltern: Kling nie interessiert! Wenn sie dir mit »Hör mir doch nur einen Augenblick zu, bevor du nein sagst« kommen, ignorier sie.

»Der Laden heißt ›Hard Metal‹«, begeisterte Nicky sich.

»Und sie haben total coole Ziegenschädel und Gebeine und Kelche und so Zeug.« Nicky begriff, dass das ihrem Anliegen vielleicht nicht unbedingt förderlich war. »Aber die sind nur Deko. Viele Mütter gehen mit ihren Kindern dahin.«

»Und woher hast du diese ganzen Insider-Informationen?«, fragte ihre Mutter argwöhnisch.

»Ach, na ja.« Nicky wand sich unbehaglich in ihrem Schuluniformrock, den sie eigenhändig auf mikrokurz geändert hatte – die einzige je freiwillig von ihr vollbrachte Näharbeit. »Ich bin zufällig mal mit Carly dort gewesen, als sie sich ein Ohr hat piercen lassen. Den Prospekt habe ich noch.« Sie wühlte in ihrem Rucksack und fischte leere Colalight-Dosen und eine mumifizierte Bananenschale heraus. »Da ist er.«

Die unbelehrbare Sasha machte einen zweiten Fehler und nahm ihn entgegen. Dem Reiz, über Brustwarzenringe und Kinnstecker und weitere derartige Perversionen zu lesen, konnte sie nicht widerstehen.

»Du lieber Himmel, Nicola!« Sasha riss sich gerade noch am Riemen. »Was würde wohl dein Vater sagen? Kannst du dir vorstellen, dass er damit einverstanden wäre, wenn seine Tochter plötzlich mit einem Nasenring nach Hause käme?«

»Kein Ring. Ein Stecker! Und du bist immer so stinklangweilig!« Die generationsübergreifende Verachtung hallte in Sashas Ohren. »Du hast doch garantiert auch bescheuerte Sachen getrieben, als du noch jung warst. Schau dir bloß mal die Fotos von dir und Dad auf dem College an. Nichts als lange Haare, Lederjacken und peinliche Röcke aus Schlabberstoff.«

»Das ist etwas ganz anderes«, blaffte Sasha zurück. »Wir waren wesentlich älter. Mindestens einundzwanzig.«

»Ihr habt garantiert Räucherstäbchen abgebrannt und afghanische Jacken getragen. Igitt! Und dann noch diese Band, von der Dad ständig labert.«

»The Sinful Dead?«

»Die kommen nächste Woche zu dem Rave für Ruanda. Darf ich dahin? Bitte?«

Sasha bog in ihre Einfahrt und fragte sich, wie sie nur aus einem Loch herausklettern und postwendend ins nächste, noch größere hatte fallen können. Natürlich waren sie und Martin auf Rock-Festivals gegangen. Aber nicht mit sechzehn. »Nein, Schätzchen. Ich mag ja langweilig sein, aber du bist zu jung für Nasenstecker oder Rock-Festivals, und dabei bleibt's. Ich will nichts mehr davon hören, sonst... sonst...« Sasha suchte verzweifelt nach einer brauchbaren Strafe. Es war ja so viel einfacher gewesen, als man »Postman Pat« verbieten oder das Taschengeld streichen konnte... »sag' ich's deinem Vater«, beendete sie ihren Satz lasch.

Nicky schnaubte und hüpfte aus dem Wagen, noch bevor Sasha ganz abgebremst hatte; sie trampelte mit ihren Schuhen davon, die genau wie Doc Martens aussahen, aber Eltern gefielen, weil sie von Clark's stammten – und überließ es Sasha, das Abendessen herzurichten, den Hard-Metal-Prospekt zu lesen und darüber nachzugrübeln, wie fade ihr Dasein geworden war.

Nicky hatte Recht. Sie und Martin hatten früher wirklich gewagte Dinge angestellt, auch wenn sie im Grunde ziemlich brav waren. Sasha konnte sich noch an ein Rock-Festival erinnern, an dem der Typ vor ihr sich nackt ausgezogen und ihr im Namen von Liebe und Frieden mit seinem Pimmel vor der Nase herumgewedelt hatte, bis sie ihn am liebsten angeschrien hätte, er solle auf der Stelle erwachsen werden und sich wieder anziehen.

Andererseits konnte es auch passieren, dass man *zu* brav wurde. Seit er an diesem Polytechnikum, das sich als Universität aufmotzte, den Institutsleiter spielte, war Martin ehrlich gesagt ätzend geworden.

So. Nun hatte sie es ausgesprochen. Die Wahrheit, die

schon lange in ihrem Hinterkopf lauerte und seit Monaten oder gar Jahren an ihrer Beziehung nagte. Wann hatte es angefangen? An dem Tag, als er seine Lederjacke gegen einen Anzug eintauschte? In dem Semester, als er von den Studenten redete wie von lästigen Ärgernissen und nicht mehr von den leuchtenden Kreativen der Zukunft? Sasha war sich nicht sicher. Sie wusste lediglich, dass etwas zwischen ihnen schal geworden war. Und in letzter Zeit hatte er zu allem Überfluss auch noch aufgehört, sich über seinen Job zu beklagen. Und da sein Job, eher als sie und Nicky, den wahren Mittelpunkt seines Lebens darstellte, gab es fast nichts mehr, worüber man sprechen konnte.

Sasha bekam es mit der Angst zu tun, während sie die Zwiebeln für die Spaghetti all'amatriciana schälte. Das war früher einmal ihr Lieblingsgericht gewesen, als sie jung und knapp bei Kasse waren, und sogar eine Flasche Lambrusco Luxus bedeutete. Damals, in ihrer lustigen und frechen Jugend.

Ein gefährlicher Gedanke kam ihr, als sie den ungeräucherten Speck klein schnitt. Warum sollte Nicky eigentlich keinen Nasenstecker bekommen? Es war doch nur eine Art, wie die Mädchen ihre Individualität zum Ausdruck brachten. Pech für ihn, wenn Martin nicht damit einverstanden war! Falls sie deswegen Streit bekämen, würden sie wenigstens mal wieder in Kontakt kommen.

Als hätte sie einen sechsten Sinn, erwähnte Nicky Hard Metal am nächsten Tag nicht, sondern ging brav zur Schule. Martin setzte Sasha wie jeden Tag vor der Anwaltskanzlei ab, in der sie vormittags arbeitete.

»Alles in Ordnung?«, fragte er, allerdings ohne richtig zuzuhören, da er bereits an seine Institutskonferenz dachte und daran, wer wohl heute wen über den Tisch zu ziehen versuchte.

Sasha musterte ihn. Wo früher einmal dichtes, dunkles und welliges Haar gewesen war, sah es heute kahl aus. Jetzt trug er einen Bart, als hätte man ihn auf den Kopf gestellt und geschüttelt, bis ihm die Haare stattdessen aus dem Kinn wuchsen. Sein Anzug war schick, aber unpersönlich. Die abgewetzte alte Mappe, die ihm, seit sie ihn kannte, als Aktentasche gedient hatte, war durch ein Stück von Samsonite ersetzt worden. Er erzählte ihr auch keine grässlichen Witze mehr.

»Mir geht's gut«, erwiderte sie. »Aber wie steht's mit uns?«

Es war ihr herausgerutscht, ohne dass sie es wollte – wie Basil Fawlty das mit dem Krieg.

»Alles bestens«, fauchte Martin. Jetzt besaß sie seine Aufmerksamkeit. Und dann, während eine Spur Verletztheit durch seinen Anzug nach außen drang, knurrte er: »Oder nicht?«

Mit ein bisschen Glück würden ihm diese zwei Worte seine Besprechung ruinieren.

Um eins kam sie aus der Arbeit und marschierte schnurstracks zu Hard Metal. Wenn sie schon in Erwägung zog, den Nasenstecker zu erlauben, musste sie zuerst sehen, was für ein Laden das eigentlich war.

Hard Metal lag im ersten Stock über einer Metzgerei, was irgendwie passend schien. Die Treppe war schwarz lackiert, und genau wie Nicky beschrieben hatte, hingen Ziegen- und Schafschädel an der Wand und überdies – was ihre Tochter geflissentlich verschwiegen hatte – eine Teufelsmaske. Entsetzt hätte Sasha beinahe kehrt gemacht, doch da öffnete sich die Tür am oberen Ende der Treppe, und ein fröhlicher junger Mann erkundigte sich, ob sie die Kundin wäre, die den Termin um ein Uhr vereinbart hatte.

»Sie ist nicht gekommen«, erklärte er und hielt Sasha höflich die Tür auf. »Vermutlich hat sie der Mut verlassen. So geht's vielen. Irgendwie komisch, weil es überhaupt nicht wehtut.«

Der junge Mann bat sie ins Wartezimmer, das zu ihrem

großen Erstaunen hell und sauber war und sie eher an eine Zahnarztpraxis erinnerte, außer dass die Klientel hier nicht *Fisch und Fang* oder *Bella*, sondern *Skin* und *Masochist's Monthly* las.

»Ich heiße Keith«, verkündete der junge Mann. »Was kann ich für Sie tun?«

»Ehrlich gesagt«, antwortete Sasha schüchtern, »bin ich nicht meinetwegen hier.«

Keith grinste. »Das sagen sie alle beim ersten Mal, und dann kommen sie wieder, um sich eine Klitoriskappe oder einen Prinz Albert anbringen zu lassen.«

»Einen Prinz Albert?« fragte Sasha matt. Das Erstere hatte sie ja schon zusammenzucken lassen, aber da konnte sie sich zumindest vorstellen, wo es hinkam.

»Einen Ring durch den Pimmel. Prinz Albert hatte einen. Wussten Sie das nicht?«

Kein Wunder, dass ihn Queen Victoria so schmerzlich vermisste, als er starb, dachte Sasha ergriffen. John Brown als schottischer Presbyterianer war bestimmt nicht in ähnlicher Weise ausgestattet.

»Es ist wegen meiner Tochter. Sie will einen Nasenstecker. Und ich wollte mich zuvor hier umsehen.«

»Da haben Sie völlig Recht«, lächelte Keith. »Es ist uns sowieso lieber, wenn die Eltern dabei sind. Dann wissen wir, dass ihre Unterschrift auf dem Einwilligungsformular nicht gefälscht ist. Zum Glück geht es nur um einen Nasenstecker. Die meisten jungen Mädchen wollen einen Ring durch den Nabel. Meiner Meinung nach sind daran diese bauchfreien Tops schuld.« Er klang, so dachte Sasha bei sich, beruhigend viktorianisch. »Und glauben Sie mir, Nabelringe können eine echte Qual sein. Entzünden sich ständig. Nasenstecker sind okay.«

Sasha fand schon allein den Gedanken kaum erträglich.

»Ist das auch wirklich ungefährlich?«

»Hundertprozentig, wenn Sie unser Merkblatt zur Nachsorge befolgen.« Er reichte ihr ein offiziell aussehendes Formular.

»Also, was meinen Sie?«

Auf einmal gingen Sasha die Nerven durch. Konnte sie wirklich erlauben, dass Nicky hierher kam, um sich einen Nasenstecker einsetzen zu lassen – und Martin dann vor vollendete Tatsachen stellen?

»Jetzt behagt Ihnen die Vorstellung nicht mehr, oder? Wie wär's dann mit einer schönen, kleinen Tätowierung für Sie? Mo«, rief er einer seiner blauhaarigen Kolleginnen zu, »zeig der Lady mal deine Malkünste.«

Das blauhaarige Mädchen zog den Ärmel ihres Pullovers hoch, bis mehrere, kleine, zarte Tätowierungen zum Vorschein kamen. Eine Reihe blauer Vögel, winzige, ineinander verschlungene Herzen und Blumen, ein kleiner grüner Drache. »Und dann noch das hier.« Sie beugte sich vor, sodass ihr Oberteil drei oder vier Zentimeter über ihr Kreuz hochrutschte, und enthüllte eine mit unglaublicher Finesse gezeichnete Japanerin, die hinter einem winzigen Fächer hervorlugte. »Und mein absolutes Lieblingsstück«, erklärte sie, während sie ihren Pullover über die eine Schulter herunterzog. Ein kleiner, wundervoller Schmetterling tauchte auf, der Sasha sofort an dieses schmalzige Lied über den bunten, flüchtigen Schmetterling der Liebe denken ließ.

»Na los.« Keith stand neben ihr und grinste einladend. Er selbst, so bemerkte sie, war nicht gepierct. »Machen Sie Ihrem Gatten eine Freude!«

Das gab den Ausschlag. Nicht die Vorstellung, ihrem Gatten eine Freude zu machen, sondern ihn brutal zu schockieren. Warum sollte sie es ihrer Tochter überlassen, etwas Rebellisches zu tun, um die Asche ihrer Beziehung aufzuwirbeln, wo sie doch ohne weiteres selbst etwas unternehmen konnte?

Wilde, berauschende und schon fast vergessene Erregung

pulsierte durch ihren Körper. Warum nicht? Warum zum Teufel nicht?

»Jetzt oder nie«, ermunterte Keith sie. »Wie gesagt, uns ist eine Kundin ausgefallen.«

Sasha zögerte. Einmal hatte sie drei Kronen eingesetzt bekommen, weil ihr Zahnarzt in einer ähnlichen Situation steckte. Allerdings war sie damals schwanger gewesen und sie hatten nichts gekostet.

Denk nur mal daran, wie grotesk du dann mit sechzig aussiehst, ermahnte sie sich.

Doch es nützte nichts. In ihr toste der verrückte und für sie ganz untypische Drang, sich daneben zu benehmen. Dann wurde sie eben irgendwann sechzig. Darüber konnte sie sich den Kopf zerbrechen, wenn sie neunundfünfzig war.

»Einverstanden. Wie lang dauert es denn? Ich muss nämlich jeden Mittwoch meine Tochter abholen. Sie hat um vier aus.«

»Massenhaft Zeit. 'Ne Tasse Tee?«

Anderthalb Stunden später wartete Sasha mit den anderen Müttern vor der Schule, ihr Geheimnis unter einem Lambswool-Pullover von Marks & Spencer versteckt. Eine Schar Mädchen, vom Rennen ganz gerötet, kam lachend und juchzend um die Ecke gerast. Auf einmal unterschieden sie sich gar nicht so sehr von damals, als sie noch Sindy-Sweatshirts trugen und Stofftiere an sich drückten.

»Denk dir nichts wegen dem Nasenstecker, Mum«, rief Nicky. »Jane meint, ich müsste restlos wahnsinnig sein, mir den Körper mit sowas zu versauen.« Jane, seit neuestem ihre beste Freundin, war spiritueller als Tara oder Carly.

Als sie nach Hause kamen, hatte sich Sashas boshafte Freude aufgelöst, lief ihr den Rücken hinab und bildete eine Pfütze auf der Straße. Was in aller Welt hatte sie nur angestellt? Es war doch allgemein bekannt, dass man eine Hauttransplantation brauchte, um eine Tätowierung wieder zu entfernen. Sie würde wie eine achtzigjährige Paula Yates enden. O Hilfe! Wie sollte sie das Martin erklären?

Zu allem Überfluss kam Martin, der sonst nie vor halb neun eintrudelte, um halb sechs nach Hause. Sie hatte nicht einmal Zeit, ihm ein Überraschungsessen zu kochen und ihm eine Flasche von Sainsburys Chardonnay einzuflößen, um ihn wohlwollend zu stimmen.

Darüber hinaus kehrte er, als er seinen Anzug ausgezogen hatte, in einem uralten Jeanshemd zurück, das sie seit Jahren nicht mehr an ihm gesehen hatte. »Martin«, begann sie und versuchte, begeistert zu klingen, »du kommst aber früh. Hör mal, ich muss mit dir über etwas reden.«

Martin fixierte sie mit einem strengen und eindringlichen Blick. »Jetzt nicht«, wehrte er sie kurz angebunden ab und konzentrierte sich wieder auf das Schriftstück, das er gerade verfasste.

Sasha kochte vor Wut und hantierte mit ungehemmtem Groll lautstark in der Küche herum. Noch nie war das Auspacken von drei Schweinekoteletts ein derart kriegerischer Akt gewesen.

Schließlich riss ihr der Geduldsfaden. Martin wollte gerade seinen letzten Punkt setzen, als ihn ein fliegendes Kotelett direkt unterm Ohrläppchen erwischte. Vor Verblüffung ging sein Mund auf. »Martin«, schrie Sasha, die sich nun endlich seiner Aufmerksamkeit sicher war: »Wir sind am Ende. Wir haben uns nichts mehr zu sagen. Unsere Liebe ist seit etlichen Jahren tot. Wir schaffen es nicht mehr, einander zu überraschen.«

An Stelle einer Antwort schob sich Martin das seitlich etwas längere Haar hinter die Ohren und brachte dadurch einen goldenen Ohrring zum Vorschein.

Sasha schnappte nach Luft.

Das Witzige war, dass es zu ihm passte. Mit dem Bart sah er dunkel und feurig aus wie auf einer Gitanes-Anzeige.

»Ich hab' ihn mir in diesem Piercing-Laden am Marktplatz einsetzen lassen. Was du heute Morgen gesagt hast, hat mich ins Grübeln darüber gebracht, wie langweilig ich geworden bin. Vermutlich war es ein jämmerlicher Akt der Rebellion im gesetzten Alter. Aber ich kann ihn ohne weiteres wieder rausnehmen, wenn du willst.«

Sasha begann zu kichern. »Erklär mir nichts. Dem Mann hatte gerade jemand einen Termin abgesagt und…«

»Was heißt das?«

Nun zog sie ihren Pullover hoch und zeigte ihm den flüchtigen Schmetterling der Liebe. »Ich wollte dich dermaßen ärgern, dass du mich mal wieder wahrnehmen musst.«

Ganz langsam ging Martin auf sie zu. In seinen Augen funkelte der Schalk. »Jetzt hab' ich dich wahrgenommen«, bestätigte er.

Hinter ihnen tat ihre Tochter, von beiden unbemerkt, so, als würde ihr übel. Sie ging nach oben, um ihre Hausaufgaben zu machen. Gut, dass sie noch ein Mars hatte. Heute würde es erst spät Abendessen geben.

Fremde in der Nacht

Er musterte sie nun schon seit fünf Minuten, das hatte sie von der Wanduhr abgelesen, und als er schließlich ihrem Blick begegnete, errötete sie. Sie hatte dieses Lokal gewählt, weil es am anderen Ende der Stadt lag und niemand, den sie kannte, hereinschneien würde, um auf dem Nachhauseweg etwas zu trinken. Außerdem besaß es eine Art Neon-Schick, der ihr gefiel. Bei Tageslicht würde es zwar billig und abgeschmackt wirken, aber da wäre sie längst wieder sicher in ihrem braven Vorort. Sie nippte an ihrer Margarita und beschloss, eine Show abzuziehen. Ihr Lächeln schmiegte sich um die Rundung des Glases. Mit verführerischer Anzüglichkeit warf sie sich eine Olive in den Mund. Er verstand sofort.

»Darf ich mich zu Ihnen setzen?«

Sie nickte und nahm ihre Handtasche vom Stuhl neben sich. Ihr Puls begann lauter zu hämmern als die Musik aus den Lautsprechern. Etwas entfernt, an einem der Tische weiter hinten im Raum, sah sie im Spiegel zwei Geschäftsleute, die sie beobachteten. Der eine stieß den anderen mit dem Ellbogen an und lachte ordinär, als hätte ebenso leicht einer von ihnen derjenige sein können, der sich neben das exotische Wesen auf den Barhocker setzte.

Eine Weile plauderten sie, während sein Hotelzimmerschlüssel zwischen ihnen lag wie der Einsatz beim Pokern. Keiner von beiden offenbarte sich allzu sehr. Es war erstaunlich, wie gestelzt eine Unterhaltung sein konnte, wenn es letztlich überhaupt nicht um Worte ging.

Unverblümt arbeitete er auf sein Ziel hin, aber sie zog eine langsamere Gangart vor. Die Vorfreude war das Beste.

Mit einer Entschuldigung ging sie zur Toilette. Die beiden Herren stießen sich an und wechselten Blicke. Drinnen frischte sie ihr fast makelloses Make-up auf und benetzte jede erogene Zone, die ihr einfiel, mit ein paar Tropfen Parfum. Auf dem Rückweg sah sie ein Münztelefon, und den Bruchteil einer Sekunde trug sie sich mit dem Gedanken, zu Hause anzurufen. Ob die Kinder wohl noch auf waren? Oder waren sie nach »Gladiators« und »Herzblatt« völlig übermüdet? Und hatte ihre Mutter wohl daran gedacht, ihnen um neun den Fernseher abzustellen? Ihr Finger hielt mitten in den vertrauten Ziffern inne. Was sollte das?

Zurück an der Bar fragte er sie, ob sie noch einen Drink wolle. Sie schüttelte den Kopf, und ihre schwere Halskette klimperte dabei wie ein dicker Glücksarmreif. Er fragte sie, was sie *dann* wolle.

An Stelle einer Antwort ließ sie ihren neuen Mikrofasermantel, der sich weich wie Seide anfühlte, ein bisschen über die eine Schulter rutschen und entblößte gebräuntes, nacktes Fleisch. Sie sah, wie er sich mit geweiteten Augen vorbeugte, während er wohl darüber nachsann, welche anderen Genüsse in diesen seidigen Tiefen auf ihn warteten. Er bezahlte mit ungeschickten Bewegungen. Das gefiel ihr. Nicht *zu* selbstsicher, nicht zu großspurig. Sie hatte gern ein wenig Respekt. Ein wenig Anerkennung dafür, dass das Geschenk, das sie ihm darbringen würde, einen Wert besaß.

Sie ließ sich von ihrem Barhocker gleiten. Hinter ihnen konnte sie die beiden Beobachter sehen, übergewichtig, unattraktiv, mit schmutziger Fantasie, grinsend und neidisch. Ihren Frauen hatten sie bestimmt erzählt, sie seien noch im Büro – diese glaubten ihnen freilich kein Wort; aber im Grunde scherte es sie wenig, *wann* ihre langweiligen Ehemänner überhaupt wieder eintrudelten.

Draußen herrschten niedrige Temperaturen, und da sie darunter so wenig anhatte, fröstelte sie.

Das Hotel war einer dieser Neubauten im Supermarkt-Stil

mit einem Brunnen in der Halle, in den Kinder die Hände getaucht und Wasserlachen auf den Fliesen hinterlassen hatten.

Der Nachtportier an der Rezeption musterte sie von oben bis unten. Sie spürte, wie Wut in ihr aufwallte und funkelte ihn mit stählernem Blick an. Er hielt sie für eine Hure! Sie trug Seidenglanz und duftete nach Paloma Picasso, verdammt noch mal. In einer Absteige wie dieser konnte er froh sein, wenn er es mit Kunstpelz und White Musk zu tun bekam.

»Möchten Sie morgen früh geweckt werden, Sir? Und möchten Sie und die Lady eine Morgenzeitung bestellen?«
Natürlich wusste er, dass sie am Morgen nicht mehr da sein würden, dieser dämliche Kerl.

Der Hotelflur war mit Teppichboden ausgelegt, der sie ans hiesige Ärztehaus erinnerte. Am Zimmer angelangt, zog er den Schlüssel heraus, der eher wie eine Kreditkarte aussah, und machte sich an der Tür zu schaffen. Zuerst gab sie nicht nach. Beiden widerstrebte die Vorstellung, ein Zimmermädchen rufen zu müssen. Dann, auf einmal, ging sie auf – sie stolperten in den Raum und lachten dabei erleichtert wie Kinder. Das Innere erwies sich als erstaunlich hübsch. Alles war in Blau- und Pfirsichtönen aufeinander abgestimmt und das Bett einladend aufgedeckt.

»Möchtest du etwas trinken?«, fragte er erneut.
Diesmal bejahte sie.
»Gin Tonic?«
»Weißwein, bitte. Es steht immer eine halbe Flasche in der Kühlschranktür, gleich neben der Schokolade, die kein Mensch isst.«

Man sah ihm an, dass er sich darüber ärgerte, wie sie auf einmal das Kommando übernommen hatte – als befänden sie sich nun auf ihrem Terrain. Sie merkte, dass er versucht war, Einwände zu erheben; aber dann überlegte er es sich anders, und sie hörte den Korken entweichen. Während er die Getränke einschenkte, schlüpfte sie aus dem Mantel. Sie hatte sich sorgfältig angezogen: seidene Unterwäsche, Strümpfe, Strapse und korallenrote Schuhe. Kein Kleid. Zu diesem Anlass war sie geschenkverpackt erschienen.

Er reichte ihr das Glas. Dann glitt seine Hand über die Seide nach unten und ließ sie vor erahnter Lust nach Luft schnappen. Sie hielt ihn rechtzeitig zurück.

»Noch nicht«, befahl sie, obwohl sie nach seiner Berührung hungerte. Das konnte warten. Noch lange. Fürs Erste wollte sie die Kontrolle übernehmen, das Sagen haben, *ihr* Sagen.

»Leg dich aufs Bett«, ordnete sie an.

»Ganz angezogen?« Er klang erstaunt und erregt. Der Ärger war verflogen.

Sie nickte. »Ich mag Männer in Anzügen. Mach die Augen zu.«

Nun saß sie rittlings auf ihm, löste seine Krawatte und zog daran. Sie glitt so leicht von seinem Hals, dass die Verführerin erwartete, sie zischen zu hören wie eine Schlange.

Seine Erregung wuchs. Sie öffnete jeden einzelnen seiner Knöpfe so langsam und bedächtig, als wäre er das wertvollste ihrer Weihnachtsgeschenke. Beim letzten war die Spannung fast unerträglich.

Und dann klingelte das Telefon.

»Ja«, bellte sie hinein.

»Mrs. Williams?« Der Tonfall des Portiers klang spöttisch. »Ihre Mutter ist am Apparat. Sie sagt, es sei dringend.«

»Ich konnte den Videorecorder nicht programmieren«, klagte die liebe Oma vom anderen Ende der Stadt. »Dabei kommt doch heute die Sondersendung von ›Coronation Street‹.«

Im Spiegel über dem Bett sah sie, wie er seine Knöpfe wieder schloss, und Enttäuschung machte sich in ihr breit. Der heutige Abend war eindeutig gelaufen.

»Mach dir nichts draus«, sagte er und reichte ihr mit tröstlichem Lächeln den Mantel. »Weißt du was? Such doch gleich die Inszenierung für nächste Woche aus. Diesmal bringen wir die Kinder zu deiner Mutter, und dann könntest du dich als französisches Stubenmädchen verkleiden. Vorausgesetzt, du hast das Kostüm noch.«

Die Bäume schlagen aus

»Mir ist unbegreiflich, weshalb du einen Gärtnerkurs machen willst«, meckerte Anthony gereizt. »Du hattest doch noch nie Geschick für Pflanzen.«

Das stimmte. Topfpflanzen welkten, wenn sie sich ihnen näherte. Das Geißblatt verlor seine Blätter, Passionsblumen ihre Leidenschaft. Einmal hatte sie gewisse Erfolge mit einem Kaktus zu verzeichnen gehabt, weil er nur einmal im Monat gegossen werden musste; aber es war ihr schwer gefallen, sich um eine Pflanze zu kümmern, die so wenig von einem brauchte.

»Ich würde es gern lernen«, sagte Olivia und versuchte, nicht unterwürfig zu klingen. Es brachte ihren Mann immer auf, wenn sie unterwürfig klang. »Anscheinend finden viele Menschen mittleren Alters Freude an Gartenarbeit.«

Daran ließ sich nicht rütteln. Sie hatte erstaunliche Beziehungen zwischen ihren Freundinnen und deren Gartengrundstücken aufblühen sehen – so leidenschaftlich wie Liebesaffären. Vielleicht gab einem, wenn man so auf die fünfzig zuging, Gartenarbeit das, was früher der Sex geleistet hatte. Außerdem musste man für Pflanzen nicht einmal besonders gut aussehen.

»Und wo machst du diesen Gärtnerkurs? In Charnley Manor?«

Charnley war das Herrenhaus in ihrer Nähe, eine Miniaturausgabe von Hampton Court, gehegt von einem berühmten Gärtner, der den Standpunkt vertrat, man müsse die Werke von Gertrude Jekyll, Vita Sackville-West und anderen klassischen Gärtnerinnen zerstören und auf dem Kroket-

Rasen Wildblumen züchten. Seine Spezialität war Bärenklau kombiniert mit wildem Mohn.

»Offen gestanden«, begann Olivia in dem Wissen, dass ihre Wahl mit Herablassung aufgenommen werden würde, »habe ich einen Kurs hier am Ort gebucht. Er findet in den Gewächshäusern von Fawley Fields statt – und zwar für jedermann. Man braucht keine Vorkenntnisse, weißt du, also kann auch ich mitmachen.« Sie hasste sich selbst dafür, dass sie diese letzten Worte angefügt hatte; aber Anthonys Meinung von ihr war ihr zur zweiten Natur geworden, genauso vertraut wie die Hausarbeit, die sie im Schlaf verrichtete, oder der perfekte Yorkshire-Pudding, den sie kochte, wenn ihr Sohn oder ihre Tochter zu Besuch kamen. Das Sonntagsessen war kein richtiges Sonntagsessen ohne ihre Yorkshire-Puddings, sagte Simon immer.

Als der Kurs zum ersten Mal stattfand, staunte sie. Er war voll von arbeitslosen Jugendlichen, älteren Damen und sanftmütigen Riesen mit Lernstörungen. Aber die Mitarbeiter verhielten sich so warmherzig und hilfsbereit, dass sich Olivia an ihren ersten Tag im Kindergarten erinnert fühlte, als ihr die Erzieherin überschwänglich gratuliert hatte, weil sie sich selbst die Schuhe binden konnte. Am besten gefiel ihr, dass absolut kein Druck herrschte. Dafür hatte die Dozentin gesorgt. Sie hieß Frances Lacey und war Olivias Schätzung nach ungefähr in ihrem Alter, aber damit hörten die Ähnlichkeiten auch schon auf. Wo Olivia beige und flauschig und in ihrer Art fast kätzchenhaft erschien, war Frances grauhaarig und direkt und trug ein Tweed-Jackett.

»Vergessen Sie nicht«, verkündete Frances in der Einführung, »sich zu fragen, was Sie vom Gärtnern erwarten. Wollen Sie damit Geld verdienen? Einen Ort schaffen, wo Ihre Kinder spielen können? Soll es ein Hobby sein, dem Sie sich mit Leib und Seele widmen wollen? Oder ist Ihr Ziel, wie es einer meiner Lieblingsdichter formuliert hat, einfach ›der Ruhe ihre Kränze zu flechten‹?«

Olivias Kinder waren mittlerweile erwachsen, machten mit Mitte zwanzig aber noch keine Anstalten, eine Familie zu gründen und Nachwuchs zu produzieren. Daher brauchte sie keinen Garten, in dem Kinder spielen konnten, und sie wollte auch mit Sicherheit keinen, der sie versklaven würde. Sie kannte zu viele Menschen, die steif und fest behaupteten, im Juni nicht verreisen zu können, weil da der Garten in voller Blüte stand. Es gab auch welche, die ihren Grünstreifen überhaupt nie allein ließen. Aber »der Ruhe ihre Kränze zu flechten« sprach sie enorm an. Anthony, das wusste sie, würde sagen, dass ein Garten produktiv sein müsse, und Gemüse und Obst ebenso wichtig seien wie Blumen und Schönheit.

Also hörte Olivia auf Frances Lacey. Sie lernte etwas über Perspektive, Lage und Bodenarten. Sie machte sich ausführliche Notizen über Fortpflanzung und das Präparieren von Samen und wie man außerdem mit Hilfe einer Technik namens »irischer Absenker« Ableger zog. Unter heimlichem Schmunzeln erfuhr sie sogar, dass die weiblichen Teile einer Pflanze »Stigma« genannt wurden. Das wundert mich nicht, dachte sie, behielt diese Überlegung aber für sich.

»Sie sehen aus, als ob es Ihnen Spaß macht«, bemerkte Frances an einem frischen, heiteren Tag. Olivia pflanzte Osterglockenzwiebeln und maß mit ihrem Setzholz die richtige Tiefe, um jede einzelne ins Erdreich zu stecken. Es stimmte. Der Gartenkurs machte ihr Freude, es war etwas, das sie nur für sich allein tat. Und zu ihrem enormen Entzücken und Erstaunen stellte sie fest, dass sie, seit sie die Wissenschaft von der Pflanzenzucht begriffen hatte, tatsächlich gut darin war.

»Sie haben ein Gespür für Pflanzen«, lobte Frances sie. »Ich habe nie an grüne Daumen geglaubt. Für mich beruht alles auf Geduld und Fantasie. Manche Leute sind nur an Erlebnissen interessiert. Der wahre Gärtner hat eine Vision wie ein Maler. Sie würden ihn nie dabei ertappen, wie er ins Gartencenter rast, um sich wahllos eine Ladung auffälliger Freilandpflanzen zu besorgen.«

»Vielen Dank!« Olivia ließ das Kompliment um sich fließen wie einen wärmenden Cognac.

Frances musterte sie genauer. »Ich werde nicht ganz schlau aus Ihnen, Olivia. Sie sind wirklich eine attraktive Frau, und doch wirken Sie allzu verschlossen. Wenn Sie eine Pflanze wären, würde ich Knochen- oder Blutmehl empfehlen, oder vielleicht würde ich Sie an einen sonnigeren Platz umsetzen.«

Olivia schüttete sich aus vor Lachen. Arthur, der einsneunzig groß war und überwiegend in einer ganz eigenen Welt lebte, lachte mit ihr, obwohl er keine Ahnung hatte, warum.

»Sie sollten öfter lachen«, ermunterte Frances sie. »Genau wie unser Arthur. Sie lachen gern, stimmt's, Arthur?«

Anthony zweifelte immer noch am Wert des Kurses. »Und was willst du mit alldem anfangen, wenn du fertig bist?«

Olivia wagte nicht, ihm ihren wahren Wunsch zu beichten, nämlich, dass sie gern Gärten entwerfen würde.

»Lass ihr doch ihren Willen«, hörte sie ihre dominante Tochter Susan bei einem ihrer immer seltener werdenden Besuche zu ihm sagen. Susan machte eine Ausbildung zur Reisekauffrau und schien mehr mit Computern zu tun zu haben als mit Menschen. »Schließlich gibt es nicht mehr viel in ihrem Leben, seit wir aus dem Haus sind.«

Leiser Zorn wallte in Olivia auf; aber sie war es so wenig gewöhnt, sich selbst solche Gefühle zu gestatten, dass sie ihn niederkämpfte und weiter das Blumenbeet mulchte. »Kompost«, hatte Frances erklärt, »gibt der Natur zurück, was sie uns beschert.« Und dann, als ob das zu mystisch klänge: »Natürlich könnten Sie seine natürlichen Eigenschaften mit einem Schuss gutem chemischem Dünger verstärken.«

Und dann, an einem heiteren Herbsttag geschah etwas, das niemand hätte vorhersagen können, nicht einmal Frances mit all ihrer natürlichen Weisheit. Olivia fand einen Knoten. Nicht im Garten, sondern in ihrer Brust. Gerade war sie am Umgraben, als sie ein Ziehen unterm Arm spürte. Sie ging hinein, streifte ruhig ihren Gartenpullover ab und sah in den Spiegel. Es war die linke Brust, direkt unterhalb der Warze, wo sich die Haut leicht zusammenzog.

Kalte Panik ließ Olivia erstarren. Der Zyklus des Lebens, der Wechsel der Jahreszeiten, die Wiedergeburt des Frühlings – all das waren Dinge, die sie seit Beginn ihres Gärtnerkurses lieben gelernt hatte. Aber Krebs bedeutete keine Wiedergeburt, sondern vielleicht das Ende.

Sie sagte niemandem etwas davon, nicht einmal Anthony. Anthony würde ihr – genau wie er es bei allem anderen in ihrem Leben tat, angefangen mit dem Auto, das nicht ansprang, bis hin zum Milchmann, der die Lieferung vergaß – unterschwellig vermitteln, dass es irgendwie ihre eigene Schuld war. Sie konnte zwar für alles andere in ihrem Leben den Kopf hinhalten – aber sie würde sich nicht dafür entschuldigen, dass sie Krebs bekommen hatte.

Ihr Hausarzt nickte mitfühlend und überwies sie zur Biopsie ins Krankenhaus. Die Biopsie bestätigte ihre Befürchtungen. Sie hatte einen Knoten in der Brust, und er war bösartig. Jetzt würde sie es Anthony und den Kindern sagen müssen, obwohl sie sich massiv versucht fühlte, einfach zu lügen und es allein durchzustehen. Stattdessen erzählte sie es Frances.

Sie setzten gerade im Gewächshaus winterharte Pflanzen, als Frances ihre Pflanzkelle ablegte. »Sie sehen nicht gut aus, Olivia. Belastet Sie irgendetwas?« Anthony hatte natürlich nichts bemerkt.

»Aber warum wollen Sie es Ihrer Familie nicht sagen?«, fragte Frances, nachdem Olivia ihr das Herz ausgeschüttet hatte. »Wie können Sie so etwas alleine durchstehen wollen?«

»Mein Leben mit Anthony war umsonst. Ich habe zwei Kinder, die mich langweilig und beschränkt finden. Meinem Dafürhalten nach habe ich ihnen mein Leben zum Opfer gebracht, aber sie wollten es eigentlich gar nicht.«

Frances sah ihr ins Gesicht. »Dann hätten Sie es ihnen vielleicht nicht überlassen sollen.«

Olivia spürte, wie ein Teil von ihr abstarb wie ein Sämling bei plötzlichem Frosteinbruch. Sie war sich so sicher gewesen, dass Frances sie verstehen würde. Dass diese Frau sie stützen, Mitgefühl mit ihr haben und ihr sagen würde, dass Anthony ein anmaßender, unsensibler Mann und ihre Kinder undankbare Egoisten waren.

»Sie müssen deshalb nicht aufgeben, Olivia. Sicher sind Sie stärker, als Sie denken. Sie sind die Säule in Ihrer Familie, nicht Ihr Mann. Es ist höchste Zeit, dass Sie für sich selbst eintreten und etwas unternehmen – sonst bezahlen Sie am Ende noch mit Ihrem Leben.«

Die Brutalität von Frances' Worten traf sie tief.

»Was glauben Sie, wer Sie sind, Frances, dass Sie so entsetzlich aufgeblasen daherreden?«, fauchte Olivia. »Und kommen Sie mir bloß nicht mit einer Ihrer dämlichen Gärtner-Metaphern. Je grausamer die Beschneidung, desto wohler tut es der Pflanze und dieser ganze Schwachsinn. Ich gehe jetzt und komme nicht wieder.« Sie wandte sich ab und sammelte ihre Sachen zusammen, so schnell sie konnte.

»Olivia...«, Frances fasste unter die Werkbank. »Ich hatte gehofft, Sie könnten daraus etwas machen.« Sie holte einen schwarzen Blumentopf hervor, aus dem ein blattloser, vertrockneter Stock ragte. »Es ist Geißblatt. Wollen Sie sich daran versuchen?«

»Herrgott nochmal, Frances! Seien Sie nicht so verdammt platt!«

Schockiert sah Arthur zu, wie seine Freundin Olivia das Gewächshaus verließ.

»Keine Sorge, Arthur. Das ist die beste Äußerung, die sie

je getan hat.« Sie lächelte in seine verwirrte Miene und reichte stattdessen ihm den Topf. »Er muss ein bisschen aufgepäppelt werden. Wollen Sie ihn für sie wieder lebendig machen?«

Olivia hatte einen Kliniktermin in der folgenden Woche. Der Stationsarzt war nett, aber nüchtern. Er schlug eine Kombination aus Chemotherapie und Bestrahlung vor, empfahl ihr aber gleichzeitig, über eine Amputation nachzudenken. Er sagte nicht, dass ihre Brüste zum Glück bereits ihren Zweck erfüllt hatten – obwohl sie ihm ansah, dass er das dachte.

Nun musste sie es doch ihrer Familie mitteilen.

Es war das Schwerste, was sie je hatte tun müssen.

»Ich habe leider eine ziemlich schlimme Neuigkeit.« Sie hatten sich gerade zum Mittagessen hingesetzt, Roastbeef mit ihrem perfekten Yorkshire-Pudding. Ihren beklommenen Gesichtern sah sie an, dass sie etwas in dieser Richtung erwarteten. Es kam nicht oft vor, dass sie sie alle zusammentrommelte. »Das Problem ist... ich habe leider Krebs. Es tut mir wirklich sehr Leid.«

»Um Gottes willen, Mum...«, Susan war als Erste auf den Beinen. »Entschuldige dich doch nicht... nicht bei uns. Bitte!« Sie schlang ihrer Mutter die Arme um den Hals. »Was für einen?«

»Brustkrebs. Nächste Woche muss ich mir eine Brust entfernen lassen.«

»Mein Gott! Dad, warum hast du uns das nicht schon längst gesagt?«

Anthony sah über den Mittagstisch hinweg Olivia an. Sein Teint war grauer als die Weste an seinem Leib. »Weil ich es nicht wusste.« Seine Stimme hörte man kaum; sie klang gepresst und tonlos, fast mechanisch. »Warum hast du mir nichts gesagt, Olivia? Wie lange weißt du es schon?«

»Nicht lange.« Sie hielt den Kopf hoch, fixierte ihn mit ihrem klaren Blick und ignorierte die Tränen, die ihr lautlos über die Wangen zu rinnen begannen. »Ich dachte, du würdest sagen: ›Es heißt doch, dass es einen Krebs-Typ gibt. Gehemmt. Ständig besorgt. Genau wie du, Olivia.‹ Ich dachte, du würdest andeuten, dass es irgendwie meine Schuld ist.«

»Um Gottes willen, Mum! Du bist ja vielleicht merkwürdig. Warum sollte Dad so etwas sagen?«, drang Susan in sie.

Simon legte einfach die Arme um sie. »Du wirst wieder gesund, Mum. Gar keine Frage.«

Die Mastektomie war schmerzhaft und die Chemotherapie noch schlimmer. Manche Leute kamen einigermaßen glimpflich davon, aber Olivia gehörte nicht dazu. Ihr fielen die Haare aus und sie trug einen Hut, der sie in ihren eigenen Augen aussehen ließ wie einen Teewärmer. Weihnachten zog ins Land, dann Januar und Februar. Die Ärzte gratulierten ihr, doch Olivia teilte ihren Optimismus nicht. Sie wusste, dass da etwas war, dem sie sich noch nicht gestellt hatte – etwas, das unterhalb des körperlichen Schmerzes lag.

»Überraschung!«, rief Susan eines Tages und kam ins Haus gestürmt. »Zwei Tickets für eine einwöchige Kreuzfahrt auf der Greek Princess. Ich hab' sie günstig bekommen«, fügte Susan mit ihrer gewohnt taktlosen Offenheit hinzu. »Du und Dad, ihr könnt eine zweite Hochzeitsreise machen.«

Zum ersten Mal seit Wochen lachte Olivia.

Ärgerlicherweise kamen ihr Frances' Worte wieder in den Sinn. »Ich würde unheimlich gern fahren«, hörte sie sich selbst sagen, »aber nicht mit Dad. Lieber würde ich allein fahren. Dann kann ich besser nachdenken.«

Ihre Worte fielen in eine tiefe Grube des Schweigens. Wortlos verließ Anthony den Raum.

»Himmel, Mum! Jetzt hast du wirklich seine Gefühle verletzt.«

»Er fängt sich schon wieder. Und jetzt hilf mir, einen Badeanzug auszusuchen.«

Zu Olivias Erstaunen gab es bei Selfridge's einen ganzen Ständer mit »Mastektomie-Badeanzügen«.

»Ob die wohl mit Markennamen ›Amazone‹ heißen?« witzelte Olivia und kaufte sich ein sehr teures Modell aus schwarzweißem Elastikstoff. »Komm, wir schauen uns die Perücken an.«

Sie entschieden sich für eine mit nerzfarbenem Kurzhaarschnitt. »Ich werde sie Harry nennen«, verkündete sie der sprachlosen Verkäuferin.

Hinterher hängte sich Susan bei ihr ein. Sie waren nur selten so einkaufen gegangen, Mutter und Tochter gemeinsam. Susan hatte seit jeher gewusst, was sie wollte und es einfach erstanden, ganz egal, was jemand anders davon hielt. Die Glückliche! »Komm, Sue, gehen wir Mittagessen.«

Sie aßen in einem kleinen italienischen Restaurant um die Ecke, am St. Christopher's Place. Es war voll von Frauen auf Einkaufsbummel und mehreren anderen Müttern mit ihren Töchtern. Olivia wurde etwas klar. Ihr Leben lang war sie vorsichtig mit Geld umgegangen und hatte nicht zugelassen, dass es ihr Freude verschaffte, sondern nur Schuldgefühle. »Komm, wir trinken noch ein Glas Wein. Ich lade dich ein.« Beinahe hätte sie einen Trinkspruch ausgebracht. »Auf den Krebs!« Aber das hätte Susan vermutlich nicht verstanden.

Susan fuhr sie und Harry, die Perücke, in der folgenden Woche zum Hafen von Southampton. Olivia gab ihr Gepäck beim Einchecken ab und musterte die anderen Leute, Passagiere und Familien, die auf dem Kai herumliefen. »Bist du sicher, dass es dir so am liebsten ist?«, fragte Susan, die sich nicht recht vorstellen konnte, dass ihre furchtsame, immer besorgte Mutter dies tatsächlich allein wagte. »Ich könnte mitkommen, wenn du möchtest. Mr. Willis hätte wahrscheinlich Verständnis dafür.«

»Danke, ich krieg' das schon hin. Pass auf deinen Vater auf. Er hat es nötiger als ich.«

Susan winkte ihr zum Abschied und hoffte, dass sie die

richtige Entscheidung getroffen hatte. In Susans Augen benahm sich ihre Mutter reichlich merkwürdig. Und das Ungewöhnliche daran war, dass es Olivia gut zu gehen schien. Tatsächlich hatte Dad die größeren Probleme.

Als das Schiff auslief, spielte die Band »Sailing«, und die Leute warfen Papierschlangen. Es troff von Romantik. Zum ersten Mal seit Wochen rang Olivia mit den Tränen, aber zum Glück war Susan bereits in der Menge verschwunden.

An Bord blieb Olivia meist für sich, doch irgendwann auf See gesellte sie sich einmal zu einer Brigde-Runde. »Hatten Sie kürzlich einen Trauerfall?«, fragte eine schmuckbehängte Dame mit einer blauen Tönung in den Haaren, die den Fischen Angst gemacht hätte.

»Ja«, bestätigte Olivia. »Ich trauere um meine linke Brust. Sie wurde mir vor einem Monat abgenommen. Verdammt schmerzhaft, kann ich Ihnen sagen!«

In dem entsetzten Schweigen, das sich über den Raum senkte, erkannte Olivia nur eines: Ausnahmsweise hatte sie einmal gesagt, was sie wirklich dachte.

Für Mitte März war es erstaunlich warm, als sie zurückkehrte. Auf dem Kai entdeckte sie keine Spur von Susan, und ein kleiner Funken Angst entzündete sich in ihr, als sie stattdessen Anthony dort stehen sah. Als Erstes fiel ihr auf, dass er älter und verletzlicher aussah. »Wie kann er es wagen?«, dachte sie. »Wie kann er es wagen, den Bedürftigen zu spielen?«

»Hallo, Olivia!« Er hatte etwas Geschwächtes und Gequältes an sich, doch Olivia weigerte sich, Mitleid mit ihm zu empfinden. Mitleid bot keinerlei Grundlage. Dann bemerkte sie, dass er einen eingewickelten Blumentopf dabeihatte. »Die Frau aus Fawley Fields brachte ihn vorhin vorbei. Sie sagte, jemand namens Arthur hätte ihn aufgepäppelt. Kein besonders großartiges Geschenk, finde ich.«

Olivia zog das Papier beiseite. Darin befand sich ein kahler Stock von etwa dreißig Zentimetern Höhe. Ganz unten am Stamm begannen sich zwei kleine, zartgrüne Blättchen gerade auseinander zu rollen. »Er ist wieder lebendig geworden.« Und nun rannen ihr die Tränen über die Wangen, im Grunde die Ersten, die sie seit ihrer Operation vergoss.

»Sie wollte dich unbedingt daran erinnern, dass heute Frühlingsanfang ist!« Olivia starrte das Geißblatt an. Meinte Frances damit, dass es an der Zeit war, sich der Wahrheit über ihre Ehe zu stellen und sich zu trennen?

»Livvy.« Verblüfft sah sie auf. Anthony hatte diesen Namen schon so lange nicht mehr benutzt, dass sie sich gar nicht mehr daran erinnern konnte. Nicht seit sie jung waren und sich wirklich geliebt hatten...

»Was du neulich gesagt hast. Dass du mir nichts von dem Krebs erzählt hast, weil ich dir sonst unterstellt hätte, es sei deine eigene Schuld.«

Sie nickte.

»Du hattest Recht. Ich habe dir immer an allem die Schuld zugeschoben, stimmt's?«

»Ja, Anthony.« Olivia wurde seltsam leicht zumute, ein fast körperlich spürbarer Stimmungsaufschwung. »Allerdings habe ich das auch immer geschluckt, oder nicht? Aber das wird sich in Zukunft ändern.«

»Wenn ich verspreche, dass ich es nie mehr tue, wirst du mir wahrscheinlich nicht glauben.«

Olivia lächelte nur traurig. Konnten sich Menschen wirklich ändern, noch dazu in ihrem Alter?

Auf einmal schwieg er und hielt sie auf Armeslänge von sich. Ihr wurde bewusst, dass er sie weder geküsst noch umarmt hatte. Die schwache Frühlingssonne zeichnete einen goldenen Heiligenschein um sein dichtes, dunkles Haar, das soeben erst begann, an Schläfen und Ansatz weiß zu werden. »Geh nicht, Livvy.«

Sie wusste nicht, was er meinte. Aus ihrer Ehe oder aus dem Leben.

Da unterbrach sie ihn, schloss ihn in die Arme und zog ihn eng an sich. »Ich habe es nicht vor. Jetzt, wo der Frühling gekommen ist.«

»Außerdem« – das Schmunzeln, das sein Gesicht weich wirken ließ, erinnerte sie an ihren Sohn Simon oder an Anthony selbst vor dreißig Jahren – »hast du deinen Gärtnerkurs noch nicht abgeschlossen.«

Auf in den Kampf

Es musste doch einfachere Methoden geben, um einen Mann kennen zu lernen, dachte Ellie, als sie sich mit einer giftig aussehenden Paste, die von Farbe und Konsistenz her an Schafskot erinnerte, das Gesicht schwärzte, die Kapuzenmütze aufsetzte und in die überdimensionale Tarnjacke schlüpfte. Sie hätte sich nie von Jan dazu überreden lassen sollen. »Es macht garantiert unheimlich Spaß«, hatte Jan ihr weisgemacht, »und massenhaft allein stehende Männer werden kommen.«

Stattdessen war es eiskalt, und Ellie fühlte sich ungefähr so glamourös wie Dawn French beim Vorsprechen für die Black and White Minstrel Show. Nicht einmal ihre eigene Mutter hätte sie in dieser Kluft erkannt.

Letztlich war sie nur mitgekommen, weil sich die Schule zu ihrem Erstaunen bereit erklärt hatte, die Veranstaltung zu sponsern. »Warum nicht?«, hatte der Direktor gesagt, als sie ihn in seinem Büro aufsuchten. »Das Schulamt wäre sicher einverstanden. Es ist genau das Richtige, um Führungsqualitäten zu fördern.« Er hatte sie über den Rand seiner goldgeränderten Brille angesehen und gegrinst. Vermutlich ist er jünger, als ich dachte, hatte Ellie überlegt, nicht älter als vierzig, vielleicht auch erst achtunddreißig. »Eigentlich«, meinte der Direktor noch, »würde ich am liebsten selbst mitmachen. Das wäre auf jeden Fall amüsanter als dieser Verwaltungskram.« Er lehnte sich gefährlich weit über einen Stapel Unterlagen, der sich auftürmte wie ein Wolkenkratzer.

Ellie erwiderte sein Lächeln. Alle sagten, er sei ein sagenhafter Lehrer gewesen, der in der Verwaltung verschwendet sei. Trotzdem brauchten die Schulen in diesen finsteren Zeiten Leute wie ihn. Unter Kollegen munkelte man sogar, dass er an die landesweiten Lehrpläne glaubte.

»Übrigens«, hatte er Ellie gefragt, als sie sich zum Gehen wandten, »warum Kriegsspiele? Ich dachte, Sie wären Pazifistin?«

Ellie war so rot angelaufen wie eine reife Tomate. Kannte denn die ganze Schule die Geschichte, dass sie die einzige Demonstrantin in Greenham Common gewesen war, die sich von ihrem Mann mit dem Firmenwagen dort hatte absetzen lassen? Das war freilich gewesen, bevor die nuklearen Sprengköpfe in ihrem eigenen Wohnzimmer explodiert waren und ihre Ehe in Trümmer zerfetzt hatten.

Ellie zog die Kapuzenmütze tiefer in die Stirn und schnürte die Stiefel fester. Nein, sie war heute nicht gekommen, um nach einem Mann Ausschau zu halten, egal, was Jan dachte. Sie wäre auch weiß der Himmel enttäuscht worden, wie ihr ein Blick auf die Versammelten klar machte. Sie hatte nur eingewilligt, um sich von ihren Kindern loszueisen. Seit der Scheidung waren sie zu richtigen kleinen Miststücken mutiert. Natürlich traf allein sie und Jack die Schuld daran, aber trotzdem. Die meiste Zeit bekam sie die geballte Ladung ihres Grolls ab, weil sie jemanden brauchten, den sie traktieren konnten, und sie eben zufällig die Anwesende war. An dem Tag, als Jan sie zum Mitmachen aufgefordert hatte, hatte sie wirklich genug gehabt. Sie stand vor der Wahl, dreißig Kilometer Abstand zwischen sich und ihre Brut zu bringen oder mit dem Brotmesser Amok zu laufen. Da schienen ihr Kriegsspiele am Wochenende schon angenehmer – eine Spur jedenfalls.

»Hallo, alle miteinander! Adrian ist mein Name.« Ein junger Schnösel sprach sie mit nasaler Stimme an. »Ich möchte, dass ihr eure vorgefassten Meinungen über Kriegsspiele korrigiert. Es geht um Aufregung. Abenteuer. Jetzt ist der richtige Moment, um euren zivilisatorischen Anstrich abzulegen.« *Was für einen zivilisatorischen Anstrich denn*, fragte sich Ellie. *Wenn meiner noch dünner wäre, würde ich eine Keule schwingen.* »Heute werdet ihr eure Hemmungen und euer Misstrauen gegenüber dem Konkurrenzdenken vergessen und SIEGEN!!«

Ellie fand es nicht nur albern, sondern auch langweilig, als Adrian sie in zwei Teams aufteilte. Die Gelben und die Blauen. Keine Roten, offenbar, weil man sich gegenseitig mit Farbe bespritzte und Rot zu sehr nach echtem Blut aussähe. Die Regeln waren einfach. Jeder versuchte, die Mitglieder des gegnerischen Teams mit Farbkugeln zu beschießen, und wenn man traf, war der andere mit der Farbe des eigenen Teams gezeichnet. Hatte man drei Treffer kassiert, schied man aus.

Es war keine Preisfrage, dass natürlich ein Mann diesen Zeitvertreib erfunden haben musste, dachte Ellie bei sich. Eine Frau wäre niemals so blöd.

Adrian begann ihnen Nummern am Brustkorb zu befestigen. »Keine Namen, nur Nummern. Da draußen herrscht Krieg!«

»Okay, meine Damen und Herren oder vielmehr Ziffern beiderlei Geschlechts!« Er wartete auf ein Lachen, das nicht kam. »In fünf Minuten fangen wir an. Vorher noch ein paar Worte zur Strategie. Ihr müsst einen Anführer wählen.«

Jan meldete sich auf der Stelle freiwillig, und der Rest ihres Teams, die Gelben, waren so erstaunt, dass sie zustimmten.

»Schwärmt so weit wie möglich aus und versteckt euch«, ordnete Jan an. »Dann sind sie dermaßen überrascht, dass wir sie abknallen können, während sie nach uns suchen.«

Ellie betrachtete ihre Freundin mit neuen Augen. Sie war als Sportlehrerin glatt verschwendet.

»Okay, Kerle und Kerlinnen!« Adrian hatte mit dem Countdown begonnen. »Fünf, vier, drei, zwei, eins... noch einmal in die Bresche, liebe Freunde.«

Ellie versuchte, das alles ernst zu nehmen, da die anderen es auch taten, und rannte, so schnell sie es in Kampfjacke und Tarnhosen vermochte. Wenn die Kinder sie jetzt sehen könnten, würden sie Bauchweh kriegen vor Lachen.

Für eines war Ellie allerdings dankbar, als sie wie eine Fledermaus aus der Hölle – eine der Lieblingsplatten ihres Sohnes – auf die Bäume vor ihr losraste, und das war die Lage: Sie befanden sich, dem Schöpfer sei's gedankt, nicht an der eisigen russischen Front, sondern in Burnham Beeches, einem wesentlich angenehmeren Fleckchen Erde. Womöglich gab es sogar ein Pub, in das sie sich schleichen könnte.

Die Blätter knisterten beim Rennen unter Ellies Füßen wie Cornflakes, und auf einmal fühlte sie sich wieder Kind und genoss nicht nur das Groteske an der Situation – also dass vierundzwanzig geistig gesunde Erwachsene in Kampfanzügen und mit geschwärzten Gesichtern wie Al Jolson im Namen der Karriereförderung so taten, als wollten sie sich gegenseitig umbringen – sondern aus reiner Freude darüber, dass sie an einem Herbstsamstag hier im Wald war, anstatt wie alle anderen Mütter im Supermarkt, wo sie ihre Kinder anschrien. Es war immer noch bitterkalt, aber der Himmel über ihr strahlte in reinem Blau. Ellie rannte weiter, sie lachte jetzt; doch das Lachen war mit einer winzigen, politisch nicht korrekten Note der Erregung gefärbt. Würde sie angeschossen werden? Würde sie auf jemanden schießen?

Inzwischen mussten sie den anderen meilenweit voraus sein. Ellie verlangsamte ihren Schritt und blieb unter einer dichten Baumgruppe stehen. Es herrschte absolute Stille. Ellie ließ sich auf den weichen Teppich zu ihren Füßen fallen und warf Blätter in die Luft, bis sie unter einem Regen knisternden, kupferfarbigen Buchenlaubs begraben war. Dann lag sie auf einmal still. Das Lauschen machte süchtig. Sollte sie auf einen Baum klettern? Lieber nicht. Während sie wünschte, sie wäre mit Jan in diesen Stepp-Kurs gegangen und hätte ihre Kondition verbessert, stemmte sie sich hoch.

Knackte da ein Zweig? Sie ignorierte ihre Untrainiertheit, stieg aus den Blättern und duckte sich hinter einen Baum. Nichts. Nicht einmal jemand aus ihrem eigenen Team. Die anderen konnten sie erst recht nicht eingeholt haben. Sie hatten sich ja noch auf keine Strategie geeinigt, als die Gelben bereits loszogen.

Da ertönte wieder dieses Geräusch, wie raschelndes Cellophan. Dann Stille. Es war lächerlich. Ihr Puls schlug tatsächlich schneller. Reiß dich zusammen, Frau. Wir sind hier an einem Samstagvormittag in Berkshire und nicht in *Im Westen nichts Neues*. Du könntest jetzt auch den Einkaufswagen mit der gewohnten Kinderkost aus Fett und Farbstoffen beladen. Das hier ist nicht echt, es sind nur dumme Jungenspiele.

Das sollte mal einer ihrem Blut sagen. Oder ihrem Atem, der sich beschleunigte wie ein führerloser Zug. Da drüben *war* irgendjemand. Während sie sich vorkam wie Clint Eastwood, wenn er seinen Poncho nach hinten warf, trat sie hinter dem Baum hervor.

Nichts regte sich. Aber jemand beobachtete sie, das wusste sie genauso instinktiv, wie sie fünf Minuten zuvor wusste, wenn das Auto seinen Geist aufgeben würde.

Sie sah sich um und kniff die Augen zusammen. Der blaue Himmel war gnadenlos. Die Sonne blendete. Die Spannung stieg wie in *High Noon*.

Und dann bewegte sich etwas, direkt hinter ihr, wo die Buchen am dichtesten waren. Wie sie in ihrer Kampfjacke dastand, die Augen eines Fremden auf sie gerichtet, fühlte sich Ellie plötzlich so nackt wie Eva nach dem Sündenfall. Wer auch immer es war, er beobachtete sie schon seit fünf Minuten.

Sie war, das musste sie beschämt zugeben, ganz ungemein aufgeregt. Wenn das bloß niemand aus ihrer Frauengruppe erfuhr!

»Ich weiß, dass da jemand ist«, platzte sie auf einmal heraus wie ein trotteliger Komparse in einem Italo-Western. Das war doch nicht sie? Sie wäre schweigsam und findig und würde die Erde unter die Lupe nehmen, um frische Spuren zu finden, statt dämliche Phrasen von sich zu geben.

Immer noch nichts.

»Komm raus, wenn du ein Mann bist.« – Wer hatte denn, um Gottes willen, dieses Drehbuch geschrieben? Doch *bitte* nicht sie!

Als er keine fünf Meter entfernt hinter der Buche hervortrat, die Pistole direkt auf sie gerichtet, wäre sie fast in Ohnmacht gefallen.

Er stand da, die Kapuzenmütze ebenfalls weit ins Gesicht gezogen, die blauen Augen konzentriert, seine Farbpistole auf sie angelegt. Die Zeit blieb zehn Sekunden lang stehen. Oder zehn Minuten. Oder zehn Stunden. Ellies Knie waren weich wie Pudding.

»Das ist ja komplett lächerlich«, schimpfte sie zornig vor sich hin.

Ihr Kontrahent sagte nichts, er blieb nur ungerührt stehen.

»Willst du jetzt auf mich schießen oder nicht?« Entsetzt vernahm Ellie einen koketten Unterton in ihrer Stimme. Es war die stille Macht des Mannes. Sie hatte das Gefühl, als wäre aus dem heutigen Tag auf einmal mehr geworden als ein Spiel. Erschrocken stellte sie fest, dass sie sich am liebsten ihre Tarnkluft vom Leib gerissen und mit ihm ins Laub gesunken wäre.

Er stand da, immer noch in provokanter Haltung, und lachte sie mit seinen blauen Augen an.

»Wenn du nicht auf mich schießt, dann muss ich leider ran«, sagte Ellie leise. Ihr Finger am Abzug war vor Nervosität ganz feucht.

Er sagte immer noch nichts, sondern öffnete mit einer spöttisch auffordernden Geste seine Kampfjacke. An seinem Pullover war die Ziffer Sechs befestigt.

Ellie drückte ab. Eine gelbe Farbkapsel sauste durch die Luft. Er empfing sie wie der heilige Sebastian, blieb noch einen Moment lang stehen und rannte dann durch den Wald davon.

Sie fiel ins Laub, als wäre sie diejenige, die getroffen worden war, nicht er. Wirklich verrückt! »Hol tief Luft«, befahl sie sich immer wieder.

Mittlerweile hatten auch die Blauen einen Plan ausgeheckt, und Farbpatronen begannen durch die Luft zu zischen, gefolgt von Kreischen und johlendem Gelächter. Jan brach aus dem Gebüsch. Ihre Augen leuchteten triumphierend. »Wir haben zehn Leute verloren, bleiben nur noch du und ich – aber von den anderen sind schon elf außer Gefecht. Na los, Ell, wir gewinnen!«

Ellie ließ sich von der Euphorie ihrer Freundin anstecken, und sie machten sich im Laufschritt auf den Rückweg: Jan, um ihren endgültigen Sieg zu erringen, und Ellie, um die Identität ihres blauäugigen Kontrahenten festzustellen.

Als sie hörte, dass er bereits weg war, traf sie die Enttäuschung wie ein Peitschenhieb. Sie wollten ihr nicht einmal sagen, wie er hieß. »Keine Namen, keine Konsequenzen«, belehrte Adrian sie. »Das hier nennt sich Krieg, nicht Partnervermittlung.«

»Hat es etwa keinen Spaß gemacht?«, wollte Jan auf dem Heimweg wissen. »Ich hätte nie gedacht, dass wir tatsächlich gewinnen würden.«

Ellie litt immer noch unter Adrians herablassender Bemerkung und ihrer eigenen törichten Reaktion.

Die Kinder warteten schon darauf, all ihre Streitigkeiten und Kümmernisse bei ihr abladen zu können wie Müll auf der städtischen Schutthalde.

»Wissen Sie, was Ihr Problem ist?« erklärte die Nachbarin, die auf sie aufgepasst hatte. »Sie sind einsam. Sie sollten sich einen neuen Mann suchen.«

Ellie setzte sich mit einem Glas Wein vor den Fernseher

und machte sich Sorgen um sich selbst. Langsam wurde sie wieder zu einem pubertierenden Mädchen. Vermutlich würde sie jeden Moment Pickel bekommen, wo ihr doch gerade die ersten grauen Haare wuchsen. Sie ließ die Szene im Wald noch einmal Revue passieren, und die Erregung übermannte sie erneut, so berauschend wie das erste Mal. Es war erbärmlich.

In der nächsten Woche musste sie in der Schule aufpassen, dass ihr nicht der Geduldsfaden riss. Sie war muffig zu jedem, zu ihren Kindern und den Schülern.

»Schönes Wochenende gehabt?«, erkundigte sich der Direktor nach der Morgenversammlung. »Wie waren die Kriegsspiele?« Ellie bemerkte, dass sein Hemd nur vorn gebügelt war und ihr fiel ein, dass seine Frau ihn ja verlassen hatte.

»Ziemlich blödsinnig, ehrlich gesagt. Das ist eher was für Jugendliche, wissen Sie.« Sie rang darum, nicht zu erröten. Was war sie doch dumm gewesen. Sie hielt den Blick bescheiden gesenkt, um sich nicht zu verraten.

Als sie ruhiger geworden war, blickte sie ihm schließlich in die Augen.

Er hatte seine goldgeränderte Brille abgenommen und rieb sich die rote Druckstelle auf der Nase. Einen Sekundenbruchteil lang sah er sie direkt an, und seine blauen Augen lächelten verschmitzt.

Die Aula wirkte auf einmal heiß und sehr, sehr stickig. Ellie hörte das Laub rascheln und sah das blendende Strahlen eines wolkenlosen Herbsthimmels über sich.

Sie erwiderte sein Lächeln. Höchst erstaunlich, wie man einen Menschen unterschätzen konnte.

Dinner für Zwei

»Ich hasse Weihnachten«, murmelte Penny und zerrte ärgerlich an einer Strähne ihres langen roten Haares, bis ihr Mann Mike den Kopf hob und zu ihr hinübersah.

»Ich dachte, du liebst es. Alle sind immer ganz begeistert davon, wie schön du das Haus schmückst, und deine Geschenkverpackungen sind weit und breit berühmt.« Normalerweise mochte Penny das ganze Trara – von den blechern klingenden Weihnachtsliedern im Einkaufszentrum bis hin zu den dicken roten Schleifen und den duftenden Kiefern- und Stechpalmenzweigen, die sie überall im Haus aufhängte. Einmal hatte sie sogar nach einer Anleitung aus einer Zeitschrift einen Kranz für die Haustür geflochten. Sie liebte die Rituale, die Vorfreude, den Zauber.

»Heuer nicht. Dies Jahr kann es mir gestohlen bleiben!«

Mike erhob sich vom Sofa und legte den Arm um sie. Er wusste genau, was seine Frau derart deprimierte. Penny war sich so sicher gewesen, dass sie bis Weihnachten schwanger wäre. Und in der Tat hatten sogar beide geglaubt, sie wäre es wirklich. Monatelang hatte sie vor dem Aufstehen ihre Temperatur gemessen und kleine Diagramme ausgefüllt. Stets hatten sie versucht, sich in der Mitte des Zyklus zu lieben, wenn die Aussichten auf eine Empfängnis am besten waren. Es hatte sich alles ein bisschen zur Routine ausgewachsen, aber er war bereit, sich ihr zuliebe damit abzufinden. Er wusste, wie sehr sie sich nach einem Baby sehnte. Und diesen Monat war sie tatsächlich drei Tage zu spät drangewesen. Drei ganze Tage lang war sie durchs Haus geschwebt, die Arme um sich selbst geschlungen, glühend vor verhaltenem Glück – als hätte sie ein unschätzbar wertvolles, aber zerbrechliches Geschenk erhalten. Die Beklommenheit brach nur jedes Mal durch, wenn sie zur Toilette ging. Am dritten Tag begann sogar er, der sich der Begeisterung nur zögernd öffnen wollte, nachdem sie so viele Enttäuschungen erlebt hatten, ihre Freude zu teilen.

Und dann geschah es. Am Abend des dritten Tages ging sie ins Badezimmer und kam so lange nicht mehr wieder, dass er aufstand, um nach ihr zu sehen. Sie lehnte an der Badewanne und schluchzte sich die Seele aus dem Leib. Er brauchte nicht zu fragen, warum.

»Das macht doch nichts, Penny, Liebes«, versuchte er sie zu trösten. »Vielleicht nächsten Monat.«

Aber nächsten Monat war Weihnachten, und er merkte, dass es ihr wirklich zusetzte. Ja, und obwohl er ihr das nicht gesagt hatte – ihm setzte es auch zu. Ihr Leben schien nicht mehr ihnen zu gehören. Alles wurde der erbarmungslosen Notwendigkeit zu empfangen untergeordnet. Sie wollte nicht einmal mehr mit ihm schlafen, wenn sie nicht gerade in der Mitte ihres Zyklus war. Lust schien nichts mehr damit zu tun zu haben. Er schämte sich geradezu, sie zu küssen, wenn es gerade nicht dem richtigen Zeitpunkt entsprach. Einmal hatte sie ihn gar in der Arbeit angerufen und ihn mit solcher Dringlichkeit nach Hause beordert, dass er wegen zu schnellen Fahrens angehalten worden war. Er überlegte, ob er dem Polizisten die Wahrheit sagen sollte, nämlich, dass er nach Hause raste, weil seine Frau soeben ihren Eisprung gehabt hatte; aber er konnte sich die zynische Miene des Beamten lebhaft vorstellen, wenn dieser ihm erklärte, *die* Ausrede hätte er noch nicht gehört, guter Mann.

»Hör mal«, schlug Mike vor, »warum gehen wir nicht los und besorgen einen Baum? Ich weiß, es ist noch früh – aber wenn meine beiden Brüder mit ihren Familien nächste Woche kommen, haben wir alle Hände voll zu tun. Und dir macht das Schmücken doch Spaß.«

Penny zerrte immer noch an ihren Haaren, fast als wollte sie sie tatsächlich ausreißen. Er liebte ihre Mähne – herrlich, wenn sie sich unter ihr ausbreitete wie flüssige Bronze gegen die Blässe ihrer Haut, weich und duftend, sodass er seinen Kopf darin vergraben konnte. Bei diesem Bild seiner Frau überkam ihn ein recht unchristlicher Drang, und er sprang auf.

»Wir gehen jetzt«, verlangte er. »Sie hatten diese sagenhaften Nichtnadelnden auf dem Markt. Yuppie-Weihnachtsbäume hat der Mann sie genannt.« Also genau das Richtige für ihn und Penny, dachte Mike wehmütig. Seine Brüder zogen ihn schon immer damit auf, dass er der Yuppie der Familie sei, und er wusste, das kam nicht nur daher, weil er und Penny recht gut verdienten. Was sie wirklich meinten, war ihre Kinderlosigkeit. Wenn die wüssten!

Sie kauften einen Baum und schmückten ihn gemeinsam; aber Mike merkte, dass Penny nicht mit dem Herzen bei der Sache war. Sie hetzte sich dermaßen ab, als wäre es ein Wettbewerb in der Fernsehshow »Generation Game«, statt die liebevolle Beschäftigung, als die sie es sonst empfanden und die jedes Jahr mit einem anderen spektakulären Effekt abgeschlossen wurde.

»Fertig«, sagte sie teilnahmslos, als sie den Stern an der Spitze befestigte. Normalerweise wäre dieses Unternehmen nie ohne Weihnachtslieder auf dem CD-Player abgelaufen; aber jetzt brach sie in Tränen aus, als sie »Uns ist ein Kindlein heut' geboren« hörte.

Die nächste Woche verging wie im Flug mit Einkäufen und Geschenke verpacken; dazu mussten noch die Mahlzeiten für sechs Erwachsene und vier Kinder an den Feiertagen geplant werden. Penny hatte gerade fertig Staub gesaugt sowie Handtücher und Gästeseifen verteilt, als Claire und Roger mit ihren zwei wuschelköpfigen Jungen im Schlepptau erschienen. Danach kamen, unter Päckchen und Weinflaschen keuchend, Martin und Jackie mit ihren zwei Kleinkindern angestolpert.

»Mann«, staunte Claire, als sie ihren Mantel abnahm, »hier ist es ja traumhaft ordentlich.« Alle sahen sich um und musterten das cremeweiße Sofa, die Porzellanfiguren und den blassbeigen Teppich. »Da sieht man gleich, dass ihr keine Kinder habt. Die hätten das in null Komma nichts aufgemischt.«

Weder Jackie noch Claire bemerkten den kurzen Blick, den Penny mit ihrem Mann wechselte, doch irgendwie schien die Stimmung massiv gesunken zu sein.

»Ich zeige euch mal eure Zimmer.« Pennys Tonfall wirkte frostiger, als sie beabsichtigt hatte.

Claire und Jackie folgten ihr nach oben. Die Kinder drängelten hinterher. »Bei dir sieht immer alles so hübsch aus, Penny«, lobte Jackie, ohne hinzuzufügen, dass das bei ihrem Einkommen ja auch kein Wunder sei und Penny mal versuchen sollte, mit einem Lehrergehalt auszukommen. Dann hätte sie nämlich keine nagelneue Baumwollbettwäsche und Handtücher mit Satinschleifen.

Penny, der der Unterton in Jackies Äußerung nicht entgangen war, entschuldigte sich, weil sie nach dem Essen sehen müsste. Wie sollte sie das zwei volle Tage lang durchstehen? Mikes Lippen an ihrem Hals holten sie auf den Boden zurück. »Ein Glas Wein?«, fragte er. Penny zögerte. »Anders kann man das Fest der Liebe und der versammelten Familie gar nicht überstehen«, feixte er. Und dann fiel bei ihm der Groschen. »Es ist doch nicht wegen unserer Nachwuchssorgen, oder?«

Penny vernahm den leisen Ärger in seinem Tonfall, der bei ihm so ungewohnt war. »Herrgott nochmal, Pen! Du kannst Weihnachten nicht abstinent leben, nur weil wir vielleicht nächstes Jahr ein Baby zeugen wollen.«

Penny gab nach. Ihre Frauenärztin hatte ihr zwar geraten, in der Phase vor einer möglichen Empfängnis nichts zu trinken – aber du liebes Bisschen, es war schließlich Weihnachten. Außerdem trank Mike, seit das alles begonnen hatte, genug für sie beide.

Der Heilige Abend ging in den Weihnachtsmorgen über, und das Ritual des Geschenkeauspackens konnte nicht mehr hinausgeschoben werden. Vier Knirpse unter fünf Jahren hüpften durchs Haus, fragten immer wieder: »Gibt's jetzt die Bescherung?« und machten seit dem Morgengrauen alle Erwachsenen wahnsinnig, die sie finden konnten.

Jeder nahm sich einen Stuhl, auf dem er seine Päckchen stapelte. Mike erhielt einen *Golfratgeber für Trinker* und einen *Welt-Wein-Führer*. Lachend sah er seine Bücher an. »Wollt ihr mir damit irgendwas sagen?«

Penny bekam vor allem teure Körperpuder und noch teurere Pralinen, eben die unpersönlichen Dinge, die man für Damen kauft, von denen man glaubt, sie hätten alles. Ein interessant aussehendes Päckchen war allerdings noch übrig, in weißes Seidenpapier gehüllt und mit goldenem Bändchen versehen. Erstaunlicherweise stammte es von Mikes Mutter, die dieses Jahr Weihnachten bei ihrer Tochter verbrachte und normalerweise mit Drogerie-Gutscheinen auf Nummer sicher ging.

Vorsichtig packte Penny es aus. Aus dem knisternden weißen Papier quoll ein hauchdünnes Nachthemd aus bronzefarbenem Satin.

»Allmächtiger«, hauchte Claire verblüfft. »Das ist das sexyste Teil, das ich je diesseits von Watford gesehen habe. Deine Mutter hofft offenbar auf ein weiteres Enkelkind, Mike!« Noch während sie sprach, wurde ihr klar, dass das vielleicht keine besonders taktvolle Bemerkung war, und sie knuffte schnell einen ihrer Söhne, um das Thema zu wechseln.

Penny wurde so rot wie ihr Haar.

Das Mittagessen war köstlich. Perfekte Bratkartoffeln. Saftiger Truthahn mit zwei Füllungen und einer Soße, die auf der Zunge zerging.

»Penny, du bist eine sagenhafte Köchin!«, riefen sie alle auf einmal. Für Penny steckte dahinter die Aussage: »Aber natürlich hast du auch die Zeit dafür.«

Hinterher halfen alle beim Abräumen und Beladen der Spülmaschine. Die Pfannen passten nicht hinein, und Penny beschloss, sie einzuweichen.

»Na los«, sagte Claire, die mollige, chaotische Schwägerin, ein bisschen verlegen, »bringen wir's hinter uns. Danach können wir uns gemeinsam einen ansäuseln.«

Nachdem sie versichert hatte, dass sie liebend gerne abspülte, steckte Claire bald bis zu den Ellbogen in schaumigem Wasser. Der jahrhundertealte Rhythmus von Frauen, die gemeinsam Hausarbeit verrichten, schuf eine angenehme Intimität, die ihre Mütter wiedererkannt und zu schätzen gewusst hätten.

»Hör mal«, begann Claire, legte die Spülbürste beiseite und drehte sich zu Penny um, »meine blöde Bemerkung tut mir Leid. Ich trete aber auch immer ins Fettnäpfchen. Warum solltet ihr euch das Leben ruinieren, indem ihr Kinder bekommt? Solche ungezogenen, schmutzigen Bälger, die ständig Filzstifte auf dem Sofa liegen lassen und von hinten bis vorn bedient werden wollen...«

Das Geräusch eines Schluchzens ließ Claire mitten im Satz innehalten. Es schien sich Penny entrungen zu haben und kündete von dem ganzen Schmerz enttäuschter Sehnsucht.

»Penny!« Claire ließ das Abspülen sein und umarmte ihre Schwägerin. »Um Gottes willen, was ist denn los? Hab' ich schon wieder was Falsches gesagt?«

»Nein, es ist nicht wegen dir, jedenfalls nicht direkt. Der Punkt ist nur, dass wir uns ganz fürchterlich ein Baby wünschen und es nun seit zwei Jahren versuchen – aber es passiert rein gar nichts. Wir haben Diagramme aufgezeichnet und uns untersuchen lassen... ich habe sogar eine so genannte Laparoskopie über mich ergehen lassen, aber die Ärzte wissen nicht, woran es liegt. Anscheinend können wir einfach kein Kind empfangen.«

»Ach, du Ärmste!« Claire nahm sie fester in die Arme.

»Und ich habe gedacht, du seist die typische Karrierefrau. Das muss ja schrecklich für dich sein.«

Zum ersten Mal vernahm Penny die Wärme aufrichtiger Zuneigung und Betroffenheit in der Stimme ihrer impulsiven Schwägerin und ihr kam eine seltsame Erkenntnis. Die anderen mochten einen lieber, wenn man nicht so über alles erhaben war.

Claire tätschelte sie. »Entschuldige, dass ich so erstaunt klinge. Aber du hast eben immer den Eindruck gemacht, als hättest du alles in deinem Leben unter Kontrolle. Bei mir herrscht ein so erbärmliches Durcheinander, dass ich vermutlich neidisch war.«

»Auf mich?« Penny dachte daran, dass ironischerweise sie neidisch auf Claires zwei blonde Jungen war. »Ach, Claire. Was sind wir doch beide dumm gewesen!«

Verwundert und erfreut bemerkte Mike, dass Claire und Penny Arm in Arm ins Wohnzimmer zurückgeschlendert kamen. Irgendetwas an Penny schien sich verändert zu haben. Sie lachte und anstatt ihrer Nichte und ihren Neffen auszuweichen, hob sie Claires Zweijährigen hoch, der sich fast ganz ausgezogen hatte und nun in Cowboy-Weste und Ledergamaschen herumrannte. Penny ließ ihn auf ihr Knie plumpsen. »Weißt du, was ich mir zum Nachtisch wünsche?«, fragte sie ihn. »Eine Portion kleiner, blonder Junge!« Und dann prustete sie ihm ausgelassen und geräuschvoll auf den Bauch, und er krähte vor Lachen. »Noch mal!« verlangte er. Penny erfüllte ihm seinen Wunsch, bis er dermaßen lachte, dass seine Mutter schon fürchtete, ihm könne schlecht werden.

Am nächsten Tag reisten alle unter überschwänglichen Dankesbekundungen ab, die tatsächlich ehrlich gemeint klangen.

Claire umarmte Penny besonders fest und bestand darauf, dass sie bald einmal übers Wochenende zu ihnen kämen.

»Das war also Weihnachten«, sagte Mike mit einem

Hauch Bedauern in der Stimme, als seine lärmende Familie davonfuhr. Ohne sie würde es ziemlich ruhig werden.

»Nicht ganz«, widersprach Penny, die in die sternklare Nacht hinaussah, während sie zum Abschied winkte. Die Luft war schneidend und klar, es roch nach Schnee. Wenn sie morgen aufstanden, würde er vielleicht daliegen, tief und knirschend und ebenmäßig – wie damals, als König Wenzeslaus hinausgesehen hatte, nicht wie sie auf Leighton Buzzard, aber auch nicht auf Bethlehem. Penny hatte gelesen, dass er vermutlich ein früher König Ungarns gewesen war.

Sie drückte die Hand ihres Mannes. »Wir haben noch heute Abend. Pass auf: Vergessen wir einfach das Aufräumen und gehen aus!«

Mike sah seine penible, ordnungsliebende Frau verblüfft an. »Heute Abend? Am zweiten Weihnachtsfeiertag?«

»Warum nicht? Irgendwo muss doch geöffnet sein. Ich weiß: dieses indische Restaurant an der Umgehungsstraße.«

Das Personal des Restaurants war, wie sich herausstellte, überglücklich, sie zu sehen. Die Geschäftsleitung hatte beschlossen, dass man sich, wenn man schon in einer gottlosen Gesellschaft lebte, deren Gottlosigkeit anpassen musste, und hatte über Weihnachten geöffnet. Aber die Briten entpuppten sich als gottesfürchtiger als erwartet, und es waren keine Gäste gekommen.

Feierlich überreichten sie Penny und Mike Papierhüte und rissen Knallbonbons auf. Die Kellner sangen ihnen sogar mit besten Absichten und aus voller Kehle »Auld Lang Syne« vor.

Als sie nach Hause kamen, herrschte dort immer noch wüste Unordnung, aber Penny ignorierte dies geflissentlich. Zu Mikes Überraschung lief sie die Treppe hinauf und erklärte, sie müsse etwas suchen. Er hoffte schwer, dass es sich um das Satinnachthemd handelte, und musste seine Enttäuschung unterdrücken, als sie komplett bekleidet wiederkam. Sie hielt einen Packen Blätter in der Hand, die sie in kleine Fetzen zerriss, in den Kamin warf und mit einem Streichholz in Brand steckte.

»He«, protestierte Mike, »das sind unsere Fruchtbarkeitsdiagramme.«

»Genau«, erwiderte Penny strahlend. Sie streifte ihre Bluse ab und entblößte einen knappen Wonderbra aus Satin. »Von jetzt an heißt es, adieu Diagramme, und hallo, wilder, spontaner Sex.«

»Im Ernst?«, fragte ihr Mann und zog sie sachte, aber fest hinunter auf den dicken Teppich vor dem Feuer. »Dafür bin ich immer zu haben.«

Eine Stunde später setzte sich Penny auf und zog eine Decke über sie beide. Im Kamin lag das Streichholzheftchen, das sie aus dem Restaurant mitgenommen hatte, um ihr kleines Freudenfeuer zu entfachen.

Als die Flammen mit einem Flackern erloschen, fiel ihr Blick auf einmal auf den Namen. Das Lokal hieß ausgerechnet »Der Stern im Osten«.

Ein wunderbarer Frieden erfüllte sie, als sie sich an den warmen Körper ihres Mannes kuschelte. Sie war nicht direkt religiös, und an Wunder glaubte sie auch nicht. Aber eines wusste sie mit absoluter, unumstößlicher Gewissheit: dass sie in neun Monaten noch mehr Grund zum Feiern haben würden.

Ein französisches Abenteuer

»Nimm doch von der Pâté, Mandy.«

Schüchtern lächelte Mandy Claires Mutter an und schnitt ein Scheibchen von dem beigefarbenen Keil auf dem Teller vor ihr ab, gerade genug, um nicht unhöflich zu erscheinen. Sie hatte noch nie zuvor Pâté gekostet und war sich nicht sicher, ob sie das mochte. Zu Hause aßen sie Leberwurst und gekochten Schinken, doch niemals Pâté. Aber schließlich tat sie in diesem Urlaub eine Menge Dinge zum ersten Mal. Sie biss in das knusprige französische Weißbrot. Es war köstlich!

Einen Moment lang hatte Mandy das Gefühl, sie müsse sich zwicken, um zu begreifen, dass sie wirklich in Frankreich war, im Haus des vornehmsten Mädchens der ganzen Schule. Jeder wusste, dass Claires Eltern sich eine Privatschule leisten könnten; aber stattdessen hatten sie sich für die Westfield Comprehensive entschieden, weil sie an das staatliche System glaubten. Mandys Eltern, die sich nicht einmal die niedrigste Schulgebühr hätten leisten können, hielten sie für verrückt.

Aber schließlich lagen Welten zwischen Mandys Eltern und denen Claires. Mandys Mutter trug Kleider aus bügelfreiem Mischgewebe von British Home Stores und vernünftige Schuhe von Freeman, Hardy and Willis. Ihr Vater kleidete sich komplett bei Mister Byrite ein. Sie kräuselte die Lippen, als sie daran dachte, wie er den Laden als seinen Schneider bezeichnete. Dad hasste Einkaufen sowieso und sagte, es sei praktisch, in einem einzigen Geschäft alles zu erledigen.

Sie sah zu Claires Mutter hinüber, die gerade eine zweite Flasche Rotwein entkorkte, obwohl sie nur zu viert waren. Sie gehörte zu jenen Frauen, die in allem edel aussahen, vermutlich sogar in bügelfreiem Mischgewebe – doch sie trug nur Leinen und Seide. Sie liebte Naturfasern, sagte Claire, und außerdem konnte ja Mrs. P. die Falten jederzeit ausbügeln, wenn sie morgens kam. Claires Dad war nicht ganz so schick, ja, in Mandys Augen sah er in seinen zerknitterten Jeans und den Segeltuchschuhen mit den herabgetretenen Hacken sogar ein bisschen schäbig aus. Espadrilles hießen die, hatte er gesagt, oder? Aber vielleicht sahen in der Werbebranche alle so aus. Außerdem machte er trotzdem Eindruck, wenn er Claire in seinem Firmenporsche mit offenem Verdeck und laut vom Kassettendeck dröhnender Musik von Paul Simon vor der Schule absetzte. Er war eben nicht wie die anderen Väter.

»Auch einen Schluck Wein, Mandy?« Claires Vater hob auffordernd ihr Glas hoch. »Claire darf ab und zu Wein trinken, nicht wahr, Claire, jetzt, wo du süße Sechzehn bist.« Er beugte sich zu seiner Tochter hinüber und zerzauste ihr das lange, blonde Haar. Dann warf er ihr eine übertrieben geräuschvolle Kusshand zu.

Mandy wurde rot und sah weg. Das war auch etwas, woran sie sich nicht gewöhnen konnte. Die Caleys küssten und knuddelten sich die ganze Zeit und machten sich andauernd Liebeserklärungen. Mandy wusste gar nicht mehr, wann ihre Eltern sie zuletzt geknuddelt hatten. Es war, als wäre sie ab ihrem zehnten Geburtstag sogar von ihrer Mutter zum Sperrgebiet erklärt worden, ohne dass ihr irgendjemand auseinander gesetzt hätte, warum. Vermutlich waren ihnen Gefühle peinlich. Ein Problem, das die Caleys eindeutig nicht hatten.

Claires Vater füllte ihr Glas und gab es ihr wieder. Sie hatte noch nie so große Weingläser gesehen. Mr. Caley sagte, das diene dazu, das Bouquet oder irgendwas zu bewahren;

aber Mandy kam es so vor, als könne man ein ganzes Pint Guinness darin unterbringen. Vorsichtig nippte sie daran. Der Wein war warm und schwer und verströmte einen fruchtigen Duft, der ihr angenehm in die Nase stieg. Schon nach ein paar Schlucken spürte sie, wie sie sich entspannte; jetzt erst fielen ihr die summenden Bienen auf, und sie blickte sich um. Sie saßen gemeinsam an einem schmiedeeisernen, grünen Tisch, der etwa zwanzig Meter vom Haus entfernt im Schatten einer Platane stand, direkt neben dem Bach, der durch den unteren Teil des Caleyschen Gartens floss. Es war erst Mitte Mai und doch schon heiß. Der Himmel wies ein intensives Blau auf, sogar noch blauer als der Julihimmel zu Hause. Und obwohl sie im Halbschatten saßen, spürte sie die Sonnenhitze auf der Haut und merkte, dass ihre Beine in den grellbunt gestreiften Shorts langsam zu bräunen begannen. Was würde sie jetzt tun, wenn sie zu Hause wäre? Mit Mum ins Arndale Centre gehen oder bei Tante Sue »Nachbarn« gucken?

»Komm mit, Mand.« Voller Tatendrang sprang Claire auf. Offensichtlich langweilte die Gesellschaft ihrer Eltern sie auf die Dauer. »Wir nehmen die Fahrräder und fahren ins Dorf.«

Zögerlich stellte Mandy ihr Glas ab. Sie fühlte sich ganz seltsam.

»Amüsiert euch gut, Mädels, und nehmt euch vor den Jungs im Café in Acht. Vergesst nicht, die sind alle scharf auf kleine Engländerinnen. Also dann, bis irgendwann!« Claires Vater zwinkerte anzüglich.

»Wahnsinn, Claire, hast du ein Glück!« Mandy stieg auf eines der Fahrräder und rollte ihre Shorts hoch. »Ist deinen Eltern eigentlich alles recht, was du tust?«

»Im Grunde schon.« Claire hüpfte auf das andere und radelte schnell die Einfahrt hinunter. Dabei warf sie Mandy einen Blick über die Schulter zu und grinste. »Solange ich nicht schwanger werde.«

Mandy errötete unter den ungeschminkten Worten ihrer Freundin. »Und was würden sie tun, wenn du es wärst?«

Claire ahmte den vornehmen Tonfall ihrer Mutter nach. »Aber Claire, Püppchen, das ist doch so was von unnötig. Warum hast du nicht einfach die Pille genommen?«

Mandy kicherte und dachte einen Moment lang darüber nach, wie unvorstellbar es wäre, dass sie ihren Eltern je eine Schwangerschaft gestand. Nicht dass sie an so was dachte! Sie hatte ja nicht einmal einen Freund. Lieber lernte sie für die Schule. Aber trotzdem wäre es toll zu wissen, dass man zumindest mit ihnen über Sex reden konnte – gelegentlich. Claires Eltern hatten sie bestimmt schon aufgeklärt, als sie fünf war. Wahrscheinlich hatten sie ihr ein Video gekauft. »Aufklärung mit Timmy Mallett«. Sie wettete ein Pfund darauf, dass bei den Caleys niemand von »da unten« sprach wie ihre Mum, wenn sie es überhaupt je erwähnte.

Mandy seufzte. Die weiße Straße erstreckte sich unter einem wolkenlosen blauen Himmel vor ihnen, und sie merkte, wie ihr der Schweiß zwischen den Schulterblättern hinabzurinnen begann, während sie immer weiter radelte. Ihr Haar, das mit einem neonpinkfarbenen Stretchband oben auf dem Kopf zusammengehalten wurde, ließ ihren weißen Nacken unverhüllt, und sie spürte, wie die Sonne ihn an den Stellen rötete, wo sie vergessen hatte, Sonnencreme aufzutragen. Doch es kümmerte sie nicht, sie war überschäumend glücklich. Wenn doch dieser Urlaub ewig dauern könnte! Aber das ging nicht. Heute war ihr letzter Tag, und morgen müssten sie die lange Fahrt antreten, um die Abendfähre zu erwischen. Mandy versuchte nicht daran zu denken.

Als sie zurückkamen, saß Mrs. Caley bereits auf der Terrasse. Sie trug ein korallenrotes Seidenkleid und große goldene Ohrringe, hielt ein Glas Wein umfasst und betrachtete den Sonnenuntergang über den Weinbergen. Sie hatte den Esstisch mit einer weißen Tischdecke gedeckt und einen Blumenstrauß in die Mitte gestellt wie für ein Festessen.

»Ich habe mir gedacht, wir feiern heute ein bisschen, weil es unser letzter Abend ist. Wollt ihr nicht hochgehen und euch etwas Hübsches anziehen?«

Einen Moment lang wallte Panik in Mandy auf. Sie hatte nichts »Hübsches« mitgebracht, jedenfalls nichts, was in den Augen von Mrs. Caley passend wäre. Sogar ihr fuchsienrotes Lieblingskleid aus dem Grattan-Katalog, das sie so begeistert hatte, als es am Tag vor ihrem Urlaub eintraf, sah im Vergleich mit den Kleidern Claires und ihrer Mutter billig und nach Acryl aus.

»Ich hab' gar nichts richtig Schickes dabei«, murmelte sie entschuldigend.

»Dann leiht dir Claire etwas, nicht wahr, Püppchen?«

Aber Claire trug Größe 40 und hatte beneidenswerte Kurven, ganz anders als Mandy mit ihrem knabenhaften Körper und den hohen, kleinen Brüsten. Sie würde doch das Fuchsienrote anziehen müssen. Mandy streifte es über den Kopf und strich es glatt. Meine Güte, war das kurz! Daheim hatte sie gar nicht gemerkt, wie kurz. Zum Glück hatten Mum und Dad das nicht mitgekriegt, sonst wäre es postwendend an den Versand zurückgeschickt worden.

Als sie wieder auf die Terrasse kamen, machte Mr. Caley gerade eine Flasche Champagner auf. Champagner! Mandy hatte noch nie in ihrem Leben welchen getrunken, aber das würde sie Claire oder deren Eltern nicht verraten.

»Was seht ihr beide hinreißend aus«, lobte Claires Vater sie und reichte jeder ein Glas. »Ich kann mich glücklich schätzen, von so schönen Frauen umgeben zu sein!«

Mandy setzte sich und zerrte im fruchtlosen Versuch, ihre Knie zu bedecken, an ihrem Rock. Mr. Caley bemerkte die Geste sowie Mandys Verlegenheit, und begann höflich Konversation zu betreiben.

»Gehst du gern ins Kino, Mandy? Was ist dein Lieblingsstreifen?«

Mandy fiel auf, dass er den Jargonausdruck verwendete

und fragte sich, ob sie auch »Streifen« sagen sollte statt »Film«. Wahrscheinlich redeten die Leute in der Werbebranche so. Einen Moment lang überlegte sie krampfhaft. Sie konnte ja kaum mit der Wahrheit herausrücken und sagen, dass sie John Travolta in *Kuck mal, wer da spricht* oder Tom Selleck in *Drei Männer und eine kleine Lady* umwerfend gefunden hatte.

»›Der mit dem Wolf tanzt‹«, log sie, da sie wusste, dass er sich solche Filme anschauen würde.

»Wirklich? Warum?«

Einen Moment lang packte Mandy wilde Panik. Dann fiel ihr wieder ein, wie Barry Norman ihn im Fernsehen besprochen hatte. »Weil er endlich einmal den Standpunkt der Indianer zeigt.«

Mr. Caley lächelte und nickte. Mandy erwiderte sein Lächeln und sonnte sich im Schein seiner Anerkennung. Auf einmal ging ihr auf, was das Leben der Caleys hier so berauschend machte. Es war nicht das Essen oder der Wein, ja nicht einmal die Tatsache, dass es niemanden zu kümmern schien, dass man noch die Schulbank drückte. Das wirklich Faszinierende war, dass sie einen wie eine Gleichgestellte behandelten. Sie fragten einen, was man dachte. Sie nahmen einen ernst. Daheim würde nicht im Traum jemand auf die Idee kommen, eine Sechzehnjährige nach ihrer *Meinung* zu fragen. Hör auf Leute, die älter und klüger sind als du, würde ihre Mum sagen.

Mandy schlürfte Champagner und versuchte, nicht an morgen und die Heimfahrt zu denken. Nach Hause in die Zwangsjacke der engen Wertvorstellungen ihrer Eltern. Nach Hause zu Tee statt Wein. Zu Fernsehen statt Sternenlicht und dem Duft von Jasmin. Zu Gesprächen, die kaum je über die Frage nach dem Fernsehprogramm hinausgingen. Nach Hause. Dorthin, wo sie wie ein Kind behandelt wurde, obwohl sie nächsten Monat siebzehn würde.

Ihr fiel auf, dass auch Claire still geworden war und während des gesamten Essens kaum ein Wort sprach. Vermutlich war es der Gedanke daran, dass am Mittwoch die Schule wieder anfing. Claire glänzte nicht gerade als Schülerin.

»Geht mal lieber packen, ihr zwei«, sagte Mrs. Caley lächelnd zu ihnen, als sie die letzten Teller wegräumte. »Wir fahren um sechs los.«

Mandy brauchte nicht lang für ihre Sachen. Nur ein paar T-Shirts und Shorts. Das fuchsienrote Kleid. Den Badeanzug, den sie jeden Tag getragen hatte, um im Fluss zu schwimmen, der eiskalt war, da das Haus nicht weit entfernt von seiner Quelle in den Bergen stand – dazu aber so klar und spritzig, dass man jedes Mal, wenn man herausstieg und sich auf einem heißen Felsen ausgestreckt trocknen ließ, sofort Lust bekam, wieder hineinzuspringen.

Sie ging ins Bett und hüpfte gleich wieder heraus, da sie beschlossen hatte, sich jetzt, in der duftenden Dunkelheit, von der Gegend zu verabschieden, nicht am kalten, nebligen Morgen. Sie stieß ihre Fensterläden auf, lehnte sich über das efeubewachsene Sims hinaus und atmete tief ein.

Zwei Etagen tiefer konnte sie Stimmen hören. Mr. und Mrs. Caley mussten noch draußen auf der Terrasse sein. Sie schloss erneut die Augen, um sich wieder in ihre ureigene Welt zurückzuziehen. Doch die Stimmen wurden lauter, durchdringender. Sie öffnete die Augen und wollte die Läden schon schließen, als sie wie versteinert innehielt. Die Stimmen erklangen nun direkt unter ihrem Fenster, so klar und deutlich in der Abendstille, als wären sie mit ihr im Raum.

»Wie viele Flaschen waren es denn heute Abend, meine Liebe?« Die Verachtung in Mr. Caleys Stimme schnitt wie ein Messer durch die Nacht. »Zwei? Oder hast du aufgehört, zu zählen?«

»Tu bloß nicht so, als würde dich kümmern, was *ich* treibe.« Mandy hörte die Bitterkeit in Mrs. Caleys Entgegnung. »Du bist ja nur hier, weil deine dämliche Sekretärin zu Mummy und Daddy gefahren ist! Sonst würdest du sie doch jetzt um den Verstand vögeln und nicht im Schoße der Familie hocken. Du widerst mich an!«

Mandy spürte, wie es ihr die Kehle zuschnürte, bis sie kaum noch atmen konnte. Das durfte nicht wahr sein! Sie liebten einander doch. Das sagten sie jedenfalls ständig. Da sie nicht anders konnte, schlug sie mit Nachdruck die Fensterläden zu, ohne sich darum zu scheren, ob sie sie hörten, und warf sich aufs Bett.

Am nächsten Morgen war Mandy als erste unten. Alles fertig gepackt und zur Abfahrt bereit, saß sie um Viertel vor sechs still da und wartete darauf, ins Auto steigen zu können, bevor die schweigsame, angespannte Fahrt nach Boulogne begann. Selbst Mr. Caley schien seinen gewohnten Charme verloren zu haben, und Claire starrte nur aus dem Fenster und sagte kein Wort. Hatte sie dieses schreckliche Zwiegespräch auch mitbekommen?

Als sie in Dover von der Fähre rollten und zum Bahnhof fuhren, sammelte Mandy ihre Sachen zusammen, auf einmal ganz begierig darauf, den Wagen zu verlassen und sich auf den überfüllten Bahnsteig zu begeben.

Am anderen Ende der Schalterhalle sah sie, wie sich ihre Eltern den Weg zu ihr bahnten, vertraut und gewöhnlich, der Inbegriff spießiger Langeweile. Sie bedankte sich artig bei den Caleys und winkte dem Wagen nach, bis ihre Eltern bei ihr anlangten.

»Hallo, Schätzchen, hat es dir gefallen?« Ihr Vater schulterte ihren Rucksack, während ihre Mutter davon plapperte, was die Fahrkarten gekostet hatten, und ihre Lieben auf den wartenden Zug zuschob. Im Abteil angekommen, machte sie sich bereits mit Sandwiches und einer Thermosflasche zu schaffen.

»Ich war mir sicher, dass du nach deiner Reise Hunger haben würdest.« Ihre Mutter reichte ihr ein Marmite-Sandwich. »Und dann können wir uns auf dem Heimweg Fish and Chips holen«, meinte sie. »Ein bisschen was Leckeres.

Außerdem haben wir zu Hause noch eine kleine Überraschung für dich!«

Sie stiegen aus dem Taxi, das sie vom Bahnhof heimgebracht hatte, versehen mit drei Portionen Fish and Chips mit Salz und Essig – dreifach eingewickelt, damit sie warm blieben – und ihre Mutter öffnete die Haustür.

Der Tisch vor dem Fernseher in dem kleinen Wohnzimmer war für drei Personen gedeckt. In der Mitte, neben einer Vase mit Seidenblumen, die sonst ihren Platz auf dem Kaminsims hatte, stand eine Flasche Wein mit drei Gläsern.

Zum ersten Mal seit Jahren legte Mandy die Arme um ihre verblüffte Mutter und drückte sie an sich.

»Ich hab' dich lieb, Mum«, erklärte sie grinsend und fasste nach der Hand ihres Vaters, um sie festzuhalten. »Und es ist wirklich nett von euch, dass ihr Wein besorgt habt. Aber wärt ihr mir sehr böse, wenn ich stattdessen lieber eine Tasse Tee möchte?«

Der Elternkrieg

»Drei Adressen?« Bens bester Freund Billy riss verblüfft die Augen auf. »Wieso hast du denn gleich drei?«

»Erstens«, begann Ben und wirbelte auf den teuren, neuen Turnschuhen herum, die ihm sein Dad gekauft hatte, weil er seinen letzten Besuch hatte abkürzen müssen, »das Haus meiner Mutter. Zweitens das von meinem Vater und drittens die Wohnung von seiner Freundin Sheila in Brighton.«

Er fügte nicht hinzu, dass er nie wusste, in welchem Haus er seine Poster aufhängen sollte, dass sein Gameboy und seine Power-Ranger-Figuren immer im falschen lagen und es, sobald er sich daran gewöhnt hatte, im einen oder im anderen Haus zu wohnen, an der Zeit war, ins nächste zu ziehen.

»Mann, wenn doch meine Eltern bloß auch geschieden wären!«

Ben lachte das abgeklärte Lachen, das er bis zur Perfektion geübt hatte, und versuchte den Gedanken zu verdrängen, dass er dieses Wochenende zu seinem Dad fahren würde. Obwohl es immer etwas zu lachen gab, er Sheila wirklich mochte und ihre Wohnung am Strand, ganz in der Nähe des Palace Pier, super war, wurde das ganze Wochenende von der Übergabe von dem Vater an die Mutter am Sonntag überschattet. Irgendwie kam Dad jedes Mal zu spät, und Mum war überzeugt davon, dass er das mit Absicht tat, um sie zu ärgern. Sie stand dann immer auf der Treppe vorm Haus, die Beiden funkelten sich grimmig an, machten sich gegenseitig Vorwürfe und ignorierten ihn vollkommen. Einmal hatten sie sogar übersehen, dass er tatsächlich zu weinen angefangen hatte. Wenn sein Dad wieder weg war, veranstaltete seine Mutter eine Art Gehirnwäsche in Bezug auf Sheila mit ihm, als wäre er zum Opfer einer Sekte geworden, und wollte jede noch so kleine Einzelheit wissen: Dinge, die er überhaupt nicht beachtet hatte, wie zum Beispiel, ob sie teure Kleider trug und wie viel Geld sie wohl ausgab. Er wusste, dass Mum einen Groll gegen Sheila hegte, aber er konnte doch nichts daran ändern, wie viel Unterhalt Dad ihr zahlte, oder? Manchmal kam er sich vor wie ein Nadelkissen, in das sie beide stachen, um sich gegenseitig weh zu tun – ohne Rücksicht darauf, dass er derjenige war, der dabei verletzt wurde. Auf einmal hätte er sie am liebsten beide angeschrien, dass er gute Lust hätte, sich von *ihnen* scheiden zu lassen!

Beim Gedanken an die Verbitterung seiner Eltern und seine Machtlosigkeit, irgendetwas dagegen zu unternehmen, war ihm immer noch mulmig und übel, als sie wieder ins Klassenzimmer gingen. Mr. Brent, ihr Lehrer, faselte wie immer; aber Ben nahm kein Wort davon auf, bis er Billys Ellbogen schmerzhaft zwischen den Rippen spürte und begriff, dass Mr. Brent nicht nur sprach, sondern mit *ihm* sprach.

»Ich habe gerade gesagt, Ben, dass heute der letzte Tag ist, an dem du ein Thema für dein Schulprojekt wählen kannst.«

Ben mochte Mr. Brent. Er war jung und modisch, hatte dunkle Haare und einen Ohrring, und er sah nicht wie ein Lehrer aus, sondern eher wie jemand aus einer dieser Anzeigen für Gitanes. Ein paar von den Jungs behaupteten, er sähe aus wie eine Schwuchtel, aber Ben fand ihn toll. »Also, Ben, was hast du dir für dein Projekt einfallen lassen?«

Mr. Brent mochte Ben auch, aber ihm bereitete es Kopfzerbrechen, dass Bens Selbstvertrauen geschwunden war, nachdem sich seine Eltern getrennt hatten. Bald stünden die Prüfungen vor der Tür. Warum konnten diese dämlichen Leute nicht zu einem günstigeren Zeitpunkt auseinander gehen?

Ben, bereits den Tränen nahe, merkte, wie die Panik ihn flutwellenartig überrollte und ihn derart beutelte, dass er nicht mehr atmen konnte. Er hatte komplett vergessen, sich etwas für sein Projekt einfallen zu lassen. Die ganze Klasse starrte ihn an, und er hatte nicht den leisesten Schimmer, was er sagen sollte. Sein Gehirn fühlte sich an, als hätte es jemand genommen und ausgeleert.

Hinten im Klassenzimmer wedelte Brian Bull mit der Hand, wie immer erpicht darauf, sie mit einem seiner Zugbeobachtungsprojekte zu langweilen, das mit Unmengen Statistik einherging und in etwa so fesselnd war wie das Telefonbuch.

»Schlappschwanz«, zischte der Junge neben ihm, als sich schließlich eine Träne löste, ihm übers Gesicht rann und den Flanell seines karierten Hemds benetzte. »Bloß weil sich deine Eltern getrennt haben. Die halbe Klasse hat nur ein Elternteil. Du kannst froh sein, dass du sie noch beide siehst.«

Zum ersten Mal gestand sich Ben das Unaussprechliche ein – nämlich dass er seinen Dad lieber überhaupt nicht mehr sehen wollte, wenn er dafür jedes Mal beim Zurückkommen das Elend ihrer Streitereien über sich ergehen lassen musste.

Mr. Brent, der Bens Tränen sah, wollte gerade mit einem anderen Schüler weitermachen, als Ben abrupt aufstand. »Ich weiß, welches Thema ich für mein Schulprojekt bearbeiten will, Mr. Brent, aber ich kann es Ihnen im Moment nicht sagen.«

Brian Bull kicherte höhnisch. »Er hat keine Ahnung, Sir.«

»Danke, Brian. Weißt du was?«, sagte er freundlich zu Ben. »Bleib doch einfach nach dem Unterricht noch kurz da und erzähl's mir.«

Mr. Brent wartete, bis der Letzte den Raum verlassen hatte. Einige kicherten und warfen Ben, der inzwischen wieder eine fröhliche Miene aufgesetzt hatte, beim Hinausgehen verstohlene Blicke zu.

»Also, Ben, worum geht's denn nun?«

Als Ben Mr. Brent die Idee für sein Projekt schilderte, hatte der Lehrer, obwohl er sich stets für liberal gehalten hatte, keine Ahnung, wie er reagieren sollte. In seinen fünf Jahren an der Glosdown School war er noch nie mit etwas Derartigem konfrontiert worden. Ja, es schockierte ihn geradezu. »Bist du dir sicher?«, fragte er und dann, immer noch ein wenig zweifelnd: »Glaubst du, es nützt etwas?« Schließlich willigte er ein.

Die ganze nächste Woche arbeitete Ben jede Minute seiner Freizeit an seinem Thema.

»Wo gehst du denn hin?«, fragte seine Mutter, als er gleich nach der Schule schon wieder aus dem Haus raste.

»Zu Tracy Wood und Sean Wilson.«

»Aber du magst doch weder Tracy noch Sean.«

»Das ist für mein Schulprojekt.«

Seine Mutter setzte sich wieder an ihre Studienunterlagen. Zumindest war das besser, als wenn er fernsah oder an seinem Computer herumspielte.

Am folgenden Donnerstag Nachmittag reichten alle ihre Arbeiten bei Mr. Brent ein. Sobald Ben seine abgegeben hatte, zweifelte er an seiner Entscheidung, doch es war zu spät. In dieser Nacht tat er kaum ein Auge zu.

Er musste eine ganze Woche warten, bevor Mr. Brent sie zurückgab.

Ben hatte eine Eins bekommen, die beste Note der ganzen Klasse, und dazu eine Bemerkung, in der seine Originalität gelobt wurde. Mr. Brent war dermaßen beeindruckt, dass er Ben leise und ernsthaft fragte, ob er sein Projekt für die Vorbereitung des Elternabends in der folgenden Woche verwenden dürfe.

Ben, sein Geheimnis fest im Arm, nickte. Deshalb hatte er es ja verfasst. Der Elternabend war das Einzige, wo seine Eltern noch gemeinsam erschienen. Als sie ihm gesagt hatten, dass sie sich trennen würden, hatte er sie mit bleichen Wangen angesehen und vor Schmerz ganz außer sich gefragt: »Aber ihr kommt doch zusammen zu den Elternabenden? Ohne euch zu streiten?«

Das konnten sie ihm schwerlich abschlagen. Und wenn Ben seinen Schulkameraden nichts sagte, würden sie womöglich nie erraten, dass sich seine Eltern tatsächlich getrennt hatten – vielleicht, so musste er einfach hoffen, wäre es dann gar nicht wahr.

Doch das war es. Seit drei Jahren lebten sie nun nicht mehr zusammen, und seit einem waren sie geschieden. Ben hatte jedes zweite Wochenende und die Hälfte der Ferien mit seinem Dad verbracht. In letzter Zeit waren sie oft bei Sheila gewesen, und das hatte wesentlich mehr Spaß gemacht. Abgesehen vom Blick seiner Mutter, wenn er nach Hause kam. Ihr zuliebe musste er so tun, als hätte er ein grässliches Wochenende hinter sich, sonst wäre der Teufel los.

Heute war er mit Dad in Brighton, und es gefiel ihm sehr. Sie besuchten das große Aquarium und fuhren mit den Autoskootern auf dem Pier. Er erwähnte sein Schulprojekt nicht, aber es gab ihm das Gefühl, ein bisschen weniger machtlos zu sein als sonst. Er hatte ein Geheimnis, und sie sollten bald erfahren, was es war.

Wie üblich kamen sie eine halbe Stunde zu spät zurück. Wie üblich stand Mum wutschnaubend auf der Treppe. Sheila saß sicher verstaut im Auto, einen Block weiter um die Ecke, weil Mum sich weigerte, »diese Person« zu akzeptieren.

Als sie auf sie zugingen, merkte Ben, dass sich sein Herz zusammenzog wie eine Auster, die mit Zitronensaft beträufelt wird. Dafür hasste er seine Mum. Ja, eigentlich hasste er sie alle beide.

»Ich stehe jetzt«, giftete sie seinen Dad an, während ihr Ton vor Bitterkeit sprühte, »seit einer guten halben Stunde in der Eiseskälte.« Sie fröstelte demonstrativ. »Musst du immer so verdammt egoistisch sein? Du denkst wohl nie an jemand anders als an dich selbst, was?«

Bens Dad, der sich eigentlich hatte entschuldigen wollen, überlegte es sich anders. »Das musst ausgerechnet du sagen«, konterte er wütend, während jegliche Hoffnung auf eine freundschaftliche Übergabe dahinschwand. »Machst ständig auf Märtyrerin, damit wir nach deiner Pfeife tanzen! Du spielst doch nur die Schwache. Die Schwachen manipulieren ihre Mitmenschen ohne Skrupel!«

Seine Mutter zog ihre Strickjacke enger um sich, ihr hübsches Gesicht verzerrt zu einer missbilligenden, ablehnenden Grimasse, die Ben an einen der Wasserspeier von Notre Dame erinnerte, die er in der Stunde über französische Kunst gesehen hatte.

»Außerdem«, fuhr sein Dad fort, »hättest du ja nicht hier draußen in der Kälte stehen und den Minutenzeiger beobachten müssen.«

Und so ging es weiter. Es war alles wie gehabt. Er hätte genauso gut auf dem Planeten ZOG sein können, so wenig Beachtung schenkten sie ihm. Stritten über sein Wohlergehen und darum, wer am besten dafür sorgte, während keiner von beiden begriff, dass sie denjenigen zerstörten, den sie zu lieben vorgaben, nämlich ihn. Er fühlte sich, als hätte man ihn in einen riesigen Fleischwolf gesteckt. Wenn er davonmarschierte, würden es seine Eltern vermutlich nicht einmal bemerken.

»Diese Woche ist Elternabend«, erinnerte er sie und bekam auf einmal Angst, sie würden nicht kommen und all seine Bemühungen wären für die Katz gewesen. »Ihr kommt doch beide, oder?«

Sie drehten sich gleichzeitig zu ihm um, als hätte man sie brutal unterbrochen und ihres Rechts beraubt, aufeinander einzuhacken.

»Natürlich«, bestätigte seine Mutter mit einer Miene, die ausdrückte, dass sie für einen Tritt ins Gesicht seines Vaters meilenweit marschieren würde.

»An welchem Tag?«, fragte sein Vater.

»Mittwoch. Ich hab's dir doch *gesagt,* Dad.«

Es war der Abend, für den er Sheila versprochen hatte, mit ihr ins Kino zu gehen; doch ein Blick auf Bens gequälte Miene holte sämtliche Schuldgefühle der letzten drei Jahre zurück. Der arme Junge. Er litt immer noch darunter.

Die Glosdown School gestattete den Schülern, ihre Eltern zu den Abenden zu begleiten, abgesehen von den Besprechungen, bei denen die Lehrer über ihre Leistungen sprachen. Heute strahlte Ben eine Art unterdrückter Erregung aus – wie eine Rakete, die auf den Countdown wartet. Er hatte sogar ein sauberes Sweatshirt angezogen und seine Turnschuhe geputzt. Seine Eltern wanderten mit einem Meter Abstand zwischen einander an den Informationsständen entlang und warfen sich gegenseitig Blicke zu, als litte der Andere an einer ansteckenden Krankheit. Konnten sie nicht wenigstens *versuchen,* wie ein Paar auszusehen?

Aus der Entfernung sah ihnen Mr. Brent dabei zu, wie sie Bens Schulhefte durchblätterten. Der Junge stand ein Stück weiter weg, offenbar massiv beklommen. Er könnte, so fand Mr. Brent, Hilfe gebrauchen.

Entschlossen kam er herüber. »Haben Sie Bens Projektarbeit schon gesehen? Er hat die beste Note der ganzen Klasse dafür bekommen. Sie ist ungemein brillant und originell.«

Seine Eltern sahen Ben überrascht an. »Du hast uns nichts davon erzählt«, sagte sein Dad. »Was hattest du denn für ein Thema?«

Ben sah auf einmal drein, als wäre er lieber sonst wo als hier. Was, wenn sie einen Tobsuchtsanfall bekamen? Seiner Mutter war es ein Gräuel, wenn andere Leute von ihren Problemen erfuhren. Schmutzige Wäsche in aller Öffentlichkeit waschen, nannte sie das. Sie würde ausrasten, wenn sie sein Projekt sah. Er überlegte, ob er flüchten sollte. Vielleicht zu seiner Oma.

Mr. Brent legte einen Arm um ihn. Offensichtlich konnte er seine Gedanken lesen. »Es ist ein Handbuch für geschiedene Eltern, verfasst aus dem Blickwinkel der Kinder. Er hat jedes Kind aus unserer Schule befragt, dessen Eltern geschieden sind, und sämtliche Tipps aufgenommen. Dabei ist ein ungemein anrührendes Dokument entstanden. Außerdem witzig. Und tapfer. Unser Direktor möchte sich sogar dafür einsetzen, es zu veröffentlichen.«

Mr. Brent wich den Blicken von Bens Eltern aus und lächelte Ben aufmunternd zu.

Seine Mutter nahm das Handbuch auf. Es hieß »DER ELTERNKRIEG: Wie man den Scheidungsschmerz verringert«. Sie blätterte es durch, bis sie zu einem Kapitel kam, dessen Überschrift lautete: »Egal, wie verletzt Sie auch sein mögen, benutzen Sie Ihr Kind nicht als Fußball für Ihre Gefühle«. Sie las die nächsten paar Worte laut, während Ben sich wand.

»Benutzen Sie die Übergabe nie als Gelegenheit zum Streiten. Gestalten Sie sie dem Kind zuliebe so liebevoll wie möglich. Fragen Sie Ihr Kind hinterher nicht aus. Seine Stunden mit dem anderen Elternteil gehören ihm.«

Bens Mutter wandte sich ab.

Er kannte die Symptome. Sie war so wütend, dass sie jeden Moment explodieren würde. Womöglich würde sie sogar versuchen, seine Treffen mit Dad in Zukunft zu unterbinden.

Doch als sie sich umdrehte, waren ihre Augen verschwommen, und sie hielt immer noch seine Projektarbeit in der Hand. »Greg«, sagte sie und reichte das Heft ihrem Ex-Ehemann, »sieh dir das mal an.«

Bens Magen schlug einen Purzelbaum. Er hatte sie schon seit Ewigkeiten nicht mehr den Vornamen seines Vaters aussprechen hören. »Hier geht's doch um uns, oder nicht?«, fragte sie schließlich. »Ignorieren wir dich wirklich und gehen nur aufeinander los?«

Mr. Brent drückte Ben ermutigend die Schulter.

»Ja. Genau das macht ihr. Es ist schauderhaft. Mir graut

das ganze Wochenende vor dem Sonntag. Ich habe schon fast keine Lust mehr zu fahren, weil ihr immer streitet, wenn Dad mich zurückbringt.«

Ben schaffte es kaum, seine Mutter anzusehen. Doch als er es tat, lächelte sie. Es war ein dünnes Lächeln, wie der Spalt einer Tür, die sich öffnet – trotzdem eindeutig ein Lächeln.

»Vielleicht«, sagte sie, »gibst du am besten jedem von uns ein Exemplar. Es hat ganz den Anschein, als bräuchten wir beide Rat und Hilfe.«

»Ja.« Ben vergrub das Gesicht in der wolligen Schulter seines Lehrers und sagte mit unsicherer Stimme: »Und wie ihr das braucht!«

Die sieben Todsünden

»Bist du sicher, dass wir mit den beiden auskommen werden?«

David sah seiner Frau dabei zu, wie sie ihrem gepackten Koffer den letzten Schliff gab. Es erstaunte ihn immer wieder, wie sie zuerst alle hellen Kleidungsstücke zusammenrollte – statt sie zu falten – dann die dunklen, und jedes Paar Schuhe in eine eigene durchsichtige Plastiktüte steckte wie Lebensmittel für die Kühltruhe. Seine eigene Technik erschöpfte sich darin, ein Dutzend Boxershorts, eine Hand voll Socken, Hemden und Hosen wild durcheinander in eine Sporttasche zu werfen und zu hoffen, dass es reichte. »Jedenfalls sind vierzehn Tage lang, und Urlaub ist wertvoll.«

»Ich glaube schon«, erwiderte Georgie. »Wir passen recht gut zusammen. Tim und ich haben uns richtig gut verstanden, als wir zusammen diese Konferenz organisiert haben, und er meinte, dass sie sich beide für Sonne, gutes Essen und Besichtigungen begeistern können.« Georgie sah in die Tasche mit den vielen Fächern, um sich zu vergewissern, dass alles dort war, wo sie es haben wollte. Es gab nichts Schlimmeres, als auf der Suche nach den Schlüsseln alles aufs Autodach kippen zu müssen und sich zur Befriedigung der vorüberfahrenden Herren am Steuer wie eine dumme Pute aufzuführen. »Natürlich weißt du absolut nie, wie jemand ist, bevor du mit ihm in Urlaub fährst, und dann ist es zu spät – aber die Voraussetzungen stimmen. Außerdem können wir uns das Haus allein nicht leisten, also müssen wir einfach das Beste daraus machen.«

Die Wahrheit lag in Davids Augen ein bisschen anders: Niemand unter ihren engsten Freunden, von denen die meisten mehrere Kinder hatten, konnte sich ein solches Haus leisten.

Georgie küsste ihn oben auf den Kopf – ein wenig gönnerhaft für seinen Geschmack –, aber so war Georgie eben. »Wenigstens«, so fügte sie hinzu, »haben wir keine grässlichen Gören dabei, die die Pasta wieder ausspucken und mitten in den Uffizien Pipi machen müssen.«

David folgte seiner dynamischen Frau ins Bett. Wie taktlos von ihr, Kinder zu erwähnen, wo das doch ein so heikles Thema zwischen ihnen war! Georgie wollte kein Baby. Sie behauptete, noch nicht; doch David hegte den Verdacht, es könnte auch überhaupt nie bedeuten. Ihre Tätigkeit als Organisatorin von Konferenzen lief zu gut, sagte sie – aber soweit David Georgie kannte, hieß das, ihre Firma würde immer zu gut laufen.

Vielleicht könnte er sie unter dem toskanischen Himmel, nach ein paar Gläsern gutem Chianti, dazu bewegen, ihre Meinung zu ändern. David seufzte. Es lag näher, dass er einschlafen und Georgie beschließen würde, in dem Pool, der zur Villa gehörte, zweihundert Bahnen zu schwimmen.

Sie hatten nicht viel Zeit, sich den Kopf zu zerbrechen; denn zehn Stunden später flogen sie nach Florenz, holten ihren Mietwagen ab und fuhren etwa eine Stunde zu ihrer Villa bei Siena. Es war ein herrliches Fleckchen. Ein umgebautes Bauernhaus, in dessen Erdgeschoss einstmals Tiere untergebracht waren, während die Bauernfamilie darüber lebte und von der Körperwärme des Viehs darunter profitierte. Vor fünfzehn Jahren hatte der Bauer in weiser Voraussicht erkannt, dass mit feinen englischen Touristen mehr Lire zu verdienen waren als mit störrischen toskanischen Kühen; so hatte er seinen Bauernhof zu einem geschmackvollen, stilechten Feriendomizil umgebaut.

Tim und Eleanor, das andere Paar, war eine halbe Stunde vorher eingetroffen. Tim erfüllte mehr oder weniger Davids Erwartungen – eindeutig der Prototyp eines Yuppies –, aber seine Frau stellte eine angenehme Überraschung dar. Eleanor war blass, mollig und hübsch, und sie schenkte ihm immer wieder ein mit Grübchen garniertes Lächeln – ganz anders als ihre jeweiligen, übertrieben tüchtigen Partner. »Übrigens«, verkündete sie unbeschwert. »Hoffentlich macht es euch nichts aus, aber ich habe mich Hals über Kopf in das Schlafzimmer auf der rechten Seite verliebt. Von dort kann man direkt ins Tal schauen. Ich habe noch nie solche Farben gesehen.«

Georgie schäumte. Kannte diese Frau denn nicht die Hauptregel fürs Teilen von Ferienhäusern? Wer die Reise bucht, hat das Vorwahlrecht. Glücklicherweise war auch das zweite Schlafzimmer luxuriös – auch wenn es kein so schönes schmiedeeisernes Bettgestell mit Blumenranken beherbergte, wie es sich Eleanor gesichert hatte.

Nach dem Auspacken trafen sie sich auf der Veranda, um ein Glas Wein zur Begrüßung zu trinken und Pläne für den nächsten Tag zu schmieden. Vom Geschmack des einheimischen Chiantis und dem spektakulären Blick auf Olivenhaine und Weinberge, die sich meilenweit vor ihr erstreckten, in gehobener Stimmung, schaffte es Georgie, sich in der warmen Abendsonne zu entspannen. Was bedeutete unter Freunden schon ein eisernes Bettgestell?

»Also«, begann Tim nach dem zweiten Glas. »Zeit für den Einkaufszettel, würde ich sagen.« Er holte seinen Organizer hervor.

»Tim!«, mahnte Eleanor. »Wir sind im Urlaub!«

»Aber ich schreibe den Einkaufszettel immer auf meinem Organizer, dann kann ich in letzter Minute noch Dinge hinzufügen. Es ist einfach praktischer.«

»Ist da auch ein italienisches Wörterbuch drin?« David zwinkerte Eleanor zu, die entzückt kicherte.

»Es gibt tatsächlich eines«, gab Tim verschnupft zu. »Ich habe mir das Programm am Flughafen gekauft.«

»Und wisst ihr, was?« Eleanor senkte verschwörerisch die Stimme, wie es Ehepartner tun, wenn sie besonders tief ins Nähkästchen greifen. »Er ruft mich immer mit seinem Handy aus der Tiefkühlabteilung an, nur um sich zu vergewissern, dass er nichts vergessen hat.«

»Ellie, das ist nicht fair!« Tim wirkte gekränkt. »Ich rufe nur an, wenn die Artikel, die *du* dazugeschrieben hast, missverständlich sind.«

»Mann«, sagte Georgie beeindruckt. »Erledigt also Tim sämtliche Einkäufe?« David tappte in Supermärkten hilflos herum und vergaß regelmäßig etwas; daher hatte Georgie die Waffen gestreckt und erledigte das nun selbst. Sie vermutete ja, dass es sich um eine männliche Masche handelte – aber es war trotzdem einfacher, als wenn einem das Klopapier ausging und man nur Steaks zu essen hatte, weil David all die gesunden Sachen nicht ausstehen konnte.

»Alles. Sogar Kochen«, fügte Eleanor hinzu. »Ich hasse Kochen.«

»Ich auch«, gestand David. »Es ist einfach unerträglich, drei Stunden damit zu vergeuden, etwas zuzubereiten, das man in drei Minuten aufisst.«

»Gegen Essen hat Ellie allerdings nichts«, bemerkte Tim etwas spitz.

»Das kommt daher, weil Essen für Leben steht«, erläuterte die kurvenreiche Eleanor. »Und für Spontaneität und Abenteuerlust. Beim Kochen geht's nur um Kontrolle.«

»Weißt du«, sinnierte David und musterte seine Frau mit leicht vorwurfsvollem Blick, »da hast du vollkommen Recht. Es heißt ja immer, dass Kochen Ausdruck von Liebe und Geben sei – aber Köche führen sich wie Tyrannen auf. Sie zwingen einen, sich genau dann hinzusetzen, wenn sie wollen, und machen einen zur Schnecke, wenn man nicht bereit ist, sofort alles andere liegen und stehen zu lassen.«

»Sobald ihr zwei damit fertig seid, die Freudschen Hintergründe fürs Zubereiten einer Mehlschwitze auseinanderzupflücken«, meldete Georgie sich nun zu Wort, »sollten wir uns vielleicht langsam umziehen.«

Das Restaurant entpuppte sich als ein traumhaftes, efeubewachsenes Castello inmitten eines Weinguts. Die toskanische Bohnensuppe war ein Gedicht, und der Wildschweintopf schmeckte, als hätte sein Spender ein erfülltes und glückliches Leben geführt. Nach der zweiten Flasche Rotwein unterhielt man sich rundum heiter.

»Also«, begann David. »Wir wissen, dass Tim aus der Computerbranche stammt, weil ihn Georgie dadurch kennen gelernt hat; ich arbeite bei einer Investment-Bank, meine Frau ist selbstständig. Und was machst du, Eleanor?«

Eleanor zeigte ihr molliges Lächeln. »Ich schreibe Sexromane.«

David wäre fast an seinem Tiramisu erstickt. »Du meinst Unterhaltungsromane mit Sexszenen?«

Eleanor schüttelte den Kopf. »Nein, richtig erotische. Mit allen Schikanen.« Sie gab sich wissend. »Oder vielmehr, je mehr Schikanen, desto besser.«

Georgie fand es an der Zeit, das Thema zu wechseln. Sie hatte ja keine Ahnung gehabt, dass Tims übergewichtige und in ihren Augen unscheinbare Gattin mit so etwas ihr Geld verdiente. Wobei es Georgies Erfahrung nach immer die Unscheinbaren waren, die man im Auge behalten musste. Vielleicht bildeten sie sich ein, dass sie es, wenn sie es schon nicht oben hatten, weiter unten ausgleichen mussten. Auf Büropartys wimmelte es immer von solchen Exemplaren, die wild entschlossen waren, sich ihr Polyesterkleid vom Leib zu reißen und zu leben.

Am nächsten Tag befielen Georgie schwere Bedenken dabei, David mit Eleanor allein zu lassen – während sie und Tim, die beiden Tatmenschen, durch den italienischen Supermarkt sausten. Vor allem, da sie den untrüglichen Verdacht hatte, dass die beiden nur auf ihr Verschwinden warteten.

»Vergesst den Mozzarella nicht«, rief Eleanor den Einkäufern nach. »Und achtet darauf, dass er aus Büffelmilch ist.«

»Das müsste sie eine Weile beschäftigen«, murmelte Eleanor David leise zu. »Es ist nämlich nicht die Jahreszeit dafür.«

Zu guter Letzt allein, setzten sie sich in den Schatten einer Pappel. Eleanor knöpfte ihr Kleid auf und entblößte milchweiße Haut und einen äußerst raffiniert geschnittenen Badeanzug. Sie legte sich auf eine Liege und drapierte ihren Körper so vorteilhaft wie möglich, einen Arm über den Augen, um sie vor der Sonne zu schützen.

Das bedeutete obendrein, dass sie David dabei betrachten konnte, wie er sie betrachtete.

David, an magere, elegante, herrische Frauen wie seine eigene gewöhnt, genoss es, die dünenartigen Konturen der vor ihm liegenden Dame zu erforschen. Sie kam ihm weitaus herrlicher vor als die Kunstwerke, für deren Besichtigung sie demnächst vor Florentiner Kunstsammlungen Schlange stehen würden. Marmorstatuen hatten schließlich nicht diese kleine Schweißpfütze in der Halskuhle, die Eleanor so köstlich verletzlich, menschlich wirken ließ.

Jemand wie Eleanor, so fantasierte er ungezügelt, würde das Leben verschönern. Sie würde einem Specksandwiches zum Frühstück erlauben, einem nicht diesen strafenden Blick zuwerfen, wenn man die Schuhe auszog und sich aufs Sofa legte; sie würde einem nicht mit gequälter Miene zuhören, wenn man ihr kurze Passagen aus der Zeitung vorlas, und – hier überschlug sich Davids Fantasie in Richtung verbotenes Gelände – jemand wie Eleanor würde fleischliche Genüsse bieten, von denen er bisher nur träumen konnte.

»Sag mal, David.« Eleanor lehnte sich vor, sodass der Schweiß in einem kleinen Bach zwischen ihren üppigen

Brüsten hinabrann. »Bist du zufrieden mit deinem Leben? Hat die Glücksgöttin all ihre Gaben auf dich gehäuft? Nette Frau, schönes Haus, interessanter Beruf?«

»Wir sind recht zufrieden«, antwortete David und empfand einen Anflug von Schuld beim Gedanken daran, dass Georgie den Supermarkt abklapperte, während er hier faulenzte, »aber es gibt eines, was ich mir sehnlich wünsche – im Gegensatz zu Georgie.« Erst in diesem Moment wurde ihm klar, wie sehr ihn diese Uneinigkeit zwischen ihnen schmerzte und bedrückte. »Ein Kind.«

»Armer David!« Eleanor streckte den Arm aus und berührte seine Wange. Ein Schauer von kolossalen Ausmaßen durchfuhr ihn. »Wie schrecklich für dich!«

Die Hexe, die David sein Recht auf Vaterschaft verweigerte, kämpfte sich im selben Moment durch die Feinkostabteilung, während sie insgeheim den pedantischen Tim einen Trottel schimpfte, und sich fragte, ob der ganze Urlaub vielleicht ein entsetzlicher Flop würde. Der Supermarkt war laut und voll, und Tim bestand darauf, von jeder angebotenen Salamisorte zehn Gramm zu kaufen. Georgie sehnte sich nach David und seiner liebenswerten, wenn auch nervtötenden Hilflosigkeit und nach der tiefblauen Verlockung des Swimmingpools. Was hatte sie schon davon, die Tüchtige zu sein?

Als sie endlich an der Kasse vorbei waren, herrschte draußen brütende Hitze. Die Straßen der kleinen Stadt wimmelten von zornigen Mopeds und schlecht gelaunten einheimischen Autofahrern.

Auf halber Strecke zu ihrem Bauernhaus bog Tim unvermittelt in einen schmalen Weg ein, der ins Nichts zu führen schien. »Warum fahren wir hier lang?«, fragte Georgie ärgerlich und kam langsam zu dem Schluss, dass Eleanor und Tim einander verdient hatten.

Tim tippte sich an die Nase. Noch einen heißen und frustrierenden Kilometer ging es weiter, bis sie an einer kleinen Kapelle anlangten.

»Die Sieben Todsünden«, flüsterte Tim ehrfürchtig. »Eines der unbekannten Meisterwerke des Mittelalters, steht in meinem Reiseführer.« Während sie versuchte, nicht an die verschiedenen Salamisorten zu denken, die jetzt im Kofferraum schmolzen, ging Georgie gehorsam mit und betrachtete das Fresko. In der Düsternis war es kaum zu erkennen. Himmel, wenn es sich schon um ein solches Meisterwerk handelte, könnte man doch zumindest eine ordentliche Beleuchtung erwarten. Und tatsächlich gab es – für weniger entschlossene Touristen als Georgie kaum zu finden – einen Automaten, der es zum Preis von ein paar Lire beleuchten würde. Georgie warf die Münze hinein.

Es geschah ein Wunder. Auf einmal erstrahlten die satten Farben der bemalten Wand wie Edelsteine und enthüllten eine Szene, die nur ein gequälter mittelalterlicher Geist, geplagt von Gottesfurcht, Vergeltung und dem Wunsch, die Frauen irgendwie zu quälen, ersonnen haben konnte. Schlangen bissen in lebendiges Fleisch, Öl kochte in von erbarmungslosen Engeln bewachten Kesseln, und Flammen züngelten an Körperteilen empor, die für Wollust standen. Groteske Gestalten mästeten sich im Zeichen der Völlerei. Doch es war die Faulheit, die Georgie besonders ins Auge stach – vor allem weil die träge Figur, die sich untätig auf einem Diwan räkelte, eine unbestreitbare Ähnlichkeit mit David aufwies, wenn er sich im Fernsehen Fußball ansah.

Während sie dastand und all diese abstoßende Nacktheit musterte, überkam Georgie mit der Wucht eines toskanischen Blitzschlags die Erkenntnis, dass ihre Tüchtigkeit womöglich David untüchtig machte. Als sie sich kennen gelernt hatten, war er eigentlich ein rechter Draufgänger gewesen; aber irgendwie hatte er, während sie ständig leistungsfähiger wurde, den Haushalt, ihre expandierende Firma und sogar Reisen wie diese organisierte, immer mehr nachgelassen. Dafür musste es einen Grund geben, und vielleicht war der Grund Georgie. David lastete es ihrem Ehrgeiz an, dass sie keine Kinder wollte, das wusste sie – aber daran lag es gar nicht. Sie hatte nur unter keinen Umständen Lust, ein Baby zu bekommen und es ohne Hilfe aufzuziehen.

Typisch – Georgie, deren Persönlichkeit auch von noch soviel Selbsterkenntnis nie ganz ausgelöscht wurde, hatte einen Plan geschmiedet, bis sie zu ihrem Ferienhaus zurückkamen. Was David brauchte, war Selbstbestätigung, die Chance, sich in einer Situation zu beweisen, ohne dass seine Frau für ihn die Kastanien aus dem Feuer holte. Aber wie zum Teufel konnte sie das arrangieren?

An Ort und Stelle war die dunkle, geflieste Küche leer. Sie und Tim stellten die Einkaufstüten ab, und Georgie machte sich auf die Suche nach Tim und Eleanor. Sicher zu viel verlangt, darauf zu hoffen, dass sie den Tisch unter der weinberankten Pergola zum Mittagessen gedeckt hätten! Sie sollte Recht behalten.

Die beiden saßen unter einem Baum, tranken Weißwein und kicherten. Eleanor war so dick und bleich wie immer. Genau die Sorte Frau, so dachte Georgie gehässig, die behauptete, nicht zu schwimmen oder sonnenzubaden, weil sie blasse Haut bevorzugte – wo doch der eigentliche Grund darin lag, dass sie zu fett war, um sich freiwillig zu entblößen.

Georgie ließ sie sitzen und begann die Tüten auszupacken. Fürs Mittagessen würde es Tims Kollektion von Salami tun, dazu warmes Ciabatta-Brot, reife Tomaten und Oliven. Sie beugte sich hinab, um den Backofen anzuzünden; einen Moment lang passierte gar nichts, kein sanftes Zischen von Flaschengas erklang. Verdammt! Sie trat leicht gegen die Flasche, dann klappte es. Hurra. Sie auszuwechseln wäre mühsam, weil die Besitzer die Ersatzflaschen aus unerfindlichen Gründen im unteren Schuppen aufbewahrten, den man nur über eine sehr steile Treppe erreichte.

Georgie richtete sich auf. Unversehens hatte sie eine Idee.

Nach dem Essen wollten alle Siesta halten. Georgie kam kurz in den Sinn, dass sie womöglich ein bisschen mehr als nur Schlaf wollte, aber sie war zu wütend auf David. Stattdessen wartete sie, bis das einzige Geräusch unter der heißen Nachmittagssonne von den Zikaden kam, die ihre Beine aneinander rieben, und dem gelegentlichen Platschen, wenn ein Wasserfrosch in den Pool hüpfte. Sie schlich sich zum Schuppen hinunter und ersetzte unter ziemlichen Mühen die volle Gasflasche in der Küche durch eine leere. Jahrelanges Zelten mit ihren Eltern in Devon bedeutete Übung in solchen Verrichtungen, aber David wäre da hilflos. Sie stellte sich vor, wie er von einem Bein aufs andere trat wie ein verschreckter Flamingo, und schmunzelte zufrieden. Dann suchte sie den Sicherungskasten unter der Treppe und legte die Schalter um. Ihre letzte Handlung bestand darin, die zum Haus gehörige Liste verschwinden zu lassen, die verriet, wo sich alles befand. Dann schenkte sie jedem ein Glas Orangensaft ein.

»Komm schon, Tim.« Sie klopfte an die Tür, hinter der das beste Bett stand. »Ich möchte noch mal einen Blick auf die Sieben Todsünden werfen. Eleanor und David können das Abendessen machen. Das tut ihnen gut.«

Tim wunderte sich über Georgies großes Interesse. Noch mehr staunte er, als sie einen zweiten unverzichtbaren Kunstschatz aus dem Ärmel schüttelte, der fünfzehn Kilometer in der anderen Richtung lag.

»Wir sollten zurückfahren«, schlug er schließlich drei Stunden später vor. »Es wird dunkel.«

»Aber erst trinken wir schnell noch eine Cola, ich verdurste«, flehte Georgie in sehnsüchtigsten Tönen. Es mochte ja dunkel werden, aber nicht dunkel genug. »Sag mal, Tim«, fragte sie und bestellte nach ihrem Cola ein Glas Wein, »wird es dir eigentlich nie zu viel, immer der Tüchtige zu sein?«

Tim sah verständnislos drein, als wüsste er nicht, wovon sie sprach. Dann grinste er. »Offen gestanden gefällt es mir ganz gut. Ich käme nie mit jemandem aus, der genauso dominant ist wie ich.«

Darüber dachte Georgie nach. Steckte ein Körnchen derselben Wahrheit in ihrer Beziehung zu David? Ihr Vater hatte ihre Mutter die ganzen Ehejahre hindurch schikaniert, und Georgie hatte sich geschworen, nie einen Mann wie ihn zu heiraten. David war mit Sicherheit anders!

Die Sonne ging hinter den Hügeln unter, und die Dunkelheit senkte sich dramatisch herab wie der eiserne Vorhang im Theater. Sie versuchte sich vorzustellen, was im Ferienhaus ablief. Ein Abendessen würde jedenfalls nicht auf sie warten, da konnte sie wetten. Sie lächelte Tim so süß an, dass er sich fragte, ob sie und David auf Partnertausch aus waren. »Wir fahren jetzt lieber zurück.«

Im Auto sang Georgie zu »Nessun Dorma« mit. Sie hielt den Atem an, als sie um die letzte Kurve der Straße bogen.

Fünfzig Meter vor ihnen erstrahlte das Bauernhaus im Lichterschein. Sie parkten den Wagen, und Georgie schlenderte Richtung Küche. Ein herrlicher Duft von Knoblauch und Kräutern mit einem Hauch Basilikum stieg ihr in die Nase.

»Wie hast du…?«, begann Georgie und verstummte abrupt. David fing ihren Blick auf. »Ich wollte sagen, wie hast du es geschafft, ohne Kochbuch etwas so Herrliches zu zaubern?«

»Tim war nicht der Einzige, der sich am Flughafen umgesehen hat«, erwiderte David und schwenkte einen Band mit toskanischen Rezepten. »Mal probieren?« Dann hielt er ihr einen dampfenden Löffel mit leckerem Eintopf hin.

»Ich dachte, du hasst Kochen.«

»Tja, man kann über jeden noch staunen, was?«

Aber fast wahnsinnig machte Georgie, dass kein Wort mehr über die Situation verloren wurde. Weder ausgeschaltete Sicherungen noch leere Gasflaschen wurden erwähnt, und niemand sagte irgendetwas von einem Desaster.

Bis sie im Bett lagen. Ganz gegen seine Gewohnheit ergriff David die sexuelle Initiative. »Also, Georgie«, begann er und fuhr mit einer Hand in ihren Seidenpyjama. »Was wolltest du eigentlich mit all deinen Bemühungen erreichen?«

»Wovon redest du überhaupt?«, fragte Georgie, schob seine Hand beiseite und schaute durchs Fenster in die unergründliche toskanische Nacht hinaus.

»Du weißt ganz genau, was ich meine. Dass das Licht plötzlich ausfällt und die Gasflasche leer ist und dann noch verräterischerweise die Inventarliste in deinem Koffer steckt.«

Georgie sah betreten drein, versuchte aber nicht, es zu leugnen. »Es tut mir Leid. Ich hatte einfach genug davon, andauernd die Schwierigkeiten in deinem Leben auszubügeln. Also solltest du auch mal eine Gelegenheit erhalten. Wie bist du eigentlich mit der Gasflasche zurechtgekommen?«

»Eleanor hat sie ausgewechselt. Sie war früher bei den Pfadfinderinnen.«

Bei der Vorstellung, wie Eleanor mit hoch gerecktem Hintern eine Gasflasche austauschte, kicherte Georgie.

»Pass auf, Georgie, es gibt nur ein Problem in unserer Ehe: deine Einstellung zu Kindern.«

»Tatsächlich?«, fragte Georgie herausfordernd.

»Ja. Ich weiß, dass du mich für einen jämmerlichen Abklatsch von Mann hältst, der sich ziellos dahintreiben lässt – aber da irrst du dich gewaltig.« In seinem Tonfall lag eine Härte, die Georgie noch nie bei ihm bemerkt hatte. Ein winziger Splitter Angst bohrte sich den Weg in ihr Herz. »Ich weiß genau, was ich will.«

»Die erotische Eleanor zum Beispiel?«, platzte Georgie vorwurfsvoll heraus, bevor sie es sich verkneifen konnte. »Ihr beiden wart ja vorhin in der Küche anscheinend schon recht vertraut miteinander.«

»Eleanor sieht Dinge an mir, die dir entgangen sind. Zum

Beispiel, was ich für einen wunderbaren Vater abgäbe. Aber ich will Eleanor nicht.«

»Was willst du dann?«

»Dich, Georgie, und eine Familie. Und wenn ich das nicht bekomme, verlasse ich dich.«

»Das tust du garantiert nicht.« Aber etwas an der Art, wie es aus ihm heraussprudelte, verdeutlichte ihr, dass er es ernst meinte.

»Du glaubst, ich würde ohne dich zusammenbrechen, stimmt's, Georgie, und zu einem Haufen Faulheit verkommen.« Das Wort ließ sie zusammenzucken. »Unter schmutziger Wäsche und verpassten Terminen – aber in Wirklichkeit bist du diejenige, die zusammenbrechen würde!«

Sie wollte gegen die Lächerlichkeit dieser Behauptung protestieren, aber auf einmal versagte ihre Stimme.

»Du bist nicht die Einzige, die ihren Partner auf die Probe stellen kann, weißt du, Georgie. Hör gut zu: Komm hier rüber und zieh deinen Schlafanzug aus, oder du hast mich zum letzten Mal gesehen.«

»Das ist sexistischer Schwachsinn, David!«

»Höchste Zeit dafür. Und jetzt komm endlich.«

Und zum ersten Mal in ihrem Leben tat die herrische Georgie Henson, die sich von niemandem herumkommandieren ließ, genau das, was von ihr verlangt wurde.

Grüne Daumen

Muriel stieß ihr Pflanzholz tiefer in den lehmigen Boden und weidete sich an der Vorstellung, es sei das selbstgefällige Gesicht von Charles Hartley, dem Verwaltungsleiter des Worthbridge Hospital.

Es war nicht direkt der Tod ihres geliebten Stanley, den sie so schwer verkraftete. Immerhin war er sechsundsiebzig geworden und sie hatten ein langes, glückliches Leben zusammen geführt. Was Muriel aber in tiefste Verzweiflung gestürzt hatte, war die Art und Weise seines Ablebens. Stanley hatte man mit seiner gebrochenen Hüfte auf einer Krankenliege im Korridor abgestellt, weil er ein alter Knacker war – während jüngere Leute mit verstauchten Handgelenken oder massiver Verstopfung die Betten bekamen, weil eben Jugend zählte. Das Krankenhaus scherte sich nicht darum, wie Stanley war – ein wunderbarer, witziger, lebensfroher Mann, der mit Begeisterung Beethoven-Sonaten spielte und sie nach wie vor zu romantischen Abendessen im Bistro um die Ecke ausführte. Was kümmerte es die schon, dass sich Stanley neuen Ideen nie verschlossen hatte, dass er es liebte, andere zu provozieren und aufzurütteln; noch an seinem Todestag hatte er seinem punkigen Enkel darin beigepflichtet, dass er alt genug war, zu einem Rave zu gehen – womit er die Mutter des Jungen, seine unangenehme Schwiegertochter, zur Weißglut gebracht hatte! Nichts davon kümmerte das Worthbridge Hospital oder dessen Verwaltungsleiter Charles Hartley.

Und dann hatte ihr der widerliche Kerl mit seinen roten Hosenträgern und seiner roten Brille auch noch eine Entschuldigung verweigert und sich mit mangelnden Ressourcen herausgeredet, als läge der Tod eines alten Mannes innerhalb der akzeptablen Grenzen notwendiger und sinnvoller Sparmaßnahmen.

Muriel war dagesessen, auf einer kaputten Bank im Krankenhausgarten, zwischen weggeworfenen Chipstüten und Styropor-Kaffeebechern aus der Kantine sowie einer Zigarettenkippe, die neben ihrem Fuß immer noch brannte – und hatte geweint. Was sollte sie nun mit ihrem Leben anfangen, nun, da Stanley nicht mehr war? Sie hatte viele ihrer Freunde, die ihren Ehepartner begraben mussten, einfach aufgeben sehen. Mit unerträglicher Demut, als ob ihr Leben nun nichts mehr zählte, waren sie in Gottes Wartezimmer geschritten und bereiteten sich selbst auf den Sensenmann vor.

Muriel würde den Teufel tun und sich ihnen anschließen. Im Grunde war ihr danach, einen Aufstand anzuzetteln. Aber es lag ihr leider nicht, sich zu beschweren. Stanley war immer derjenige gewesen, der Krach geschlagen hatte. Seine Kraft und seine Unerschrockenheit hatten sie von Anfang an zu ihm hingezogen. Sollte sie klagen? Stanley hatte sie bestens versorgt zurückgelassen. »Zum Kuckuck nochmal, Frau«, konnte sie ihn fast aus dem Grab hören. »Wirf dein Geld nicht für Anwälte raus. Mach eine Kreuzfahrt, kauf dir einen Nerz und fang mit Glücksspielen an. Geh vorwärts, nicht zurück!«

Sie hatte sich in dem ungepflegten, von Abfällen übersäten Krankenhausgarten umgesehen, und er war ihr als Spiegel ihres Seelenzustands erschienen. Wie viele andere geplagte und leidende Menschen mussten sich in diesem deprimierenden Gelände aufhalten, wo doch gerade hier ein wenig Schönheit und Frieden zu finden sein sollten. In diesem Moment fasste sie ihren Entschluss.

Muriel würde keine Stanley gewidmete Bank stiften, wie es so viele trauernde Witwen taten. Er hatte es gehasst, herumzusitzen. Sie würde diesen Garten in Ordnung bringen. Gärtnern war etwas, das sie schon immer gut konnte. »Du hast richtig grüne Daumen«, hatte Stanley stets zu ihr gesagt. »Du würdest noch in der Wüste Orchideen zum Blühen bringen.« Muriel lächelte. Vielleicht würden sie sogar am Schluss den Garten nach ihm benennen.

Mr. Hartley war argwöhnisch gewesen, als sie um einen zweiten Termin gebeten hatte. In seiner Position rechnete er wohl stündlich damit, dass ein zorniger Angehöriger oder ein wütender Arzt, dessen Budget er soeben dezimiert hatte, hereingestürmt kam und mit einer Maschinenpistole Löcher in seine roten Hosenträger schoss.

»Sie wollen sich also des Krankenhausgartens annehmen und ihn selbst pflegen?« Mr. Hartley sah sie über sein rotes Brillengestell hinweg an, als hätte sie etwas Unanständiges vorgeschlagen. Anscheinend kam es in seiner Welt nicht vor, dass jemand spontan zu großzügigen Gesten neigte. »Kostenlos?«

»Wir wohnen in einer Wohnung«, hatte Muriel rasch erklärt. »Als Stanleys Hüfte problematisch wurde, haben wir unseren Garten aufgegeben. Ich würde gern etwas zu seinem Andenken tun... wovon auch andere Menschen profitieren...«

»Aha! Und Sie würden das ohne, ähm...« Offenbar war »kostenlos« für Mr. Hartley ein Schimpfwort, das er kaum über die Lippen brachte.

»Kostenlos und gratis«, bekräftigte Muriel. »Ich würde sogar die Materialien bezahlen. Das Einzige, was ich bräuchte, wäre jemand, der die großen Flächen mäht.«

»Da sehe ich kein Problem.« Mr. Hartleys rote Brille funkelte im Sonnenlicht, während er strahlte. Sie konnte die Rechenmaschine in seinem Kopf beinahe klicken hören, als er sich ausrechnete, wie viel er dadurch einsparen und wie er das bei der nächsten Aufsichtsratssitzung präsentieren würde.

»Es gäbe nur eine Bedingung.«

Mr. Hartleys Strahlen erstarb. Das war vertrautes Terrain. »Und die wäre?«

»Dass Sie ihn Stanley-Curtis-Gedächtnis-Garten nennen und wir eine richtige Einweihungsfeier abhalten, wenn er fertig ist.«

Das Strahlen weitete sich nun zu kometenhaften Ausmaßen. »Selbstverständlich tun wir gerne Ihnen und auch der Klinik diesen Gefallen.«

Insgeheim dachte Mr. Hartley außerdem: »Und mir obendrein. Danach kann mich das alte Schätzchen kaum noch verklagen.«

Also hatte Muriel begonnen, sich an der traurigen Ödnis des Krankenhausgartens zu schaffen zu machen. Alle waren sich darin einig, dass es ihr gut tat. »So hat sie wieder einen Lebensinhalt, jetzt, wo Dad tot ist«, erklärte ihr aufgeblasener Sohn Stanley junior.

Muriel schüttelte ihre Gärtnerhandschuhe aus und rieb sich den müden Rücken. Viertausend Blumenzwiebeln hatte das größte Beet verschlungen. Zum Glück stammte sie aus Lincolnshire und hatte sie daher zum Selbstkostenpreis von einem Lieferanten in ihrem Heimatdorf bekommen. Das Dorf, ja die ganze Gegend war stolz auf ihre prächtigen Frühlingsausstellungen von Tulpen, Hyazinthen, Osterglocken und Narzissen. »Willkommen in Whirlby« stand, gepflanzt in herrlichen Arrangements, zu jeder Jahreszeit auf dem städtischen Blumenbeet.

Die Vorbereitungen waren ermüdend gewesen. Sie hatte erst Ende September begonnen, und die Blumenzwiebeln mussten Ende November in der Erde sein, wenn sie im Frühjahr blühen sollten. Doch auch hier hatte Muriel Glück gehabt. Man hatte ihr einen Jugendlichen namens Sam zur Seite gestellt, der gemeinnützige Arbeit verrichten musste, weil er für eine Spritztour ein Auto geklaut hatte. Ihr arroganter Sohn Stanley junior hatte geunkt, wenn sie Sam in ihre Nähe ließ, würde sie am Ende noch ausgeraubt. Muriel seufzte. Wie hatte ihr geliebter Mann, der stets in jedem das Gute sah, nur einen Sohn hervorbringen können, der sogar Jesus Christus verdächtigt hätte, ein Faulenzer gewesen zu sein, der auf Kosten anderer leben wollte und nur Ärger machte?

»Wohin soll ich die letzten Tulpenzwiebeln stecken, Mu?«

Muriel hätte ihn beinahe wegen seiner Frechheit zur Rede gestellt. Kein Mensch hatte sie je Mu genannt – außer Stanley. Sie musterte den jungen Mann mit seiner merkwürdigen Haartracht, einer umgekehrten Mönchstonsur, ab der Hälfte kahl rasiert, aber oben dicht und üppig. Ein Unterschnitt, erklärte er, hieße das. Die Mischung aus Regelverletzung und Normalität ließ das doppelt so rebellisch wirken wie die ganz offenkundigen Skinhead-Frisuren. Wie ein Chorknabe mit einer Tätowierung. Sie überlegte, ob sie ihren Enkel ermuntern sollte, sich auch so zurichten zu lassen. Das würde Stanley junior den Rest geben.

»Da drüben, in der Ecke links, hab' ich noch ein Fleckchen frei gelassen.«

Sam steckte die letzten Blumenzwiebeln hinein, klopfte sorgfältig die Erde fest und goss den Boden wie eine aufmerksame Mutter, die ihr Baby füttert. Auf einmal blickte er auf. »Da haben Sie sich ja ganz schön was vorgenommen. Sind Sie sicher, dass Ihnen das nicht zu viel ist?«

»Es ist das Mindeste, was ich für meinen Mann tun kann.«

Er setzte sein zahnlückiges Grinsen auf. »Scheint ein guter Typ gewesen zu sein, Ihr Stanley. Bestimmt fehlt er Ihnen.«

Muriel spürte, wie sich eine Träne den Weg über ihre kalte Wange bahnte. Die Untertreibung des Jahres. Und doch war Sam der Allererste, der es so deutlich formulierte. Erstaunlich, dass ausgerechnet ein junger Tunichtgut begriff, was für eine Lücke ihr Mann in ihrem Leben hinterlassen hatte.

»Ja.« Sie rieb sich die Augen und malte dabei einen Streifen dunklen Lehms auf die eine Wange. »Das tut er.«

Und dann, als ob er ihre Traurigkeit spürte, wechselte er das Thema. »Nicht mehr lang bis Weihnachten. Fahren Sie irgendwo Schönes hin?«

Muriel erschauerte. Sie hatte noch gar nicht an Weihnachten gedacht. Es wäre das Erste, das sie allein verbrachte. Ein Teil von ihr sehnte sich danach, einfach irgendwohin zu fahren, wo es warm war – aber das würde man ihr zweifellos als Verrat ankreiden. Vermutlich würde sie zu Stanley junior gehen müssen. Es war keine schöne Aussicht.

»Also wirklich, Mutter«, sagte ihr Sohn, als er sie am Heiligen Abend mit ihrem Köfferchen abholte. »Ich weiß nicht, warum du dein ganzes Leben an diesen Garten verschwendest. Du könntest dich auch um unseren kümmern, wenn du so gern buddelst.«

»Ihr habt eine Terrasse«, wandte Muriel gelassen ein. »Und ihr habt sie gefliest, damit sie leichter zu pflegen ist, falls du dich erinnerst...«

»Du könntest immer noch für die Blumenkästen an den Fenstern und die Hängekörbe sorgen. Josie hat nie Zeit dafür.«

»Das ist leider kein Lebensinhalt. Der Krankenhausgarten hält mich aufrecht.«

Stanley junior konnte es nicht begreifen. Er begriff es umso weniger, als seine Mutter einen Tag früher abreiste, nachdem sie erklärt hatte, sie müsse die Beete mit Stroh abdecken, weil Schnee vorhergesagt worden sei.

Als sie dort ankam, war Sam bereits in voller Aktion.

»Ich habe nicht damit gerechnet, dich hier zu sehen«, begrüßte sie ihn.

»Nein? Na ja, Mums Freund ist mehr oder weniger bei uns eingezogen, und er und ich kommen nicht besonders miteinander aus. Ich halte ihn für einen langweiligen alten Sack, und er findet sogar Hundehaufen sympathischer als mich.«

Muriel unterdrückte ein Schmunzeln und kramte in ihrer Einkaufstasche. »Dann kommt es ja ganz gelegen, dass ich diese Weihnachtspasteten gekauft und heißen Kakao mitgebracht habe. Jetzt können wir eine familienfreie Feier abhalten.«

»Wissen Sie was, Mu? Das ist echt geil.«

»Ja.« Muriel setzte sich neben ihm auf die Bank und dachte, wie viel netter er doch war als ihr verwöhnter Enkel. »Nicht wahr?«

Die Ankunft der ersten Schneeglöckchen auf dem kleinen Seitenbeet hatte eine unerwartete Wirkung auf Muriel. An Stelle eines Gefühls der Erneuerung, der Ahnung, dass das Leben wieder begann und die Natur erwachte, der Aussicht auf einen Frühling mit Wärme und zwitschernden Vögeln, erstreckte sich nur graue Sinnlosigkeit vor ihr. Was, in aller Welt, glaubte sie eigentlich, damit erreichen zu können?

»Sam, es tut mir Leid«, sagte sie, während sie ihre Pflanzkelle säuberte und sie zum letzten Mal aufräumte. »Ich kapituliere. Es ist mir doch zu viel geworden. Morgen unterschreibe ich dir deine Formulare. Du hast deine Stunden ohnehin fast abgeleistet.«

»Was meinen Sie damit, Sie kapitulieren?« Sam knallte seinen Spaten wütend gegen das Mäuerchen eines Hochbeets. »Sie können jetzt nicht kneifen. Sie tun es für Stanley, wissen Sie noch? Was würde er von Ihnen denken, wenn Sie alles hinschmeißen, wo Sie doch fast fertig sind?«

Bei seinen Worten kehrte ihr alter Zorn zurück, befreite sie und gab ihr neuen Auftrieb. »Er wäre fuchsteufelswild...« Sie sah sich um und betrachtete ihr Werk. Überall um sie herum drängten die Schößlinge kraftvoll heraus. Sechs Wochen noch, schätzte sie, vielleicht sieben. »Ich glaube«, sagte sie, und diesmal zwinkerte sie Sam zu, froh, dass er sie an der Kapitulation gehindert hatte, »wir sollten langsam die große Einweihungsfeier planen.«

Die Pressevertreter waren allesamt mit kleinen Päckchen in Plastikhüllen informiert worden, die der Pressesprecher der Klinik extra hatte anfertigen lassen. Für eine so belanglose Geschichte hatten sich erstaunlich viele angemeldet. Von beiden lokalen Wochenblättern sowie der größeren Regionalzeitung waren Reporter anwesend.

»Großartig, dass Bob Stich hier ist«, murmelte Charles Hartley mit schmieriger Selbstzufriedenheit vor sich hin. »Der hat Kontakte zu überregionalen Zeitungen. Vielleicht widmet uns sogar eine davon einen Artikel. Heutzutage sind sie doch alle hinter so herzensguten Neuigkeiten her. Wird ja auch höchste Zeit, dass mal jemand eine positive Geschichte über eine Klinikverwaltung schreibt.«

»Vermutlich sind sie nur gekommen, weil Mu den Hubschrauber organisiert hat«, erklärte Sam, der verärgert war, weil seine Bemühungen trotz der vielen Stunden, die er investiert hatte, in der Presseverlautbarung keine Erwähnung gefunden hatten.

»Ja, fabelhafte Idee, Muriel. Wer, ähm...«

»Wer ihn bezahlt? Ich.« Das war eine Art, Stanleys Geld auszugeben, fand sie, die er restlos befürwortet hätte.

»Ich muss sagen«, räumte Hartley ein und sah sich in dem wundersam wiederhergestellten Garten um, »es sieht wirklich hübsch aus.«

Muriel nickte und ließ sich vor den schwelgerischen Frühlingsblüten fotografieren, wobei sie verlangte, dass Sam mit auf jedes Bild kam.

»Danke, Mu.« Sam, so musste sie sich eingestehen, wirkte mit seinem halb rasierten Schädel zwischen den Osterglocken wie eine Provokation, aber er hatte genauso hart gearbeitet wie sie.

»Aus der Luft macht es sich sogar noch besser, meine Herren!« Sie bugsierte alle in den wartenden Kleinbus und wechselte dabei einen kurzen Blick mit Sam.

Sie hätten sich keinen gesegneteren Tag aussuchen können. Vielleicht hatte Stanleys Seele die Finger im Spiel, dachte Muriel, wobei sie wusste, dass das für eine Atheistin ein alberner Gedanke war.

Auf dem Hubschrauberlandeplatz am Stadtrand quetschten sie sich zu sechst in die enge Kabine – ein Fotograf eingeschlossen.

»Für mich ist es das erste Mal«, gestand Muriel, die jetzt, wo es tatsächlich so weit war, ein wenig nervös wurde.

»Für mich auch«, jubelte Sam. »Geil, was? Sehen Sie mal, da wohne ich!«

Fünf Minuten später näherten sie sich dem Klinikgelände, und Hartley klatschte in die Hände. »Meine Herren von der Presse«, sagte er wichtigtuerisch, »was Sie nun sehen werden, ist der Verdienst einer hingebungsvollen, fleißigen Witwe!«

»Und eines jugendlichen Straftäters«, ergänzte Sam.

Hartley ignorierte ihn. »Aber ich würde auch meinen, dass es die aufgeklärte Einstellung des Worthbridge Hospital Trust widerspiegelt. Als Mrs. Curtis vorschlug, sich den Garten vorzuknöpfen, war ich zugegebenermaßen skeptisch, ob sie viel zu Wege bringen könnte. Doch ich habe mich geirrt. Sie hat ein großartiges und prachtvolles Andenken an ihren verstorbenen Mann Stanley Curtis geschaffen.« Er fasste in seine Tasche und holte sechs Plastikbecher und eine Flasche billigen Champagner heraus, den er mit großer Geste öffnete und in die Becher goss. »Meine Herren, Mrs. Curtis – auf das Andenken von Mr. Stanley Curtis!«

Doch aus irgendeinem unvorhergesehenen Grund hatte er die Aufmerksamkeit seines Publikums verloren. Allesamt starrten sie aus dem Fenster auf den Klinikgarten hinab. Mehrfach ertönte Prusten und Kichern, und der Fotograf begann hektisch aus dem Fenster zu knipsen.

Charles Hartley schob sich die Brille auf der Nase hoch und blickte ebenfalls hinaus. Er zuckte zusammen. Die Blumen unter ihm bildeten nicht das hübsche, ungekünstelte

Muster, das man von unten aus sah. Stattdessen musste er, wie mit dem Stift eines unsichtbaren Riesen geschrieben, folgende Worte lesen:

    SPAREN KOSTET LEBEN. VERWALTUNG RAUS!

Muriel Curtis lehnte sich zufrieden zurück und prostete ihm zu. »Auf das Andenken von Stanley Curtis, meinem verstorbenen Mann. Möge er in Frieden ruhen!«

Quellenangaben

»Auf in den Kampf« (Playing Soldiers) © by Maeve Haran. Erstveröffentlichung.

»Auf Umwegen in andere Umstände« (Assisted Conception) © 2000 by Maeve Haran; erstmals erschienen in Australien in NEW IDEA. Deutsche Erstveröffentlichung.

»Das Messingbett« (Class Reunion) © 1999 by Maeve Haran; erstmals erschienen in England in BEST MAGAZINE. Deutsche Erstveröffentlichung.

»Déjà vu« (The Auld Alliance) © 1999 by Maeve Haran; erstmals erschienen in England in WOMANS'S WEEKLY. Deutsche Erstveröffentlichung.

»Der Elternkrieg« (Parent Wars) © 1996 by Maeve Haran; erstmals erschienen in England in WOMANS' WEEKLY. Deutsche Erstveröffentlichung.

»Fremde in der Nacht« (Strangers in the Night) © 1996 by Maeve Haran; erstmals erschienen in England in THAT'S LIFE. Deutsche Erstveröffentlichung.

»Der perfekte Badeanzug« (The Perfect One-Piece Bathing Costume) © by Maeve Haran; erstmals erschienen in England in YOU MAGAZINE (MAIL ON SUNDAY). © der deutschsprachigen Übersetzung von Ursula Walther 1998 by Wilhelm Goldmann Verlag, München, in der Verlagsgruppe Bertelsmann GmbH.

»Die Bäume schlagen aus« (The First Day of Spring) © 1998 by Maeve Haran; erstmals erschienen in England in WOMAN AND HOME. Deutsche Erstveröffentlichung.

»Die Nachbarin« (Country Living) © 1997 by Maeve Haran; erstmals erschienen in Holland in MARGRIET. Deutsche Erstveröffentlichung.

»Die Scheidungsdiät« (The Divorce Diet) © 1998 by Maeve Haran; erstmals erschienen in England in BOOKENDS. Deutsche Erstveröffentlichung.

»Die sieben Todsünden« (The Seven Deadly Sins) © 2000 by Maeve Haran. Erstveröffentlichung.

»Die Stadt der Träume« (Cruise of a Lifetime) © 1994 by Maeve Haran; erstmals erschienen in England in WOMANS' WEEKLY. Deutsche Erstveröffentlichung.

»Dinner für Zwei« (A Star in the East) © 1998 by Maeve Haran; erstmals erschienen in Australien in NEW IDEA. Deutsche Erstveröffentlichung.

»Ein Diamant ist unvergänglich« (A Diamond Is Forever) © 1996 by Maeve Haran; erstmals erschienen in England in GOOD HOUSEKEEPING; © der deutschsprachigen Übersetzung 1999 by Wilhelm Goldmann Verlag, München, in der Verlagsgruppe Bertelsmann GmbH.

»Ein französisches Abenteuer« (French Adventure) © 1999 by Maeve Haran; erstmals erschienen in England in CANDIS. Deutsche Erstveröffentlichung.

»Ein Mann mit Überraschungen« (A Very Surprising Man) © 1996 by Maeve Haran; erstmals erschienen in CANDIS. Deutsche Erstveröffentlichung.

»Ein sehr romantisches Wochenende« (The Romantic Weekend) © 1999 by Maeve Haran; erstmals erschienen in

England in Best Magazine. Deutsche Erstveröffentlichung.

»Eins zu null für Carol« (More Important Than Life and Death) © 1997 by Maeve Haran; erstmals erschienen in Womans' Weekly.

»Emma greift ein« (Marital Therapy) © 1996 by Maeve Haran; erstmals erschienen in Norwegen in Hjemmet. Deutsche Erstveröffentlichung.

»Grüne Daumen« (Green Fingers) © 1996 by Maeve Haran; erstmals erschienen in England in Woman & Home. Deutsche Erstveröffentlichung.

»Gut geflunkert« (Interfering Busybody) © 1999 by Maeve Haran; erstmals erschienen in England in Woman Magazine. Deutsche Erstveröffentlichung.

»Heiratet bloß nicht, Mädels!« (Don't get Married Girls) © 1993 by Maeve Haran; erstmals erschienen in England in Womans' Weekly. Deutsche Erstveröffentlichung.

»Kaviar und Kartoffeln« (The Dinner Dance) © 1995 by Maeve Haran; erstmals erschienen in England in You Magazine. Deutsche Erstveröffentlichung.

»Mäxchen« (Granny Knows Best) © 11997 by Maeve Haran; erstmals erschienen in England unter dem Titel »Bringing up Baby« in Sunday Post – Mother's Day Issue. Deutsche Erstveröffentlichung.

»Piercing und andere Leidenschaften« (A Piercing Passion) © 1997 by Maeve Haran; erstmals erschienen in England in Candis. Deutsche Erstveröffentlichung.

»Tangostunden« (Tango Lessons) © 1996 by Maeve Haran, erstmals erschienen in That's Life. Deutsche Erstveröffentlichung.

Wenn nicht anders angegeben:
© der deutschsprachigen Ausgabe 2000 by Wilhelm Goldmann Verlag, München, in der Verlagsgruppe Bertelsmann GmbH; aus dem Englischen von Ariane Böckler; »Der perfekte Badeanzug« deutsch von Ursula Walther.

BLANVALET

FEDERICA DeCESCO

Die betörend sinnliche Geschichte der jungen Tänzerin Ruth, voll exotischer Magie und Lust auf Leben – von der Autorin des Bestsellers »Silbermuschel«.

Federica DeCesco. Seidentanz 35147